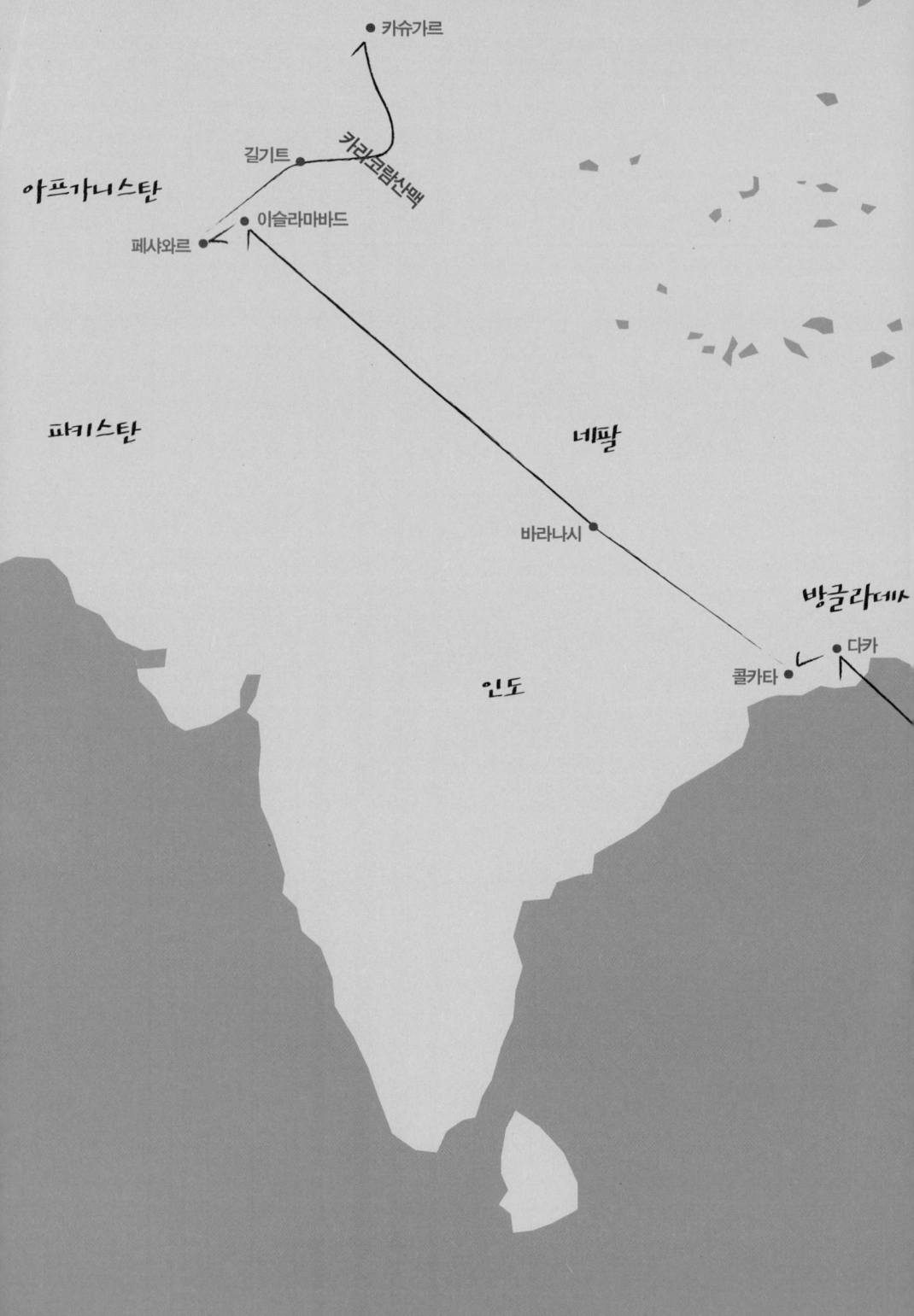

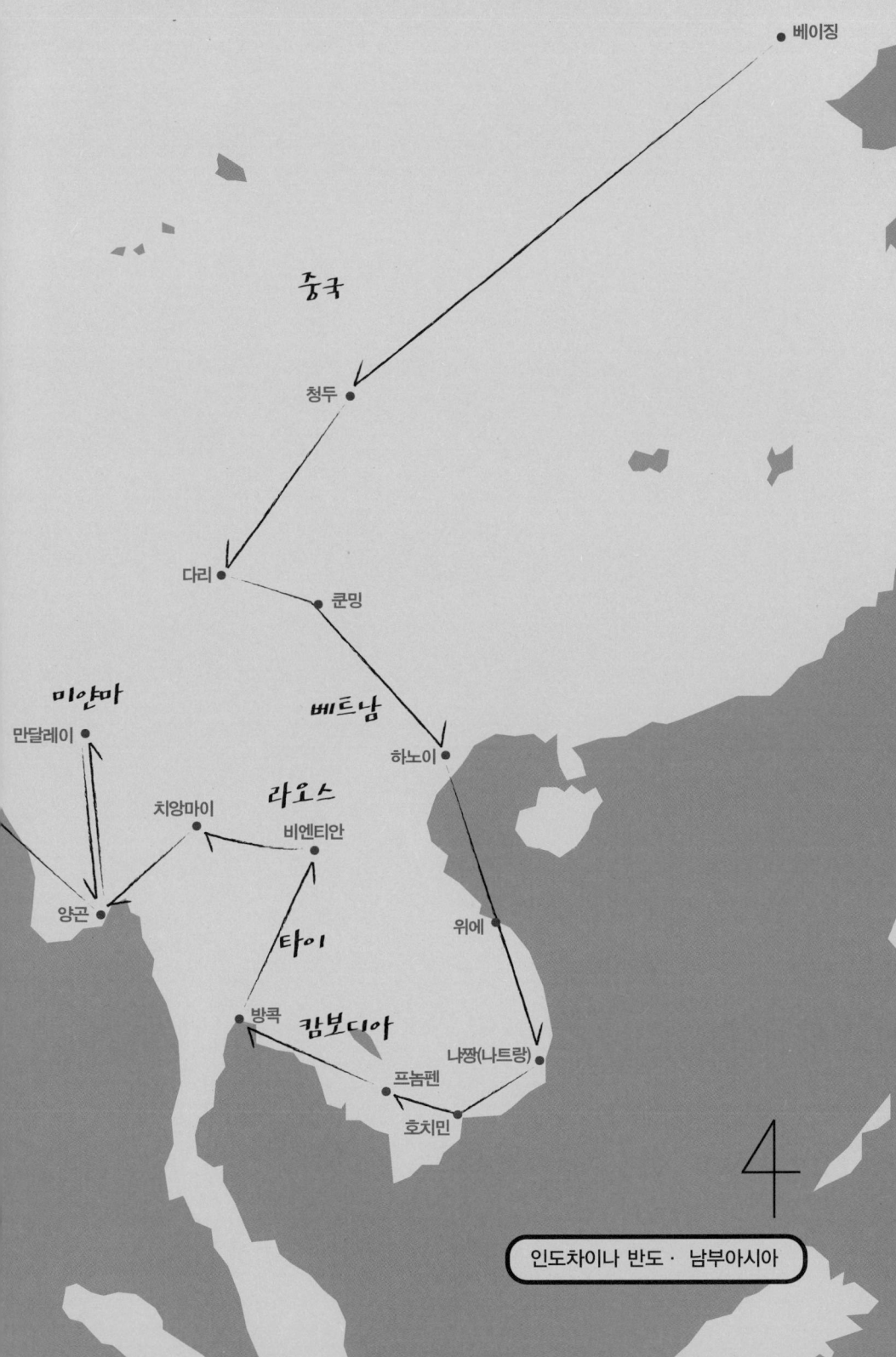

바람의 딸
걸어서 지구 세 바퀴 반 3

바람의 딸
걸어서 지구 세 바퀴 반

한비야 3

인도차이나 반도 | 남부아시아

푸른숲

베트남 메콩 강가에서 조악한 복권을 팔면서도
구걸을 하지 않게 되어
자기는 운이 좋다고 말하는 꼬마 소녀.
아버지가 피를 팔아 연명하는
처참한 가난 속에서도 희망을 잃지 않고
무료 야학에서 꿈을 키우는 그 맑은 눈동자.
어디 그 아이 하나뿐이랴.
더 나은 내일을 바라보며 힘겨운 오늘을 이기는
수많은 어린 아들딸들,
아시아의 미래를 밝힐 그 작은 등불들에게
이 책을 바친다.

:: 개정판 서문 ::

나의 가장 좋은 것만 주고 싶은 여러분께

"정말 못 말리는 에너지 덩어리였군."

개정판을 내느라 '바람의 딸' 세계 일주 편을 다시 읽는 내내 이런 혼잣말이 저절로 나왔다. 책 속에서는 15년 전의 내가 온몸으로 세상과 만나고 있었다. 때로는 즐겁게 때로는 힘겹게, 그러나 언제나 기대와 호기심에 가득 차서.

7년 동안 나는 혼자서 아프리카, 중동, 중앙아시아, 중남아메리카와 아시아를 육로로 돌았다. 온갖 곡절을 겪으며 국경을 넘나들고, 기차나 버스는 물론 고물 트럭 짐칸이나 낙타도 얻어 타며 다니고, 최고급 호텔에서 동굴까지 갖가지 숙소에서 자고, 먹을 수 있는 것은 뭐든지 먹으며, 셀 수 없이 많은 사람들을 만났다. 그런데 이상한 건 이렇게 정신 없이 돌아다니는 사람이 지치는 기색도 없다는 거다.

중국 윈난성의 중뎬에서 티베트의 라싸로 가는 길처럼 100시간 이상 기차와 버스를 탔으면 지치고 여행에 진저리가 날 만도 한데, 책 속의 나는 씩씩하고 힘이 넘친다. 신기하다. 도대체 저런 힘은 어디서 나왔을까?

다시 만나는 그때 그 사람들은 또 얼마나 반가웠는지 모른다. 내 마음을 설레게 했던 이란 반정부 지도자, 볼리비아 산속에서 혼자 사시는 할머니, 아프가니스탄에서 내게 빵을 주던 꼬마, 라오스 물놀이 축제에서 신나게 같이 놀던 다국적 배낭족 연합군……. 10년도 넘은 일이라 가물가물할 줄 알았는데, 한 명 한 명 사진처럼 선명하게 머릿속에 되살아난다.

그러나 누구보다도 반가운 건 바로 나였다. 서른다섯 살, 그때의 나를 만나는 건 참으로 재미있고 즐거웠다. 책을 읽으며 지금보다 훨씬 겁 없고 발랄하고 사랑스러운 나도 만났고, 매우 당돌하고 거칠고 툭하면 울고 웃고 화내는 나도 만났다. 어느 때는 머리를 쓰다듬어주고 싶도록 기특한 나도 있었고 정말 한 대 탁, 때려주고 싶을 만큼 얄미운 나와도 마주쳤다.

그러나 어쩌랴. 내 마음에 들든 들지 않든 그게 15년 전의 내 모습이고 내 인격이고 내 수준인 것을. 지금의 잣대로 과거의 나를 재는 것은 가혹할 뿐만 아니라 옳지도 않다. 그때도 나름대로 할 수 있는 최선의 노력을 다했을 테니까 말이다. 그래서 나는 과거의 내 모습 그대로를 사랑하기로 했다.

개정판 작업을 하면서 담당 편집자에게 신신당부했다.

'전 4권의 원문은 정보나 사실이 틀리거나, 문법적으로 맞지 않는 경우가 아닌 한 절대로 고치지 말 것!'

책을 새로 단장해 내면서, 나라고 왜 멋지게 문장을 다듬고 깊은 생각을 보태 좀 더 매력적으로 보이고 싶지 않겠는가. 그러나 거친 문장과 표현일지라도 그것 역시 그때의 내 문장 실력이고 내 사고의 깊이이기에 그대로 놔둬야 한다고 생각했다.

사진도 그렇다. 다른 여행 책에 비해 거의 없다시피 한 사진도 확 늘리고 흑백사진도 컬러로 바꾸고 싶은 마음이 전혀 들지 않았다면 거짓말이다. 그러나 나는 독자들이 눈으로 보는 사진보다는 마음으로 듣는 내 이야기에 좀 더 집중했으면 했다. 그래서 되도록 적게 넣자고 마구 우겼다.

'바람의 딸' 시리즈의 첫 번째 책이 1996년에 나왔으니까 벌써 12년이 흘렀다. 그동안 나는 오지 여행가에서 긴급 구호 팀장으로 변했다.

책도 그 후에 쓴 여섯 권을 보태 모두 일곱 권이 나왔다. 누가 뭐래도 지난 12년간 나는 세상에서 가장 행복한 작가였다고 생각한다. 얼떨결에 베스트셀러 작가가 되어서도, '바람의 딸'이라는 예쁜 별명을 얻어서만도 아니다. 바로 독자들 때문이다. 나처럼 많은 독자 편지를 받는 작가가 또 있을까? 그들이 내게 보내준 수천 통의 편지는 그저 책에 대한 감상이 아니었다. 내 책이 자신의 삶을 비추는 작은 등불이라고 했다. 하고 싶은 일을 찾았다고 했다. 용기가 없어 망설이던 여행을 드디어 떠난다고 했다. 그 가운데는 이런 고백도 있었다.

'질풍노도 같았던 사춘기에, 그리고 너무나 막막했던 20대 초반에 내 곁엔 늘 언니가 있었어요. 앞으로도 많이 흔들리겠지만 뿌리째 뽑히지는 않을 것 같아요. 고맙습니다. 이 고마운 마음, 달라진 삶으로 보답하겠습니다. 꼭 그렇게 할게요, 비야 언니.'

이런 사연이 나를 울린다. 더불어 내 책을 읽고 무엇인가를 결심한 독자들에게 무한한 애정과 동시에 강한 책임감을 느낀다. 나는 정말이지 내 책을 읽는 독자들에게 내가 가진 것 가운데 가장 좋은 것만을 주고 싶다. 내 동생, 내 조카 혹은 내 아들, 딸뻘일 친구들에게 좋은 에너지는 물론 좋은 유전자도 함께 전해주고 싶다.

한국인, 여자, A형 등 부모님으로부터 받은 내 생물학적인 유전자를 전할 기회는 점점 줄어들고 있지만, 내 경험과 책을 통해 시공을 초월하며 만난 사람들과 동시대의 스승들에게서 물려받아 형성된 나의 사회적 유전자는 여러분과 기꺼이 나누고 싶다. 모든 유전자에는 우성과 열성이 있는 법. 급하고 참을성 없는 다혈질 유전자나 지나치게 감정에 치우치는 비논리적인 유전자는 전해지지 않았으면 좋겠다.

대신 늘 난 운이 좋다, 복도 많다 생각하는 긍정적 유전자, 어떤 상황에서든 끝까지 해보려는 최선 유전자, 뭐든지 궁금한 호기심 유전자, 타인과 더불어 행복하겠다는 행복 유전자 그리고 한국의 아들, 딸로만이 아니라 세계의 아들, 딸로 살겠다는 세계시민 유전자는 그대로 옮겨주고 싶다. 그렇게 할 수 있으면 정말 좋겠다.

또 한 가지 이번에 확실히 깨달은 것이 있다. 내가 무사히 여행을 마칠 수 있었던 건 다름 아닌 기도 덕분이라는 사실이다. 가족과 친구, 가까운 사람들은 물론, 이름도 성도 모르는 수많은 분들이 여행 중인 나를 위해 각자의 신께 간절히 기도해주지 않았다면 내가 어떻게 그 험한 육로 세계 일주를 손가락 하나 다치지 않고 끝낼 수 있었을까? 참으로 고맙고도 고마운 일이다.

이제는 내 차례다. 그래서 나는 얼마 전부터 내 책을 읽는 사람들, 책을 읽은 후 길 떠나는 사람들, 그리고 이런저런 중요한 결심을 한 사람들을 위해 나의 하느님께 매일 기도 드리고 있다. 부디 그들을 보호해주시고 그들에게 용기와 지혜를 주십사 간청하는 기도, 이 기도를 앞으로도 계속할 작정이다. 이 책이 사라지는 날까지 그럴 것이다.

책 만드는 사람들은 책도 운명과 수명이 있는 유기체라고 한다. 이 책은 좋은 운을 타고나서 10년 이상 여러분과 사랑을 주고받았다. 그러나 이 책도 제 역할을 다하고 나면 이 세상에서 사라질 것이다. 그때가 언제일지는 아무도 알 수 없는 일. 나는 그날까지 지금처럼 여러분과 마음껏 내 여행 얘기를 나누고 싶다. 더불어 내가 앞으로 겪게 될 새로운 경험과 깨달음, 어려움과 고통까지 나누며 함께 성장하는 기쁨도 한껏 누리고 싶다.

이제 드디어 나와 함께 좌충우돌, 흥미진진한 세계 일주 여행을 떠날 시간이다. 이번엔 좀 긴 여행이 될 테니, 떠나기 전에 한 번 더 배낭끈을 꽉 조이고 신발 끈도 바싹 붙들어 매길 바란다.

자, 이제 문밖으로 나가자. 나가서 온 세상을 가슴 가득 품어보자.

2007년 10월
아프리카 짐바브웨에서
한비야

:: 차례 ::

개정판 서문 나의 가장 좋은 것만 주고 싶은 여러분께 6

책 머리에 여행은 떠남이 아니라 만남이다 15
내가 책을 쓰는 가장 큰 이유 16 | 아름다운 사람들의 따뜻한 눈길 그리고 미소 19

베트남 25

21세기 유목민, 배낭족의 사랑과 이별
배낭족의 오아시스 방콕 카오산 로드 26 | 바라나시의 크레이지 클럽 33
인연이 부른 남자 필립 38 | 둘이 손잡고 크메르루주 지역 탈출 44
킬링 필드의 이별, 실크로드의 재회 49 | 길 위의 사랑, 그 끝은 다시 혼자 56

라이따이한의 훌륭한 어머니, 딥 아줌마
너 똥이냐? 난 똥 아니다 64 | 쭉 뭉 남 머이, 다복한 새해를! 74
감기로 죽을 뻔하고 사기도 당하고 81
"그런 남편은 우리에게 죽은 거나 다름없습니다" 87
복권 파는 꼬마의 행복 96 | 나의 보름을 털어 새로운 인생을 선물하다 101

캄보디아 111

세계 7대 불가사의 앙코르와트의 나라
팔 비틀어도 웃으면 캄보디아 사람 112 | 경주 조기 축구회 12번 선수 118
보고 있어도 보고 싶은 타프롬 사원 121
난민촌에서 산 것이 행운이었다는 세타 124

타이 해상 밀입국 실패, 공항에선 웃다
안 된다니까 더 가고 싶은 길 133 | 공항의 통 아저씨, 오쿤 오쿤 141

라오스 147

라오스에 가면 물벼락을 맞으세요
정신 번쩍 들게 한 한국의 딸 148 | 꽃과 사람의 향기 가득한 루앙프라방 151
물총 든 외인부대 대장 한비야 155

골든트라이앵글 밀림 깊숙이
이스라엘 배낭족 떼거리는 '노, 노쌩큐' 164 | 그렇게 부끄러우면 옷을 입지 175
붉은 양귀비꽃의 눈물 180 | 여자는 온종일 일, 남자는 온종일 아편 185

미얀마 193

황금의 나라 눈물 속의 미얀마
여행 다니다 몸 버리는 아이들 194 | 어지러운 경제, 눈 돌아가는 돈 단위 199
부처님은 내세를 위해, 나트신은 오늘을 위해 205
부처님 오신 날 파간은 조용했다 212
향긋한 망고 향기로운 사람 둘 221 | 전쟁을 부르는 아편 229
누가 봐도 틀림없는 식모살이 231 | 등록금 1달러에 우는 아이들 237
황금 사원에는 재물이 넘쳐나는데 242

방글라데시 247

비운의 방글라데시, 그 처절한 인간 참상
쓰레기 더미 뒤지는 아이들 248 | 피범벅 된 얼굴로 하나 둘 셋, 찰칵! 253
외로운 코코넛 섬의 끈질긴 장맛비 259 | 강간범은 고추를 따버려야 해 264
엉엉 울어버린 39살 생일 268 | 쇠똥 묻은 손으로 만든 짜빠티 273
"메이드 인 코리아 길이 제일 좋아요" 280

파키스탄 287

내게 인도는 '아주 못생긴 어머니' 같다
떠나오면 반드시 다시 가고 싶은 곳 288
기차간에서 만난 인도의 두 얼굴 291

현대판 실크로드, 카라코람 하이웨이의 꿈길
산 때문이야 297 | 이슬라마바드의 꼬리털 클럽 301
페샤와르에서 가장 불안한 난민이 되다 305
산은 꼭 정상까지 가야만 하는 걸까? 317
낭가파르바트 해발 5000미터 트레킹 321
나는 훈자 마을의 넘버 식스다 329
목메어 부르는 '푸른 하늘 은하수' 340

■ 일러두기

1. 외래어표기는 '국립국어연구원'의 '외래어표기법'에 따랐다.
2. 현지인들과의 대화나 정확한 표기법이 확인되지 않는 말은 현지 발음에 가깝게 표기했다.
3. 역사, 지리 등의 사전적 지식은 '브리태니커 백과사전'에 준했다. 단, 해당 지역의 홍보용 안내 책자에 따른 경우도 있다.
4. 국가명, 지명 등은 현재의 공식 명칭에 따랐다.

:: 책 머리에 ::

여행은 떠남이 아니라 만남이다

"배가 곧 인천항에 닿을 예정이오니 승객 여러분께서는 하선 준비를 하시기 바랍니다."

내게는 6년간의 세계 여행이 그 끝을 알리는 안내 방송이다. 가슴이 두근거린다. 빈속에 진한 커피 여러 잔을 거푸 마신 것처럼 짜릿함이 온몸으로 퍼져 손끝까지 이르고, 마침내 등골을 타고 내려간다.

이건 뭘까? 드디어 어렸을 때부터의 꿈을 이루었다는 성취감인가, 그 꿈속에서 깨어났다는 허탈감인가. 인생의 한 단원이 무사히 끝났다는 안도감인가, 다음 단원에 대한 기대와 불확실성에서 오는 불안감인가. 아니면 이 모든 것인가.

세계 여행이라는 오랜 유랑 생활에서 다시 정착 생활로 돌아가는 일은 생각보다 쉽지 않다. 한국에 돌아온 뒤 매일 어처구니없는 일들을 겪는다. 몸은 고향에 돌아왔는데 마음은 고향까지도 여행지로 여기는 모양이다.

서울에 돌아와 처음으로 시내 외출을 할 때의 일이다. 조용한 좌석버스 뒷자리에서 갑자기 들려오는 젊은 아줌마들의 애기 소리에 더럭 반가운 마음이 들어 얼른 뒤를 돌아보며 한다는 말이 이랬다.

"어머! 한국 분들이세요?"

하루에도 몇 번씩 허전한 허리 때문에 깜짝깜짝 놀라기도 한다.

'어이구, 내 전대 어디 갔지?'

특히 화장실을 다녀온 직후라면 '아, 빠트렸구나.' 하는 생각에 가슴이 철렁 내려앉는다.

어디 그뿐이랴. 가만히 있다가도 문득 '내 비자 기간이 얼마나 남았더라.' 하고 따져보게 되고, 집에서 화장실을 갈 때도 꼭 배낭 속의 휴지를 챙겨간다. 길을 물어볼 때면 영어를 알아들을 만한 사람을 찾게 되고, 길에서 파는 번데기나 오징어 같은, 예전에 무수히 보았을 광경에도 카메라를 들이댄다.

며칠 전 밤 기차를 타고 부산에 갈 때도 도착 직전, 잠에서 덜 깬 내가 한 혼잣말이 우습다.

"아차, 이 나라 돈을 한 푼도 안 바꿔놓았잖아."

오늘 아침에도 그랬다. 지갑에 돈이 얼마 남지 않은 것을 보고 언니에게 물었다.

"여기서는 암달러 어디에서 바꿔?"

여행의 1년은 일상의 10년과 맞먹는다던가. 6년간 여행은 평생을 살아온 제 나라에서도 나그네 행동을 하게 한다. 이런 심각한 여행 후유증은 한동안 갈 것 같다.

: 내가 책을 쓰는 가장 큰 이유

이번 여행은 1997년 1월부터 1998년 5월까지 1년 5개월간이었다. 그동안 인도차이나 반도의 베트남, 캄보디아, 라오스, 타이, 미얀마 5개국과 남부아시아의 방글라데시, 인도, 파키스탄 3개국 그리고 중국, 티베트, 몽골을 돌아보았다. 이 중에서 인도차이나와 남부아시아를 3권에, 중국과 티베트, 몽골을 4권에 싣기로 한다.

책을 내기에 앞서 3권이 예정보다 많이 늦어진 점, 독자 여러분께 깊이 사과드린다. 1, 2권을 쓰느라고 계획보다 6개월 정도 늦게 여행을 떠난 것부터가 문제였고, 일단 길을 떠나면 여정이 예상보다 길어지게 마련인 것을 잘 알면서도 덜컥 약속을 하고 간 것이 불찰이었다.

그런 내 '죄'를 조금이라도 감해보려고 한국에 돌아오는 그날부터 도서관에 틀어박혀서 머릿속, 가슴속에 들어 있는 얘기들을 따끈따끈한 상태로 털어놓으려고 무진 애를 썼다. 어여삐 보아주시면 좋겠다.

이번 책도 1, 2권과 마찬가지로 한 나라를 짧게는 한 달, 길게는 여덟 달 동안 다니면서 보고 듣고 느낀 개인적인 경험의 기록이다.

그렇기 때문에 객관적이고 포괄적인 얘기보다는 내가 겪은 일 중에서 크고 강하게 와 닿은 얘기들을 하게 되었다. 그러나 제한된 경험이지만 그 안에서 보편적인 공감대를 찾아 여러분과 함께 나누려고 나름대로 노력했다.

나의 경험을 남들과 함께 나누어 갖는 것, 이것이 바로 내가 책을 쓰는 가장 큰 이유다.

여행을 시작하고 2년이 지날 때까지는 이런 생각을 해보지 못했다. 내 여행은 순전히 나만의 것이며, 내 개인적인 꿈의 실현이라고만 여겼기 때문이다. 그런데 어느 순간부터 이런 생각들이 들기 시작했다.

'왜 나한테 이렇게 좋은 기회들이 주어지는 걸까? 내게 이런 특별한 경험을 하게 하는 데에는 다른 숨은 뜻이 있는 건 아닐까. 나 혼자만 누리라고 이런 기회들을 주는 건 아닐 테니 이걸 남들과 나누어야 하는 건 아닐까?'

그러나 책을 쓰기 전까지는 이 막연한 무거움의 정체를 몰랐다. 우연한 기회로 책을 쓰게 되면서부터 나는 확실히 깨닫게 되었다. 내 여행에는 나만의 노력과 시간과 돈 이외에도 다른 커다란 힘이 결정적인 도움을 준다는 것을.

작게는 가족과 가까운 사람들의 이해와 사랑이며, 크게는 달라진 사회 분위기와 우리나라의 국제적인 위상 같은 것들이다. 이 모든 것들이 내 여행을 가능하게 했다는 데 생각이 미치자 자연스럽게 내가 누린 기회와 혜택을 반드시 남들과 나누어야 한다는 의무감이 생겨났다. 그리고 너무나 다행스럽게도 '책 쓰기'라는 나눔의 수단을 찾게 되었다.

아프리카에서 먹은 말라리아 예방약의 부작용 때문에 한국에 잠깐 머물다가 그야말로 얼떨결에 쓰게 된 두 권의 책은 내 여행에 엄청난 밑거름이 되었다.

고갈되어가는 여행 경비를 보충해준 것은 물론 여행 중에 나를 알아보는 독자들을 만나게 된 것이다. 라오스의 작은 도시나 방글라데시의 건설공사 현장에서까지도 나를 알아보는 분들이 있어 반가웠다. 그분들께 신세도 많이 지고 사랑도 실컷 받았다.

그러나 그보다 더 큰 소득은 여행을 하면서 어떻게 하면 더 좋은 경험을 하고, 그것을 잘 전할 수 있을까 하는 것을 늘 염두에 두었다는 사실이다. 그러므로 보다 더 열심히 보고, 듣고, 느끼고, 기록하려고 노력했다.

물론 나는 글을 쓰기 위해 여행을 시작한 것도 아니고 책을 쓰기 위해 여행을 계속한 것도 아니다. 그러므로 책을 위해 내 여행이 더 드라마틱해져야 할 이유는 전혀 없다. 애초의 목표와 방향대로 물 흐르듯 흘러가면 되는 거다.

평범한 사람들에게 보다 참된 인생의 진실이 있고, 평범한 삶의 모습에 더 큰 감동이 있다는 믿음이 흔들리지 않는 한 그들을 찾아 떠나는 여행길을 바꿀 필요는 없다. 이제는 오히려 평범한 얘기에서 보다 많은 사람들이 공감하는 부분을 찾을 수 있다고 믿게 되었다.

책 두 권을 내고서 많은 독자들의 격려와 충고를 들었다. 1권과 2권의 느낌과 재미가 다르다는 말도 많았다. 나로서는 모두 깊이 새겨둘 말이고 꼭 필요한 조언이었다. 그래서 더 어깨가 무거워지기도 했고, 힘이 솟기도 했다.

살뜰하게 내 책을 읽어주시는 분들이 있다는 것은 대단한 기쁨이자 에너지의 원천이다. 그 생각으로 신발 끈을 바짝 고쳐 맨 적이 한두 번이 아니었다.

: 아름다운 사람들의 따뜻한 눈길 그리고 미소

인도차이나 지역은 이름에서 알 수 있듯이 인도와 중국이라는 동양의 양대 문화가 접목되는 곳이다. 하지만 자세히 들여다보면 그들은 제 나라 말과 글을 비롯해 특유의 문화를 가지고 있음을 쉽게 알 수 있다. 여기에 식민지 시대의 유럽 문화까지 섞여 아주 독창적인 문화를 일구어냈다.

19세기에 프랑스의 식민 지배를 받았던 베트남, 라오스, 캄보디아와 영국 지배하에 있던 미얀마, 방글라데시, 인도, 파키스탄 등 이번에 다닌 나라 중 타이를 제외한 모든 나라가 제국주의 시대에 나라를 빼앗긴 경험을 가졌다는 점에서 커다란 공통점을 찾을 수 있다. 그 후에도 이 지역은 민주주의보다 사회주의 체제가 더 힘을 쓴다는 점도 비슷하다.

그리고 이 나라들은 아직까지도 베트남전쟁의 후유증과 캄보디아 내전, 미얀마 철권 군사독재 등으로 인한 사회적 혼란을 겪고 있고, 방글라데시와 인도, 파키스탄은 정치 불안에 그대로 노출되어 있다.

강대국의 수탈에 힘겹게 살아남은 고난의 역사는 과거에 끝난 것이 아니라, 지금도 진행되고 있다는 사실에 가슴이 아팠다. 나는 정치학자나 사회운동가가 아닌 만큼 이런 현실을 일삼아 보려 하진 않았지만, 국민들의 생활 속속들이 배어 있는 상처까지 간과할 수는 없었다.

어쨌든 이 지역은 여행지로서 대단히 만족스러운 땅이었다. 무엇보다도 볼거리가 풍부하다. 베트남 북쪽 산악 지방 사파와 아름다운 바다에 신기한 모양의 바위들이 수만 개씩 솟은 할롱 베이, 당구대처럼 평평하게 펼쳐진 세계 최대의 곡창지대 메콩 강 삼각주가 그랬다.

세계 7대 불가사의로 꼽히는 캄보디아의 앙코르 유적지, 라오스의 루앙프라방 물벼락 축제와 미얀마의 불교 유적지 파간의 무수한 불탑들도 이번 여행의 볼거리로 손색이 없었다.

남부아시아는 또 어떤가. 활화산의 에너지가 뿜어 나오는 방글라데시의 수도 다카와 산호와 코코넛 나무가 아름다운 최남단 세인

트마틴섬, 삶과 죽음, 성스러움과 비속함이 동전의 양면처럼 공존하는 인도의 바라나시 그리고 파키스탄의 그 거대하고 장엄한 산들. 모두가 더없이 좋은 구경거리였다.

물론 어려움도 있었다. 캄보디아에서 크메르루주 군이 장악한 지역을 넘어갈 때는 킬링 필드의 오싹함이 어제인 듯 생생했고, 캄보디아에서 타이로 밀항하려다가는 타이 출입국관리국에 체포될 뻔하기도 했다.

인도에서는 미친개한테 물리기도 했고, 인도차이나 여행 내내 팔뚝에 심한 땀띠가 나서 몹시 괴로웠다. 방글라데시에서는 교통사고로 얼굴이 피범벅이 된 적도 있고, 파키스탄 북쪽 빙하 벌판을 건널 때는 천 길 크레바스에 빠지기 직전까지 가기도 했다.

그러나 육체적인 어려움이 시도 때도 없이 찾아오는 고질병인 외로움에 비할까? 참고 참았던 외로움이 하필 생일날에 폭발해 베개가 흥건해지도록 펑펑 울었던 기억은 지금 생각해도 코끝이 찡하다. 세상에 공짜는 없는 법. 이런 힘든 일들은 귀하고 좋은 것을 얻기 위해 마땅히 치러야 하는 대가였다.

여행은 '떠나는 것'이라고 하지만 아무리 생각해도 여행은 '만나는 것'이다. 서로 다른 문화와 언어, 풍습, 생김새와 생각들과의 만남이다. 그리고 사람들. 여행이 줄 수 있는 최대의 선물은 바로 사람들과의 만남이다.

배낭족이라고 칭하는 동족 여행자들이 그렇다. 이번 여행에서도 많은 사람을 만났다. 세 나라에서 세 번 만나 서로 마음을 주고받았던 미국인 필립, 북부 라오스를 함께 여행하며 어설픈 프러포즈를 받았던 유쾌한 이스라엘 청년 엘리, 벨기에에서 온 놀라운 미모의 마약중독자 미셸, 인도에서 만난 별종 인간 '크레이지 클럽' 세

명, 파키스탄에서 같이 산에 오르며 많은 것을 일깨워주셨던 대현 스님과 전생에 스님이었다는 독일인 마틴, 그 외에 일일이 나열할 수 없이 많은 정겹고 고마운 길벗들.

그리고 순박하고 따뜻한 현지인 친구들. '라이따이한(來大韓)' 자녀를 훌륭하게 키운 베트남 냐짱의 딥 아줌마, 피를 팔아 끼니를 이으면서도 자기는 운이 좋다고 거침없이 말하던 10살짜리 복권 팔이 꼬마, 100달러의 장학금을 주고 온 메콩 강 삼각주의 못난이 천사 투이, 어려운 살림에도 양자를 넷이나 키우는 캄보디아의 난민 세타도 빼놓을 수 없다.

미얀마 북부에서 사귄 국수 가게 인텔리 아줌마 낸시와 깡촌 산골 마을에서 나를 가정부처럼 호되게 부려 먹던 까까중 할머니, 아프가니스탄 난민촌의 궁색한 살림과 불안한 생활에도 나를 끝까지 지켜준 나지브 가족들, 시집가서 애기 낳으면 입고 오라고 친정행 의상까지 챙겨주신 파키스탄 훈자 마을의 가짜 친정아버지 나얍 할아버지. 그들이 있었기에 내 여행이 한층 풍요로울 수 있었다.

어디 이들뿐이겠는가? 하던 일을 멈추고 성의껏 길을 가르쳐주던 사람들, 덥다고, 춥다고, 배낭이 얼마나 무겁겠냐고, 혼자서 무섭지는 않냐고 염려해주던 사람들, 차나 버스 안에서 먹을 것을 나누어 주던 사람들, 말이 안 통해 어리둥절할 때마다 용케 뭘 원하는지 알아내고 도와주던 사람들, 눈이 마주치면 아무 이유 없이도 씽긋 웃어주던 이름 모를 수많은 사람들. 이들 역시 참으로 소중하고 고마운 친구들이다. 그들의 눈길과 미소, 그 순수한 마음을 영원히 가슴속에 담아둘 것이다.

이 만남들을 모두 말하고 싶은 욕심에 또 한 권 분량을 훨씬 넘어버렸다. 그런데도 어쩔 수 없이 빠진 얘기가 많아 아쉬움이 남는다. 모쪼록 내 친구들과 함께 좋은 여행을 하시기 바란다.

1998년 7월
종로도서관 종합자료실에서
한비야

베트남

1년 전만 해도 구걸을 해야 했는데 지금은 복권을 팔 수 있어,
자기는 운이 좋다고 말하던 사이공 거리의 아이.
오전에는 복권을 팔고 오후에는 학교에 다닌다.

21세기 유목민, 배낭족의 사랑과 이별

: 배낭족의 오아시스 방콕 카오산 로드

지금 지구에는 또 하나의 종족이 생겨나고 있다. 21세기 유목민이라고 할 국제 배낭족. 배낭 하나에 살림살이 모두를 넣고, 지구를 누비고 다니며 세상을 온몸으로 경험하는 사람들이다.

이들의 신분은 다양하다. 학생일 수도 있고, 학교를 휴학했거나 졸업한 사람, 직장에서 휴가를 얻은 사람일 수도 있다. 직장이 없거나 직장을 그만둔 사람도 있으며, 군에서 막 제대했거나 아예 여행이 직업인 사람도 있다.

연령층도 다양하다. 물론 20대가 주류지만 엄마 아빠를 따라다니는 어린아이와 70살이 넘은 노인도 있다. 혼자 다니는 사람, 여자 친구끼리 혹은 남자 친구끼리, 애인이나 부부가 함께 다니는 커플도 있다. 아버지와 딸, 엄마와 아들, 삼촌과 조카, 심지어는 전 가족이 몰려다니기도 한다. 온갖 조합이 가능하다.

돈이 많든 적든, 어느 나라 어느 문화권에서 왔든, 인생의 한 부분을 배낭 메고 여행을 한다는 공통점에서 이들은 같은 민족이다. 이 민족의 이름이 바로 배낭족이다.

비록 말이 잘 안 통하고 문화적·정서적 배경이 전혀 다른 사람들일지라도 배낭족이라는 한 가지 공통점 때문에 언제 어디서 만나도 반갑고, 나눌 얘기가 많다. 때로는 '비(非)배낭족'인 같은 나라 사람보다도 훨씬 할 말이 많고, 말이 잘 통하기도 한다.

배낭족은 그들만의 신체적 특징과 나름대로 독특한 문화와 정서를 가지고 있다. 그런 점에서 이들은 하나의 민족이 될 수 있는 것이다.

이들끼리 서로를 알아볼 수 있게 하는 가장 큰 외형적 특징은 민족의 대명사 '배낭'이다. 생활에 필요한 모든 것이 담긴 한 덩어리 배낭은 사람들이 얼마나 불필요한 것을 욕심내며 살고 있는지 명백히 보여주는 인생의 교훈이다. 배낭 하나를 채울 정도의 물건이면 한 사람이 살기에 충분하다는 지혜를 배낭족은 잘 알고 있다.

그리고 전대(纏帶). 몽골족에게는 누구든 몽고반점이 있듯이 배낭족에게는 배낭족에 합류하는 그날부터 '전대 착용'이라는 민족적 특징을 지니게 된다. 전대는 그것을 차는 순간부터 벗어버릴 수 없는 제2의 피부가 된다.

자신의 전 재산과 여권 등 여행에 없어서는 안 될 물건이 들어 있는 전대가 얼마나 귀중하면서도 귀찮은 애물단지인지를 이들은 잘 안다. 이것을 잃어버리면 당분간 배낭족의 신분을 상실하게 된다는 것도.

이들에게는 민족 필독서도 있다. 《론리 플래닛(Lonely Planet)》이라는 가이드북을 비롯한 여행 책자다. 배낭족은 그 책에 나온 숙소에 모이고, 그 책에 나온 식당에서 먹고, 그 책에서 가보라는 데를 가본다. 그래서 그 책에 소개된 곳에서는 언제나 동족을 만날 수 있다.

이들은 막막한 사막에서 만난 사람들이 서로 지나온 오아시스와 행로에 대한 정보를 나누듯 배낭족의 생활 정보를 주고받는다. 싸고 좋은 숙소와 식당에 대해, 바가지 쓰지 않거나 위험한 일을 피하기 위해, 어떻게 하면 더 잘 보고 많이 얻을 수 있는지에 대해 서로가 알고 경험한 것을 나눈다. 이런 정보 교환을 통해 배낭족은 더욱 끈끈한 동족애를 느끼게 된다.

영어로는 '백패커(backpacker)'라고 부르는, 이 70년대에 생겨난 신흥 민족의 뿌리는 어디일까? 그동안 많은 배낭족과 수없이 의견을 나눈 열띤 토론 끝에 배낭족의 원조는 60년대에 나타난 히피라는 결론을 내렸다.

우리나라에서는 이상한 옷차림, 마약 복용, 프리섹스, 현실도피, 무위도식 등 부정적인 면만 부각되어 있지만 그들이 인류에 끼친 긍정적인 영향은 상당히 크다. 현대의 진보적인 운동들, 예를 들면 환경보호, 페미니즘, 반전운동, 배금주의에 대한 경계 등이 히피 운동에서 비롯된 것이라고 할 수 있다.

초기 히피의 주류였던 서양 상류층 자녀들은 무리를 지어 정신적인 평화를 얻을 수 있는 곳을 찾아 세계 각지로, 특히 인도와 티베트로 흩어졌다. 물론 그전에도 많은 사람들이 여행을 다녔을 테지만 배낭족이 지금과 같은 세계적인 '유행(trend)'과 '열병(fever)'이 되기 시작한 것은 이들 때문이 아닌가 한다.

그 후에 이들과 같지는 않아도 다양한 인생을 살고자 하는 사람들이 많아지고, 비행기 요금이 싸지고, 여행 정보가 풍부해지고, 동남아 등 물가가 싼 나라에 대한 여행이 자유로워지면서 사람들은 길을 떠나기 시작했다.

이들의 외적인 특징이 배낭과 전대라면 내적인 특징 중 가장 두

드러진 것은 한곳에 머물지 않는다는 거다. 간혹 쉬어가기는 해도 멈추지는 않는다. 일생은 아니더라도 적어도 배낭을 메고 나서는 동안만큼은 그렇다.

이들은 머무는 곳에서 최대한의 것을 얻고 누리지만, 익숙한 것을 버리고 새로운 곳으로 발길을 옮기는 용기를 가지고 있다. 옮긴 곳이 별로 좋지 않은 환경이라도 잘 참아낸다. 오히려 힘든 일과 어려운 상황을 피해 가지 않고 정면 돌파하면서 힘을 얻는다. 상황은 끊임없이 변한다는 것을 잘 알기 때문이다.

이들은 20세기 후반에 생겨나 21세기에 맹위를 떨칠 새로운 시대의 유목민이다. 살아가는 행태가 유목 생활인만큼 생각은 물론 사랑까지도 유목민답다. 여행길에서 만난 사랑이 아무리 진한 감정일지라도 그것 때문에 어느 한곳에 주저앉지는 않는다. 거기까지가 인연이라고 믿기 때문이다.

이에 못지않게 중요한 이들의 특징은 낯선 것에 대한 호기심이다. 예로부터 어느 오지이건 죽음을 무릅쓰고 그곳을 제일 먼저 개척하는 사람은 상인, 구도자 그리고 여행자였다.

실크로드가 바로 그렇지 아니한가. 그 죽음의 험로를 개척한 사람은 비단과 황금의 꿈을 안고 동쪽으로 동쪽으로 '길'을 만든 상인들이었으며, 현장법사와 같은 구도자(선교사)였고, 마르코 폴로와 같은 여행자였다. 세계의 모든 문화와 물산(物産)은 이들 상인과 구도자와 여행자들의 발과 입을 통해 연결되고 변화해왔다.

옛날 실크로드의 대상(隊商)들이 동서양의 문물을 이어주는 결정적인 다리 역할을 한 것처럼 지금 세계를 누비고 다니는 배낭족 또한 그렇다. 이들은 자신들이 몰랐던 것을 깨우치며 그렇게 알게 된 것을 이웃에 전달한다.

바퀴벌레가 발에 묻힌 약 기운을 무의식중에 동료들에게 전하는 것처럼 이들은 자기의 몸과 마음에 묻힌 낯선 문물을 이웃에 전한다.

또한 배낭족은 세계를 직접 경험하며 지구촌 사람들이 겉모습과 삶의 형태는 다르더라도 모두 똑같은 인간이라는 지고지순한 사실을 온몸으로 깨닫는다.

우리가 알고 있는 게 전부는 아니라는 것, 다른 사람들의 것도 소중하게 지켜주어야 한다는 걸 확실하게 깨닫게 된다. 그동안 의심 없이 믿어왔던 가치들이 한순간에 무참히 깨지면서 우리를 가두고 있던 울타리를 벗어나 객관적으로 세상을 바라볼 수 있게 된다.

모르긴 해도 이들이 사회의 중추 역할을 하게 될 때쯤이면 배낭족의 정신은 작지 않은 곳에서 작지 않은 영향력을 발휘하게 될 것이다.

물론 최근에는 마약 여행, 섹스 여행에 백인 우월주의와 물질만능주의의 심화 등 문제가 전혀 없는 것은 아니다. 그러나 그것은 거대한 강물 속에 끼어 있는 조그만 소용돌이에 지나지 않는다.

여행은 절대로 인생의 사치이거나 한가한 사람들만이 즐기는 낭비가 아니다. 여행은 개인의 미래를 위해 그리고 사회와 나아가서 인류를 위해 가장 확실한 투자라고 생각한다. 나는 그렇게 굳게 믿는다.

늘 이동하고 있는 현대판 유목민들이 옮겨 다니는 길목에는 사막의 오아시스처럼 쉬어 가기도 하고, 에너지를 재충전하거나 앞으로 가려는 곳에 대한 정보를 수집하기도 하는 배낭족의 터전이 자연스럽게 생겨난다. 아프리카 케냐의 나이로비, 남미 페루의 리마, 터키의 이스탄불, 영국의 런던, 중국의 베이징, 네팔의 카트만두가 그런 곳이다.

그리고 동남아시아에서는 단연 타이의 수도 방콕이 배낭족의 터전이다. 그중에서도 카오산 거리는 아시아 루트를 다니는 배낭족의 총집합소다.

여기에는 싼 음식, 싼 숙소, 싼 비행기 표에 따끈따끈한 최신 여행 정보와 각종 약품, 심지어 카메라 렌즈 닦는 종이까지 다른 곳에서는 구하기 힘든 물건들이 얼마든지 있고, 각 나라의 비자도 쉽게 낼 수 있으며, 가짜 학생증에 가짜 기자증도 만들 수 있다.

또 식당이나 바에서 하루 종일 공짜로 틀어주는 비디오를 실컷 볼 수도 있다. 최신 음악 카세트테이프도 살 수 있고, 밀린 빨래를 싸게 세탁해주는 곳도 있고, 읽고 싶은 책들도 구할 수 있다. 원하면 문신이나 타이 마사지에 피부 마사지도 받을 수 있으며, 당연히 마약이나 창녀, 남창들도 얼마든지 있다.

여행을 시작하는 사람, 지나가는 사람 그리고 여행을 끝내고 돌아가는 사람들로 늘 흥청대는 곳. 그래서 '보통사람'은 물론 온갖 이상한 차림과 이상한 표정의 사람들, 희한하고도 특이한 삶을 사는 사람들로 거리가 언제나 꽉 차 있다. 처음에는 그 현란함과 분방함에 정신이 멍해지지만 이내 그 분위기에 휩쓸리게 된다. 동족들이 모이는 거리이므로.

이 카오산 거리에 한국 배낭족이 경영하는 한국 식당이 있다. 이름 하여 '홍익인간(弘益人間)'. 나는 이 오아시스 중의 오아시스에서 긴 여행에서 오는 갈증과 피로를 말끔히 풀 수 있었다.

홍익인간과의 인연은 캄보디아 공항에서 시작되었다. 뒤에 다시 자세한 사연이 나오겠지만 비자 문제로 공항 직원들과 옥신각신하고 있을 때, 나를 유심히 보고 있던 한국 사람이 "한비야 씨 아니십니까?" 하고 말을 붙여왔다.

방콕행 같은 비행기를 못 타게 되자 그는 명함을 한 장 건네주며 방콕에 오면 꼭 연락하라고 당부했다. 명함에는 '홍익인간 이태영'이라고 적혀 있었다.

방콕에 내릴 때는 그 명함을 잊고 있었는데, 카오산 거리까지 가는 공항버스에서 한국인과 벨기에인 국제결혼 커플을 만났다. 그들은 여행 중에 만나 부부가 된 사람들인데 휴가차 타이에 왔고, 오는 김에 친구 가게에 라면을 갖다 준다면서 홍익인간으로 가는 길이라는 거다.

이런 인연으로 홍익인간에 가게 되었고, 캄보디아에서 만났던 이태영 씨와 '달이'라는 애칭의 식당 주인 김영석 씨, 당분간 지킴이로 있다는 '경글리시(경상도식 영어)'의 황태자 콰이, 그리고 주인보다 살림을 더 잘하는 또순이 도우미 장수진 씨 등과 일주일을 재미있게 지냈다.

달이 씨와 이태영 씨는 10년 이상 배낭여행 경력자들이고, 다른 '홍익인간'들도 여행을 오가는 길에 달이 씨의 '마수'에 걸려 잠시 머물며 홍익인간의 이념을 실천하고 있는 배낭족 일원이다.

그들은 끔찍한 잡지 원고 마감일이 코앞에 닥친 내게 눈물겨운 도움을 주었다. 시원해야 글이 잘 써진다고 에어컨 나오는 방을 내주기도 하고, 하루 세끼 다양한 한국 음식을 만들어주기도 하고, 밤마다 갖가지 이유를 달아 파티를 열어주는 바람에 나는 '파티사(死)' 할 뻔까지 했다. 나중에는 한국으로 돌아가는 손님에게 '원고 인편 배달 특송'까지 부탁해주는 세심함을 발휘했다.

나한테만 그러는 줄 알았는데, 며칠간 가만히 보니 아는 사람이든 모르는 사람이든 그곳에 오는 사람 모두에게 그 사람 사정에 맞는 특별 대우를 했다. 소문을 듣고 찾아오는 외국인에게도 친절하고 유쾌하기는 마찬가지였다. 정말 고마운 사람들이다.

: 바라나시의 크레이지 클럽

'홍익인간'에서 한국 배낭족의 깊은 정을 느낄 수 있었다면, 이번 여행 중 방글라데시에서 파키스탄으로 넘어가는 길에 잠깐 들른 인도 바라나시의 한 숙소에 모인 '크레이지 클럽(Crazy Club)'에서는 서양 배낭족의 정서와 인생을 보는 태도를 엿볼 수 있었다.

바라나시에서 하루 20타카를 내고 묵은 내 방은 습기가 차서 벽 전체가 곰팡이로 덮여 있고, 천장에서 물이 뚝뚝 떨어질 정도. 견디다 못해 매일 방값에 해당하는 20타카어치의 향을 피웠다. 미안해진 주인은 습기가 괴로우면 새로 올린 윗방으로 옮기라고 했지만 그 방에서 보는 멋진 전망 때문에 그럴 마음이 없었다.

문을 열면 바로 강이 보이고 멋진 일몰을 볼 수 있어서, 해질 무렵이 되면 같은 숙소에 묵는 사람들이 전망 좋은 내 방 앞 베란다에 모였다. 그 가운데 '크레이지 클럽'이라고 이름을 붙이고 며칠 동안 아주 재미있게 보낸 세 명이 있다.

그 한 명은 22살 난 독일인 '아시망'. 본명이 아니라 얼마 전 인도 사람이 지어준 이름이란다. 파란 눈에 통통한 얼굴과 고른 이가 생전 늙지 않을 것 같은 동안의 청년이다.

아시망은 작년 초, 어렸을 때부터 인도 타령을 하던 고종 사촌 형과 함께 엉겁결에 인도에 오게 되었는데 북부를 여행하던 중 어느 날 형이 갑자기 죽어버렸단다.

고모에게 연락해서 시체를 어떻게 해야 하느냐니까 아들이 평소에 해달라는 대로 하라고 해서 동네 사람들의 도움을 받아 시체를 태워 재를 바라나시에 있는 갠지스 강에 뿌려주었단다.

그 후 독일로 돌아가 평범하게 학교를 다니면서도 자기가 있어야 할 곳은 인도라는 생각을 떨칠 수 없었다. 그러다가 결국 휴학하고 1년 동안 택시 운전을 해서 모은 돈으로 다시 인도에 오게 되었다. 5년짜리 비자를 받아 왔는데, 갠지스 강을 다시 보았으니 이제 북쪽 히말라야로 들어가서 5년 동안 바깥세상에는 안 나올 작정이란다.

이 사연을 들은 우리는 서로를 쳐다보며 이구동성으로 합창을 했다.

"아 유 크레이지(너 미쳤니)?"

또 한 명은 20대 후반 프랑스인 로빈. 얼굴도 동그랗고 눈도 동그란 귀여운 인상이지만 배가 하도 튀어나와 우리가 '가네쉬(코끼리 모습을 한 인도의 재물 신)'라는 애칭을 붙여주었다.

로빈은 3년째 인도와 일본을 왔다 갔다 하며 인도에서 싸구려 장신구를 사다가 일본 길거리에서 파는데, 한 일본 여자를 짝사랑하고부터 짭짤하게 버는 돈을 몽땅 선물 사는 데 쓴다고 했다. 최소한의 생활비까지 써버려 겨울에는 빈 사무실이나 빈 아파트, 여름에는 주차장이나 차고에서 잠을 자야 할 형편이라는 거다.

경비가 심한 빈 사무실은 해가 지고 나서 들어갔다가 해 뜨기 전에 나와야 하는데, 전기며 수도가 들어오지 않아 춥거니와 화장실 대신 비닐봉지에 대소변을 보아야 하는 것이 제일 괴롭단다.

그 여자에게 쓰는 돈을 좀 줄여 잘 곳을 마련하면 되지 않냐니까 선물이 조금만 부족해도 여자가 자기한테서 달아나려 한다는 거다. 그 여자도 로빈을 좋아하느냐고 묻자 아직 잘 모르겠다며 공을 더 들여야 한다고 했다. 언젠가는 진심이 통할 테니 자신은 절대로 포기하지 않겠단다.

이번에도 장사 밑천인 장신구는 사지도 못하고 그 여자한테 줄 선물만 잔뜩 샀다며 금박 이마걸이, 목걸이, 귀고리, 열 손가락 열 발가락에 끼우는 반지, 허리띠가 한 세트인 비싼 선물을 우리에게 보여주었다.

이것을 보고 우리는 또 입을 모아 외쳤다.

"아 유 크레이지?"

나머지 한 명은 저스틴. 중국어 전공에 동양 종교를 부전공으로 하는 호주 대학원생이다. 단돈 미화 500달러로 인도와 파키스탄을 거쳐 중국 신장(新疆) 지방까지 여행하겠다는 20대 후반의 모험가다. 그렇게 적은 돈으로 여행을 다닐 수 있냐니까 절약 정보를 충분히 알고 있다면서 몇 가지 귀띔을 해주었다.

잠은 기차역 대합실이나 일등석 웨이팅 룸에서 잔단다. 인도의 웨이팅 룸은 승객이 하룻밤을 기다릴 수 있는 곳으로 샤워 시설과 화장실이 있다. 원칙적으로는 일등석 표가 있어야 하지만 외국인들은 표 검사를 하지 않는다.

그리고 밥은 길거리나 시장에서 사 먹거나 절이나 사원에서 얻어 먹는단다. 한 예로 파키스탄 국경에 있는 유명한 암리차르 황금 사원에서는 누구에게나 공짜로 숙식을 제공한다는 거다.

기차는 몰래 타거나 제일 싼 다음 역까지 입석 표만 사서 목적지까지 가고, 파키스탄에서는 방금 개종한 이슬람교도라고 하면 종교적 형제애가 돈독해 공짜 숙식으로 큰 문제없이 중국까지 갈 수 있을 거란다.

중국에 가면 영어 회화 아르바이트를 하며 다닐 생각이라는데, 베이징에서 호주 시드니까지의 비행기 표는 있으니까 만약 중국에서 일이 여의치 않으면 곧바로 호주로 돌아가면 된다는 거다.
 이 말을 들은 우리는 또 한 번 이구동성으로 합창했다.
 "아 유 크레이지?"
 내 얘기도 해보라는 아이들에게, 너희에 비하면 나는 지극히 정상적인 삶을 사는 사람이라고 했다. 다만 이번에 인도에 와서 2주일만 머무는 것이 아쉽다니까 왜 겨우 2주일이냐고 물었다.
 지난번에 3개월 예정으로 인도에 왔다가 5개월 만에 떠나면서도 너무 아쉬워서 비행기 안에서 눈물을 흘렸는데, 이번에는 인도에 발목 잡히지 않으려고 일부러 빨리 간다고 대답했다.
 그러자 아이들은 또 입을 모았다.
 "유 아 크레이지, 투(너도 역시 미쳤구나)."
 그래서 한바탕 웃고는 즉석에서 '크레이지 클럽'을 결성했다. 그날 이후 서로 이름은 부르지 않고 저먼 크레이지, 프렌치 크레이지, 오스트레일리언 크레이지, 코리언 크레이지라고 부르며 어울려 다녔다.
 매일같이 내 방 앞 베란다에 앉아서 강을 바라보며 방랑 생활에서 기대하는 것은 무엇인지, 인생에서 무엇이 우선인지, 앞날을 어떻게 꾸려나갈 것인지에 대해 시간 가는 줄 모르고 아주 많은 얘기를 나누었다.
 서로 다른 문화권에서 다른 형태의 인생을 살다가 만난 네 사람이 여러 각도의 생각과 의견을 충돌 없이 주고받는 것 자체가 참으로 멋진 일이었다.
 얘기하다 싫증 나면 바라나시를 누비면서 매일 밤 인도 영화도 보고, 한밤중에 맨발로 갠지스 강변도 돌아다니고, 배 타고 강을 건너가 신나게 수영도 했다.

이 '미친 친구들'은 새벽마다 강가에서 목욕을 했는데, 나는 그것까지는 도저히 같이할 수 없었다. 같은 클럽 멤버가 행동 통일을 안 한다고 배반자라고 했지만, 나는 이름과는 달리 지극히 '정상적'이라 밤늦게까지 놀고는 새벽에 못 일어난다고 했다.

바라나시를 떠나기 전날, 클럽 멤버 중 가장 정상적이라고 큰소리치던 내가 미친 친구들의 대장이 될 뻔한 사건이 일어났다. 미친 개한테 물린 거다.

클럽 멤버들과 밤늦게 영화를 보고 숙소로 돌아오는 길이었다. 지름길을 찾느라고 좁은 골목으로 들어섰다. 방금 본 영화의 여주인공을 흉내 내느라 엉덩이를 흔들며 까불다가 그만 골목길 옆에 웅크리고 있는 개를 밟고 말았다.

발밑이 뭉클한 느낌과 동시에 장딴지가 따끔했다. 아이들이 쫓아내기도 전에 개는 꼬리를 내리고 저만큼 도망갔다. 털이 다 빠지고 온몸이 부스럼투성이에 비쩍 마른 바라나시의 전형적인 미친개였다.

병원에 가기에는 너무 늦은 시각이라 숙소에 돌아와 응급처치를 했다. 피는 약간 났지만 상처가 깊지 않고 아프지도 않았다. 아스망은 얼른 수건에 비누를 묻혀 상처를 박박 문질러 씻어냈고, 저스틴은 그 위에 소독약을 들이부었다.

개에 물린 상처보다 돌팔이 의사들의 치료가 더 아팠다. 클럽 멤버들은 임시 조치는 했으니 마음 놓으라고 하면서도 내가 광견병에 걸려 진짜로 미치면 '크레이지 클럽'의 가장 확실한 대장이 될 거라며 놀렸다.

나는 걱정이 되어 잠이 오지 않았다. 혹시 광견병에 걸려 여행을 여기서 끝내야 하는 것은 아닌가. 이 의리 있는 친구들도 걱정이 되었는지 새벽 목욕을 끝내고는 빨리 병원에 가자고 아직 자고 있는 나를 깨웠다. 로빈은 벌써 내 눈에 이상한 광채가 난다느니, 웃을 때 입 꼬리가 어제보다 많이 올라간다느니 하면서 증세가 심상치 않다고 호들갑을 떨었다.

다음 날 나는 예정대로 파키스탄과 국경에 있는 암리차르로 떠났다. 짧은 동안 정들었던 클럽 멤버들과 헤어지는 것이 섭섭했지만 내 갈 길로 가는 것이다.

이것이 배낭족의 만나고 헤어지는 방식이다. 다양한 국적과 사연을 지닌 사람들이 서로 다른 길을 가다가 우연한 교차점에서 만나 인연만큼 함께 어울리다 인연이 다하면 헤어진다.

이별은 그렇게 아쉬워하지 않아도 좋다. 그들은 인연이 닿으면 다른 곳에서 다시 만날 수도 있고, 인연이 없으면 영원히 만나지 못할 수도 있다. 그렇더라도 그들은 서로의 주소록과 마음속에 영원히 남아 있을 것이다. 바라나시의 '크레이지 클럽' 멤버들처럼.

: 인연이 부른 남자 필립

배낭족에게도 사랑이 있다. 특히 저경비 장기 여행자들은 가는 경로도, 묵는 숙소도 비슷해서 여행 도중에 몇 번씩 다시 마주치고, 이런 반복된 만남이 사랑으로 발전하는 경우도 적지 않다.

이번 여행 중에 내게도 그런 일이 있었다. 베트남에서 처음 본 사람을 한 달 후 캄보디아에서 다시 만났는데, 무슨 인연인지 6개월

후 카라코람 하이웨이의 끝인 중국 신장의 카슈가르(喀什)에서 또 부딪쳤다. 그의 이름은 필립, 41살의 미국인이다.

"그때 고동색 원피스 입고 있었지요?"

"어머, 어떻게 기억하세요?"

"그때 비야 씨는 카메라 세례를 받았잖아요. 같이 갔던 사람들과 얘기했어요. 저 영어 잘하는 동양 여자가 어느 나라 사람일까 하고요."

"그때 필립은 뭐라고 했어요?"

"난 미국에 살고 있는 베트남계 미국인일 거라고 했어요. 얼굴이 하도 새까매서."

캄보디아의 앙코르 지역을 떠나기 전날, 베트남에서 구치 땅굴에 함께 일일 관광을 갔던 필립을 다시 만나게 되었다. 반가웠다.

베트남 구치 땅굴에서 두더지 구멍처럼 좁은 땅굴 입구로 들어가 몸을 숨기는 시범을 할 때, 가이드는 일행 가운데 몸집이 제일 작은 나한테 들어가 보라고 했다. 일행은 땅굴 입구에 들어간 나를 사진에 담느라고 머리를 조금 더 내밀어라, 몸을 더 밑으로 내려라, 주문이 무성했다. 땅굴에서 나오자마자 나는 감상을 묻는 가이드의 모자를 낚아챘다.

"얼른 모델료부터 챙겨야지 뭐 하는 거예요?"

모자로 돈 걷는 시늉을 해서 사람들을 한바탕 웃겼는데, 그때 진짜로 모자에 돈을 넣었던 사람이 바로 필립이다. 그가 입었던 옷이 무엇인지까지는 생각나지 않았지만 수염이 길고 유난히 키가 커서 나도 그를 기억하고 있었다.

캄보디아의 앙코르에서 프놈펜으로 가는 슬로 보트를 예약하러 시내에 나갔다가 그를 다시 만난 거다. 마침 점심때라 근처에 있는 식당에 가서 점심을 먹으며 정식으로 통성명을 하게 되었다.

어머니는 프랑스인이고, 아버지는 반은 이탈리아인에 반은 프랑스인이지만 그는 미국에서 나고 자랐다고 한다. 지난 10여 년 동안 아프리카, 남미, 동남아시아 등에서 미국 평화봉사단과 유엔 그리고 다른 비정부국제기구에서 일하다가 그만두고, 앞으로 어떤 일을 할까 진로 모색을 위해 여행을 하는 중이라고 한다.

아직 한 번도 결혼한 적은 없지만 사랑하던 여자 친구가 1년 전 자신과 제일 친한 친구와 전격적으로 결혼을 해서 아직도 그 쇼크에서 벗어나지 못하고 있는 상태란다.

이번 여행은 베트남에서 시작해서 캄보디아를 보고 다시 베트남으로 갔다가, 중국 윈난성(雲南省)을 잠깐 둘러보고 호주로 갈 계획이라는 거다.

40여 년의 인생을 짜임새 있고 사무적으로 요약했지만 말하는 품이 거침없고 솔직담백하다. 가끔씩 엉뚱한 말을 하기도 해서 점심시간 내내 즐겁고 유쾌하다.

내 이름이 비야라니까, 무슨 비야냐고 묻는다. 한비야라니까 농담을 한다.

"사이공 비어, 타이거 비어, 앙코르 비어는 알아도 한 비어는 몰랐는데요. 한국에 그런 비어(맥주)가 있어요?"

내가 세계 여행 중이고 이번 여행은 다음 해인 1998년 5, 6월까지 이어질 거라고 했더니 이렇게 너스레를 떤다.

"알고 보니 비야 씨는 시간 부자네요. 그렇다면 하루 더 놀다 가도 별 문제없겠지요?"

자신이 에어컨 나오는 시원한 택시와 가이드를 예약해놓았으니 그날 오후와 다음 날 이곳을 더 둘러보고 그다음 날 아침에 슬로 보트를 같이 타고 가자고 꼬드긴다.

　엉뚱한 제안에 웃음은 나지만 순진하고 담백한 태도가 마음에 들었다. 아무리 보아도 또 보고 싶은 앙코르 유적지에 한 번 더 가는 것은 대환영이지만 슬로 보트를 같이 타겠다는 게 좀 걱정이 된다.

　"슬로 보트로 같이 가자구요? 당신처럼 키 큰 서양 사람이 그 보트 타고 가다간 아마 크메르루주 군에게 집중포화를 받을 거예요. 난 안 되겠는데요."

　"내 목숨은 내가 알아서 지킬 테니 제발 같이 간다고만 해주십시오."

　과장된 제스처로 조르는 것이 밉지 않아 그럼 그러자고 했다. "호레이(야호)!" 소리를 지르며 두 손을 하늘로 번쩍 드는 그가 꼭 고릴라 같다. 팔도 길지 머리도 길지 수염도 길지.

　그날 오후와 다음 날 앙코르의 유적지를 돌아보았지만 그는 유적에는 별 관심이 없는 것 같았다. 예전에 캄보디아에서 근무할 때 이미 여러 번 와보았다며 이번에는 추억 여행을 온 것이란다.

　가이드를 무시한 채 내가 좋아하는 곳만 끌고 다녔는데 앙코르나 타프롬에서는 전문 가이드보다 더 자세히 알고 있어서 내가 잘 몰라서 미처 보지 못한 건물의 아름다움을 새롭게 알게 해주었다.

　그는 구경보다 얘기하기를 더 좋아했다. 타프롬 사원에 가서는 아예 사원 뒤에 있는 커다란 나무 그늘에 앉아 개인적인 얘기와 자신이 일했던 국제기구에 대한 솔직한 의견들을 들려주었다.

　"난 어렸을 때 친구가 없었어요. 돈이 많은 우리 할머니 극성으로 초등학교 때부터 이 나라 저 나라 기숙사가 있는 사립학교로 옮겨 다녔거든요. 국제적인 탄광 사업을 하는 아버지가 외국에서 일을 하셨기 때문에 부모님과는 거의 떨어져서 살았어요. 대학에 다닐 때, 아버지와 사이가 좋지 않으셨던 할머니가 내 앞으로 막대한 재산을 물려주고 돌아가셨어요. 한동안 학교도 그만두고 돈으로 할 수 있는 일이 이렇게도 많은가 감탄하면서 돈과 몸을 마구 굴렸지요. 내 주위에는 늘 많은 사람이 있었지만 난 항상 그들의 우정과 사랑을 의심했어요. 저들은 나를 좋아하는 것이 아니라 내 돈을 좋아하는 것이라고. 겉으론 웃고 즐겁게 지내는 척했지만 속으로는 불안하고 외로운 나날이었죠."

그러다가 평화봉사단원으로 근무한 사촌 형을 만나게 되었단다.

"아, 그 형님이 바로 한국에서 근무를 하셨어요. 따지고 보면 내게도 한국과 이런 관계가 있었네요."

그 형님의 영향으로 방탕하고 소모적인 생활에서 벗어나 대학을 다시 다녔고, 경영대학원을 졸업한 후 프랑스어권인 서아프리카에서 평화봉사단원으로 일했단다. 그 후 과테말라에도 갔고, '민족화합의 길'이라는 유엔 자원봉사단체 책임자로 캄보디아에서도 근무했단다.

이 프로젝트는 캄보디아의 선거를 평화적으로 치르기 위한 것으로 18개월간 2만 2000명의 인력과 20억 달러의 비용을 투입한 유엔 역사상 최대의 지원 사업이었다.

그런데 그 일이 끝나자 필립은 국제기구에서 일하는 것에 회의를 느꼈다. 세계 평화에 기여한다는 거창한 이상을 가졌던 자신이 한심할 정도로 순진하게 느껴졌단다.

"더 괴로운 것은 내가 하는 일이 이 나라에 득이 되기는커녕 해가 되고 있지는 않나 하는 자책감이었어요."

폴 포트 치하에서 100만 명 이상이 죽어나갔던 깊은 상처와 충격이 채 가시지도 않은 국민들에게 서구식의 선거로 스스로 지도자를 선택하라는 것이 얼마나 무리한 요구이며 현지 사정을 도외시한 공염불인가. 국제기구의 요구는 결국 서구적인 우월 의식의 표출, 그 이상은 아니었다는 거다.

"유엔은 그냥 왔다만 간 거예요. 비싼 깜짝 쇼를 한 거죠. 캄보디아 사람들은 유엔을 흰 랜드로버 차에 박힌 파란 마크로만 기억하게 될 겁니다. 유엔이 와서 달라진 게 무엇인가요? 유엔 측에서는 한 차례 민주적인 자유선거를 경험해본 국민은 다시 옛날로 되돌아가지 않을 거라고 말하지만 지금 캄보디아인들은 다가올 선거를 두려워하고 있어요. 피를 부르는 전주곡이라고요."

이 말을 할 때 그는 약간 목소리를 높인다. 얼굴의 웃음기도 사라지고 아주 진지한 표정이다. 전날 보았던 그와는 전혀 딴판이었다.

"그런데 필립, 나는 이 여행이 끝나면 국제기구에서 일할 생각이에요."

"네?"

"지금 거의 생각을 굳혔어요. 아직 본격적으로 일할 곳을 찾진 않았지만."

"아, 그래요? 그렇다면 내가 괜한 말을 했네요."

"아녜요. 여행 다니면서 이런저런 국제기구 많이 보았어요. 유엔에 대한 평가도 각양각색이지요. 오히려 그런 비판을 외부 사람이 아니라 그 안에서 직접 일했던 사람에게서 들으니 여러 가지로 도움이 되네요."

"그런데 비야 씨는 왜 국제기구에서 일하려고 하세요? 혹시 멋있게 보이고 싶어서 그러는 거 아니에요? 국제기구에는 그런 사람

많아요. 겉멋이 들어서."

"멋있게 보이려고 전쟁터를 쫓아다니나요?"

"전쟁터로 가요?"

"내가 관심 있는 분야는 난민 구호 프로그램이거든요."

그는 좀 놀랐다는 표정이다. 내가 직장을 그만두고 몇 년째 세계일주 중이라니까 팔자 좋게 놀러 다니는 줄만 알았겠지.

내가 어떻게 해서 난민 프로그램에 관심을 갖게 되었는지 간단하게 설명해주니까 귀를 기울이며 심각하게 듣고는 그 장난기 어린 표정을 되찾으며 말한다.

"참 어울린다. 비야 씨는 잘할 거예요. 일하다가 자원봉사자나 기부금 필요하면 꼭 연락하세요. 진심이에요."

해가 질 무렵 앙코르톰에 있는 관음보살상인 바이언 상 주변을 돌아다녔다. 계단 경사가 가팔라서 내미는 그의 손을 잡았더니 내 손을 보고 깜짝 놀란다.

"비야 씨 손이 어린애 손처럼 조그마하네요. 이 조그만 손으로 난민촌에서 어떻게 음식과 담요를 나르겠어요? 아무래도 내가 도와주어야겠는걸요."

지금부터 도와주는 차원에서 손을 놓지 않겠다며 계속 손을 잡고 다녔다. 날씨가 더워 손에서 땀이 났지만 엉뚱하면서도 진지한 그에게서 손을 빼지 못했다. 은근히 정이 드는 사람이다.

: 둘이 손잡고 크메르루주 지역 탈출

다음 날 드디어 슬로 보트를 탔다. 프놈펜의 여행자 숙소 버트네 호텔 게시판에는 '신문에 사망 기사가 나고 싶은 사람만 이 보트를 탈 것'이라고 경고하고 있지만 보트 표는 외국인에게도 팔고 있고, 가끔씩은 다른 배낭여행자들도 타고 다닌다고 한다.

뱃삯은 빠른 보트보다 네 배나 싸다. 싼 뱃삯보다 내 관심을 끈 것은 그 뱃길이 바로 크메르루주 군이 장악했던 곳이라는 점이다. 1970년부터 5년간에 걸친 전쟁 중 정부군과 크메르루주 군은 이 뱃길을 사이에 두고 싸웠다.

1979년 베트남군이 크메르루주 군을 숲 속으로 쫓아낸 후에도 이 뱃길 근처에서는 주기적인 전투가 벌어졌다고 한다. 위험 지역이라는 게 더욱 강한 유혹으로 다가온다. 그래서는 안 되는 줄 잘 알면서도.

배는 현지인들로 꽉 찼는데 모두 물이 흥건한 배 바닥에 앉아 있다. 나는 필립과 함께 선장실 지붕 위에 앉았다. 새까맣게 그은 나를 보고 현지인들이 캄보디아 사람인 줄 알았는지 자꾸 말을 건다. 크메르말을 조금 할 줄 아는 필립이 현지 말로 나 대신 대답해 주었다.

"이 아가씨는 크메르말 하나도 못해요."

그러자 사람들은 이 커다란 서양인이 자기네 말을 하는 것을 도저히 못 믿겠다는 듯 놀란 얼굴로 내게 계속 무엇인가를 물었다. 내가 손을 저으며 자꾸 필립 쪽을 가리키자 사람들은 일제히 고개를 흔든다.

"아가씨도 못하는 우리말을 저 서양 사람이 어떻게 알아듣겠어?"

그렇게 생선 비린내가 진동하는 배를 2시간 타고 어느 마을에 내려서 트럭을 개조한 자동차에 올라탔다. 어찌나 사람이 많은지 사람을 겹겹이 쌓아놓은 형상이다. 이리 밀리고 저리 밀려다니다가 할 수 없이 필립의 무릎에 앉아 가게 되었다.

아, 프놈펜으로 가는 이 길은 미리 알았더라면 절대로 가지 않았을 길이고, 일단 알고 나서는 다시는 가고 싶지 않은 길이며, 누구에게도 모험 삼아 한번 가보라고 권할 수 없는 위험천만한 길이다. 프놈펜 버트네 호텔의 경고가 절대 허풍이 아니다.

그냥 앉아 있기도 힘든 만원 트럭에서 정수리에 직통으로 내리꽂히는 살인적인 땡볕이라니. 그러나 그건 아무것도 아니다. 정작 문제는 가는 길에 거의 20분 간격으로 총을 겨누며 차를 세우는 군인들이다.

정식으로 바리케이드를 쳐놓고 운전사와 조수 그리고 승객들을 조사하는 정복을 입은 군인들은 아마 정식 정부군인 것 같다. 그들은 굳은 얼굴로 승객들을 조사하고 실린 짐도 일일이 찔러보더니 우리한테는 여권을 보여달란다.

나는 빼앗기면 큰일 나는 여권 대신 중국에서 만든 가짜 학생증을 보여주고, 필립은 운전면허증을 보여주었더니 사진만 대조해보고는 돌려준다.

오히려 필립이 중간에 내 학생증을 가로채더니 사진이 실물과는 다르게 예쁘게 나왔으니 프놈펜에서 복사하고 주겠다며 자기 주머니에 넣는다. 나도 수염을 기르지 않은 필립의 옛날 사진을 보니 훨씬 젊고 미남으로 보였다.

조금 더 가자 또 총을 갖다 대는 이상한 모습의 집단이 나타난다. 군복은 입었으나 군모 대신 야구 모자를 쓰고, 신발은 군화 대신 슬리퍼를 신었다. 동네를 지키는 마을 자위대란다. 이들은 조수로부터 얼마의 돈을 건네받고는 승객과 짐 조사도 하지 않고 길을 내준다. 비공식 통행료가 있는 모양이다.

그 사이사이에 동네 깡패들에게도 통행료를 낸다. 이들은 허름한 바지와 티셔츠를 입은 청년들로 서너 명이 모여서 차를 세우고는 총이나 긴 막대기를 들이대며 돈을 요구한다.

한번은 이런 청년 중 한 사람이 차 뒤로 와서 승객들을 훑어보다가 필립과 나를 발견하고는 당장 험악한 표정을 지으며 자기 패거리에게 무어라고 고함을 지르는 거다. 잠시 후 몇 명이 우르르 몰려와 우리를 매서운 눈초리로 쳐다보더니 자기네끼리 왁자지껄 무얼 의논하는 듯했다.

'걸렸구나.'

저절로 두 주먹이 불끈 쥐어지고 입술이 깨물어진다. 얼굴도 하얗게 질렸을 거다. 아무렇지도 않은 척하려고 했지만 뒤에 앉은 필립에게도 들릴 만큼 심장이 크게 뛰었다. 필립도 긴장이 되는지 나를 바싹 껴안는다.

부랴부랴 우리 차 운전사와 조수가 내려 무언가를 설명하니까 깡패들은 일제히 우리를 한 번 무섭게 노려보고는 그제야 못마땅하다는 듯한 표정으로 길을 비켜준다.

"1차 관문 무사통과!"

내가 긴장을 풀며 농담 삼아 말하니 필립은 웃지도 않고 말한다.

"군인들은 물론 동네 깡패들이 가지고 있는 총에도 모두 실탄이 장전되어 있어요. 앞으로도 무수한 관문을 통과해야 할걸요."

내 옆의 아저씨는 트럭이 설 때마다 우리에게 난감하고도 미안한 표정을 지어 보인다. 그 아저씨가 우리에게 미안할 게 뭔가 말이다. 무법천지에서 가는 곳마다 눈 뜨고 돈 빼앗기는 그들의 처지가 더 안타까운데.

"저런 깡패나 자위대들도 크메르루주 군인인가요?"

필립에게 물으니 어이가 없다는 듯 웃는다.

"크메르루주 군의 자금력은 상상을 초월해요. 길에서 잔돈푼이나 걷는 일을 할 리가 없지요. 만약 그들이 정말 돈이 필요하다면 비야 씨와 나를 납치해서 한 번에 큰돈을 요구하겠지요."

"저들이 민간인들을 해치지는 않을까요?"

"돈을 주는 이상 그러지는 않을 겁니다. 누구를 죽인다고 돈이 나오는 건 아닐 테니까. 그렇지만 저들은 법도 모르고, 무서워하지도 않는 사람들이라 무슨 행동을 할지 모르니 더 위험하다는 거죠."

그는 의외로 담담하다.

"필립은 이 길이 이런 줄 알았어요?"

"어느 정도 예상은 했지만 생각보다 상황이 훨씬 안 좋은 것 같네요."

"나는 몰랐으니 그렇다 쳐도 필립은 알면서 이 길을 왔단 말이에요?"

"비야 씨랑 같이 가고 싶었으니까요."

농담인지 진담인지 이렇게 말하는 그를 올려다보니 그 얼굴이 조용하다. 갑자기 그가 옆에 있다는 것이 이렇게 든든할 수가 없다. 이 길을 같이 오게 되어 얼마나 다행인가 하는 생각이 들어 그의 손을 살며시 잡아주었다.

그 후에도 몇 번의 검문을 받고, 비공식 통행료를 주고, 6시간 만에 프놈펜에 도착할 수 있었다. 프놈펜에 도착하니 등허리가 땀으로 흥건히 젖었다. 내리쬐는 햇볕 때문만은 아니다.

"드디어 도착했네요."

"비야 씨 때문에 무릎이 저려 죽을 뻔했는데 나야말로 살아났어요."

이런 농담을 했지만 그도 긴장이 됐던지 사지에서 벗어난 기념이라는 듯 나를 가볍게 껴안는다.

: 킬링 필드의 이별, 실크로드의 재회

필립은 베트남에 친구들을 남겨두고 자기만 캄보디아에 일주일 예정으로 왔다고 한다. 프놈펜에 도착했을 때는 베트남으로 돌아가기까지 만 하루가 남았다. 그래서 데이트 장소로는 끔찍하기 짝이 없지만 시간이 없는 그를 위해 '킬링 필드'의 참혹한 현장 두 곳을 함께 가보기로 했다.

하나는 프놈펜 도심에 있는 '투올 슬렝'이라는 형무소 겸 고문실이다. 1976년부터 3년 동안에만 2만 명 정도가 여기를 거쳐 갔다고 한다.

고문실에는 고문당한 사람들의 사진과 고문 도구들이 전시되어 있다. 눈을 뜨고 제대로 볼 수도 없고, 침을 삼킬 수도 없을 정도로 끔찍한 현장에서 키득거리며 웃고 떠드는 한 무리의 외국인 관광객들이 있다. 기가 막힌다. 그들을 잔인하다고 해야 하나, 철심장이라고 해야 하나, 뻔뻔스럽다고 해야 하나. 아무튼 꼴 보기 싫다.

두 번째 장소는 프놈펜에서 남서쪽으로 15킬로미터 정도 떨어진 크메르루주 군의 집단 처형장 및 공동묘지다. 그곳이 바로 영화 《킬링 필드》에서 주인공이 해골에 발이 걸려 넘어지면서 유골 무덤을 찾아낸 장소다. 129개의 대형 무덤에서 나온 남녀노소 8985구의 유골과 그들이 입고 있던 옷가지들이 '평화의 탑' 안에 보관되어 있다.

해골이나 옷가지의 주인들 중에는 혁명이나 사상이 무엇인지도 모르는 순박한 사람들이 단지 학교에 다닌다는 이유로, 안경을 썼다는 이유로, 손이 보드랍다는 이유로, 그 밖의 많은 우스꽝스러운 이유로 무차별 처형을 당했다고 한다.

그 안에서 향을 피우고 아깝게 목숨을 잃은 억울한 영령들을 위해 잠시 묵념을 해보지만 꽉 막힌 가슴은 좀체 풀어지지 않는다. 이념이 무엇이기에 같은 인간끼리, 그것도 같은 나라 사람끼리 이렇게까지 해야 했는가. 그게 도대체 무엇이기에.

"데이트 장소로는 좀 그렇지요?"

필립이 괜히 미안한 표정으로 내게 묻는다.

"아니에요. 나도 프놈펜 떠나기 전에 여기 꼭 들르려고 했어요."

"그런데 비야 씨, 이 킬링 필드의 크메르루주에 얽힌 나의 '위대한' 조국 미국의 추악한 뒷모습 하나 얘기할까요?"

"뭔데요?"

"미국이 크메르루주를 지원했던 사실이요. 미국은 소련의 지원을 받는 공산 베트남과 캄보디아 정부군에 대항해 싸우는 크메르루주를 지원했어요. 인간 백정 폴 포트를 도운 거죠. 당시 대통령 닉슨과 외무장관 키신저가 공동으로 결정을 내린 역사적 실수인데, 우습게도 키신저는 노벨 평화상을 받더라고요."

필립은 씁쓸하게 웃었다. 그 그늘진 웃음 속에 고뇌하는 지식인의 양심이 드러나 보이는 것 같았다.

다음 날 떠나는 필립은 우리가 생사고락을 같이하며 크메르루주군 소굴을 빠져나온 사람인데 베트남까지는 몰라도 공항까지는 배웅을 해야 하는 것 아니냐며 생떼를 쓰더니, 정작 그럼 나가겠다고 하자 공항의 이별은 너무 슬프다며 오지 말라고 한다. 그러더니 막상 가야 할 시간이 다가오니까 여기서 이렇게 헤어질 수는 없다며 아무래도 같이 공항에 가줘야겠다고 변덕을 부린다.

그는 공항으로 가는 택시 안에서도, 공항 안에서도 내 손을 꼭 잡고 놓지 않는다. 마치 놓기만 하면 그 순간 날아가 버리는 풍선이나 되는 양.

"필립, 내가 며칠 전부터 물어보고 싶은 게 있는데, 혹시 어렸을 때 엄마 손 놓쳐서 길 잃어버린 적 있어요?"

"왜요?"

"죽어도 손을 놓지 않으려는 게 꼭 엄마 손 콤플렉스 같잖아요."

"여자 손 콤플렉스가 새로 하나 생기긴 했어요. 엄마 손이 아니라 비야 손 콤플렉스."

비행기를 타기 직전에 그가 말한다.

"아주 오랜만에 많은 얘기를 했어요. 일행이 가지 말라고 말리는데도 캄보디아에 꼭 다시 오고 싶었던 이유를 이제야 알았어요. 비야 씨를 만나려던 거죠."

"나도 아주 좋은 시간이었어요. 즐거웠어요."

"보고 싶을 거예요."

"나도 마찬가지예요."

"다시 만날 수 있을까요?"

"인연이 있다면."

내가 이별은 한국식으로 하자며 허리를 숙이고 잘 가라고 했더니 머리를 옆으로 흔든다.

"한국식으로 한 번, 프랑스식으로 한 번 하면 공평하겠네요."

그러더니 자기도 한 번 허리를 숙이고는 갑자기 입을 맞춘다. 아주 짧은 프렌치 키스. 도둑 키스를 당한 기분이 그리 나쁘지 않았다.

이렇게 헤어진 필립을 세 번째 다시 만난 곳은 중국 서역 실크로드 최대의 오아시스인 카슈가르다. 카슈가르에 도착해 러시아 영사관을 개조해서 만든 셔먼 호텔에 짐을 내려놓고 로비에 나갔다가 게시판을 보고 깜짝 놀랐다. 거기에 이런 메모가 붙어 있는 게 아닌가.

'한국에서 온 한비야 씨. 나 필립이에요. 놀랐죠? 난 9월 15일까지 카슈가르 인터내셔널 호텔에 묵고 있어요. 도착하는 대로 연락주세요.'

아니, 필립이 여기에? 오늘이 며칠이지? 9월 13일. 그럼 아직 있겠구나. 즉시 그가 묵는다는 호텔로 전화를 했다. 그는 방에 없었지만 교환원에게 그가 아직 거기에 묵고 있다는 건 확인했다.

'필립이 카슈가르에 있다니, 어떻게 된 거지? 계획대로면 지금쯤 호주에 있어야 하잖아?'

10분 후 나는 그 호텔 앞 존스 카페에서 책을 읽고 있는 그를 보았다. 짜릿한 것이 등뼈를 타고 내려간다. 가슴은 왜 이렇게 뛰는 거지? 숨을 크게 한 번 쉬고 책 읽기에 열중인 그의 테이블 앞에 슬그머니 앉았다. 필립은 고개를 들어 쳐다보지도 않고 바로 옆 의자에 놓인 자기 가방을 치워준다.

웃음이 나오는 걸 억지로 참으며 종업원 아가씨에게 그와 함께 갔던 캄보디아의 식당에서처럼 앙코르 비어를 주문했다. 종업원은 엉뚱한 맥주를 시키는 나를 이상하다는 듯 쳐다본다. 그때서야 필립이 고개를 들어 내 쪽을 보더니 눈을 동그랗게 뜨고 자리에서 벌

떡 일어났다.

"비야 씨 맞지요?"

그가 와락 나를 껴안았다. 방금 샤워를 했는지 그에게서 은은한 바디 샴푸 냄새가 난다. 긴 머리는 여전하지만 수염은 말끔히 깎아 훨씬 젊어 보인다.

"아니, 필립 어떻게 여기 있어요? 베트남으로 갔다가 중국 윈난성만 돌아보고 호주로 간다면서요? 나는 호주로 간 줄 알고 미얀마에서 호주로 엽서도 보냈는데……."

"다니다 보니 나도 비야 씨처럼 여행 중독이 되었지 뭐예요……. 하하하. 실은 그게 아니라 호주에는 벌써 다녀왔어요. 비야 씨 엽서도 잘 받았고요. 두 달 전에 다시 사촌 동생들과 중국으로 와서 티베트에 갔다가 혼자서 실크로드를 통해 파키스탄으로 가는 길이에요. 그때 캄보디아에서 비야 씨가 8월 중순쯤 여길 지날 것 같다고 했잖아요."

그러면서 또 내 손을 꼭 잡는다.

"다니면서 비야 씨 생각 많이 했어요. 어느 날은 하루 종일 비야 씨 생각만 했죠. 비야 씨가 가르쳐준 대로 베트남에서는 냐짱에 가서 그 아줌마도 만났고, 사파에서도 가르쳐준 숙소에 묵었어요. 그 집 게스트 북(여행 정보나 감상 등을 적은 공책)에 적어놓은 비야 씨 글도 반갑게 읽었죠. 중국 윈난성 리장(麗江)의 식당에서도 당신 친구라고 하니 칙사 대접을 해주던데요. 비야 씨가 이곳으로 온다고 알고는 있었지만 진짜로 만날 수 있을까, 기대 반, 의문 반이었지요."

카슈가르에 오자마자 갖은 욕을 먹어가며 배낭족이 주로 묵을 만한 숙소의 투숙객 명단을 일일이 살펴보았는데 이름이 없어서, 혹

베트남 53

시나 하는 마음에 메모를 해놓았다면서 흥분한 기색을 감추지 못한다. 내 두 손을 자기 볼에 가져다 댔다 놓았다 하면서.

그동안 이 사람하고 어지간히 정이 들었는지 이런 행동들이 하나도 싫거나 어색하지 않았다.

"비야 씨 손 되게 조그맣다."

"그건 캄보디아에서 벌써 한 말이에요."

"이제는 안 놓을 거예요."

"그래도 잠깐만 내가 써야겠는데요. 맥주를 마시려면."

우리는 마주 보고 웃었다. 맥주를 마시지도 않았는데 얼굴이 화끈거린다. 필립은 앞으로의 내 여행 계획을 물었다.

"여정이 많이 늦어져서 여기 카슈가르는 일요 시장만 보고 사막의 오아시스 도시인 허톈(和田)으로 떠날 생각이었어요."

필립은 우루무치에서 만난 일행과 같이 파키스탄으로 가는 길에 호수로 유명한 타슈쿠르간 근처에서 하루 묵을 생각으로 15일에 떠날 예정이었다고 한다. 이미 한 달짜리 관광 비자를 최대한 연기했기 때문에 내일 일요 시장을 보고 사흘 후에는 반드시 국경을 넘어야 한다는 거다.

"그러면 나랑 하루 더 있다 여기서 국경으로 떠나는 직행버스를 타요. 내가 오는 길에 그 호숫가에서 하루 자고 왔거든요. 둘 중에 한 사람이 보았으니 필립은 안 가도 되잖아요. 정 아쉬우면 내가 사진 보내줄게요."

"맞아요. 지금 호수가 무슨 소용이에요?"

식당이 문을 닫을 때까지 배가 고픈 줄도 모르고 얘기를 했다. 시계를 보니 벌써 자정, 그대로 저녁을 굶은 거다. 그는 무엇인가 말을 하려는 듯 한참을 망설이더니, 다음 날 아침 8시에 내 숙소로 찾아오겠다고 했다. 유명한 일요 시장에 같이 가자는 거다.

이튿날 동도 트지 않은 새벽에 누군가 문을 두드린다. 내가 묵은 방은 3인실 기숙사인데, 모두 여자들이라 거의 속옷만 입고 자고 있었다.

"어머, 우리 8시에 만나기로 하지 않았어요?"

문밖에는 필립이 웃으며 서 있다.

"지금이 8시예요, 베이징 시간으로. 신장 시간으로 하면 2시간이나 늦게 만나게 되잖아요? 그럴 수는 없지요."

이 사람의 엉터리 억지가 또 시작이다. 지금은 이곳 시간으로 6시인데.

"그럼 호텔 로비에서 잠깐만 기다리세요. 금방 준비할게요."

그때부터 부지런히 나갈 준비를 하는데 마음이 들떠 뭐가 제대로 안 된다. 세수를 하고, 좋은 샴푸 냄새를 풍기려고 어제 감은 머리를 또 감는다. 얼굴에 바를 것이라고는 로션 하나밖에 없다. 예쁘게 보이고 싶은데 립스틱조차 없다. 아이 속상해. 옷은 또 무슨 옷이 있겠는가. 배낭을 뒤지고 뒤져봐도 까만색과 파란색 낡은 티셔츠뿐. 몇 개 없는 옷을 입었다 벗었다 난리를 부린다.

연전에 에티오피아 구제품 시장에서 건진 보물, 필립이 나를 처음 보았을 때 입었던 고동색 원피스도 꺼내보았는데 너무 구겨져서 도저히 입을 수가 없다. 이럴 때 내게 어울리는 꽃분홍색 옷이 있으면 얼마나 좋을까. 할 수 없이 캄보디아에서 산 앙코르와트가 그려진 회색 티셔츠에 청바지를 입고 나갔다.

로비로 향하는 계단을 내려가면서 참 웃긴다는 생각이 들었다. 이런 두근거림, 이런 설렘, 이런 느낌이 정말 얼마 만인가.

: 길 위의 사랑, 그 끝은 다시 혼자

필립과 함께 다니는 일요 시장은 무엇이든 풍성하다. 반으로 잘 라놓은 물이 많은 하미 수박은 붉은 과육이 보기만 해도 군침이 돈 다. 굵은 눈깔사탕만 한 연두색의 투루판 포도는 또 어떻고. 여기 가 오아시스 아니랄까 봐 이름도 알 수 없는 과일과 채소가 산처럼 쌓여 있다. 알록달록한 위구르족의 전통 의상과 기하학 무늬의 카 펫도 볼만하다.

수백 마리의 양과 염소, 말과 소 등이 모여 있는 가축 시장도 장 관이고, 그 옆에서 마구(馬具)를 파는 가게들도 재미있다. 마차를 타고 집채만 한 목화를 나르는 풍경도 예사로운 흥밋거리가 아니 고, 머리에 고동색 보자기를 뒤집어쓴 시장의 모슬렘 아줌마가 손 님한테 받은 돈을 사람들 보는 앞에서 치마를 들추고 스타킹 속에 쑤셔 넣는 광경은 신기하기까지 하다.

시장의 회교 식당에서 점심을 먹는데, 양 한 마리를 통째로 걸어 놓고 조금씩 잘라서 음식을 만드는 게 이색적이다. 금방 구워낸 쟁 반같이 크고 둥근 빵에는 마늘이 발라져 있고, 다진 양고기가 들어 있는 뜨거운 만두나 커다란 솥에서 설설 끓고 있는 양고기 냄새도 중국이 아니라 오히려 요르단이나 우즈베키스탄의 어느 촌 동네 시골 장과 아주 비슷하다. 이따금씩 이슬람 사원에서 기도 시간을 알리는 소리가 들리니 더욱 그렇다.

필립은 악기점이나 민속 의상을 파는 가게를 만나면 나보고 마음 에 드는 것을 고르라고 조른다. 재회의 기념으로 무언가를 꼭 사 주고 싶다는 거다.

"나그네는 길에서 짐을 만들지 않는다! 사 줘도 못 가지고 다녀 요, 잘 알면서."

한나절 시장 구경을 실컷 하고 다시 호텔 앞 카페에 앉았다.

"비야 씨, 이거……."

그가 무언가를 꺼내 놓는다. 펴보니 어느 틈에 샀는지 내가 시장에서 관심 있게 만져보던 위구르족의 은장도. 세공 솜씨가 아주 뛰어나다.

"고마워요, 필립. 한국에서도 여자들이 은장도를 가지고 다녔지요. 쓰임새는 조금 달랐지만."

"어디에 썼죠?"

"정절을 지키기 위한 자살용."

"그럼 비야 씨도 가지고 다녀요?"

"옛날 여인들이 그랬다는 거지요. 나는 은장도 대신 가스총 가지고 다녀요. 소극적 자살용이 아니라 적극적 방어용이지요."

"이크, 나도 조심해야겠네. 아무튼 이 은장도는 장식용이니 절대로 그렇게 사용하지 마세요."

오후에는 같이 시내를 둘러보았다. 여러 사원 등 관광지에 가보았지만 보는 것은 건성이고 필립은 계속 걱정이다.

"이제 비야 씨한테 어떻게 연락하지요? 내년 봄에 한국으로 돌아가기 전까지는 어려울 거 아니에요? 중국에서는 콜렉트 콜이 되니 일주일에 한 번씩 전화해줘요, 제발. 이럴 때 전 세계 어디서나 터지는 휴대전화가 있다면 내가 매일 전화할 텐데. 전화 안 해주면 애타서 죽을 거예요."

"그런 소리 말아요. 여행이 끝나고 일상으로 돌아가면 길에서 만난 사람은 그렇게 간절하게 보고 싶어지지 않게 되는 법이랍니다."

이렇게 말하는 나도 속이 짠하기는 마찬가지다. 저녁을 먹고 카페에서 잠깐 앉아 있었던 것 같은데 벌써 자정이 넘었다고 문을 닫는다고 한다. 꼭두새벽부터 한밤중까지 돌아다니느라 몸은 피곤했지만 이틀 후면 헤어진다는 생각에 좀 더 같이 있고 싶은 마음이 간절하다.

"내 방에 가서 맥주 한잔 더 할까요?"

그가 말했다. 내 마음을 들킨 것 같아 뜨끔했다.

"어머, 비야 씨, 화났어요?"

필립이 당황해서 묻는다. 화가 난 게 아니라 망설이고 있는 건데.

"아뇨, 그냥 좀 피곤해서요."

내가 묵는 호텔 로비까지 같이 온 필립은 잘 가라고 말하고 돌아서는 나를 가만히 껴안는다. 아주 오래된 애인인 것처럼 그의 품이 편안하다.

다음 날 우리는 허텐으로 가는 내 버스표를 예매하고, 필립이 파키스탄 국경도시까지 가는 버스표를 사러 갔다. 그는 평소의 밝은 표정과 달리 심각한 얼굴로 어디 조용한 데 가서 얘기 좀 하잔다.

"어젯밤 곰곰이 생각해봤는데, 비야 씨만 좋다면 함께 다니고 싶어요."

"뭐라고요?"

"나는 지금 당신을 사랑하는 것 같아요."

"……"

"처음 비야 씨를 만났을 때 갑자기 정이 쏠리는 이유가 여자 친구가 떠난 상처에다가 여행으로 지치고 외로웠기 때문일 거라고 생각했어요. 사랑이 아니라 남자로서 여자에게 끌리는 원초적 본능일 거라고. 그런데 그게 아니었어요. 그건 뭐라고 설명할 수 없는 강렬한 감정이었어요. 한 여자를 이렇게 오랫동안 가슴에 두고 있었던 적이 없어요. 다시 만날 수 있을지도 모르면서 말이죠. 그리고 평소의 나라면 다시 만난 첫날 같이 자자고 했을 겁니다. 그런데 비야 씨에게는 그러고 싶지 않았어요. 비야 씨도 나를 그만큼 사랑하기 전까지는."

나는 숨이 막혀 아무 말도 할 수가 없다. 식은땀이 나는 것 같기도 하다.

"어젯밤 한숨도 못 잤어요. 그리고 결론을 내렸죠. 비야 씨와 같이 있을 수 있는 방법을 찾아야 한다고. 같이 있으면 함께 성숙하고 행복할 수 있을 거라는 확신이 생겼어요. 비야 씨가 전에 이런 말 했었죠? 세계 여행 끝나면 신혼여행도 가고 싶은데, 전쟁터에 직장이 있으니 어느 남자가 나랑 결혼하겠느냐고요. 나는 그렇게 할 수 있어요. 어디든지 따라다닐 수 있다니까요. 몇 년 전 캄보디아에서도 해본 일이잖아요?"

"중국 비자가 내일 끝난다면서요?"

"중국 비자요? 벌금을 내지요. 벌금이 1000위안이라면서요? 1000달러라도 낼 수 있어요."

"10월부터 호주에서 일하게 된다는 건?"

"그런 건 문제도 되지 않아요. 우선 우리가 힘든 여행을 같이 다니면서 서로 굳게 사랑하고 있는가를 확인해야 해요. 확인만 되면 여행 끝날 때쯤 결혼합시다."

결혼? 결혼이라고? 난 이 사람이 누군지도 잘 모르는데. 베트남에서 처음 봤을 때부터 친다 해도 알고 지낸 지 겨우 7개월인데. 그 7개월 중에서 겨우 며칠간을 같이 다녔을 뿐인데.

나도 그에게 마음이 끌리는 것은 분명한 사실이지만 그것이 정말 진실한 사랑인지, 아니면 단지 길 위에서의 한순간 감정인지도 모르는데. 갑자기 머리가 복잡해진다.

"필립, 나 잠깐 숙소로 돌아가 쉬어야겠어요. 오후 7시쯤 그 카페에서 만나요. 괜찮죠?"

"비야 씨, 괜찮아요?"

"그럼요. 그럼 이따 봐요."

숙소로 돌아와 침대에 머리를 박았다. 머리가 돌덩이처럼 무겁고 전혀 회전이 안 되는 것 같다. 얼른 찬물로 샤워를 했다. 가지고 다니는 봉지 커피를 두 봉지나 조그만 컵에 넣어 커피 죽을 만들어 마셨다. 그리고 크게 한번 한숨을 쉬어보았다. 약간 정신이 드는 것 같다. 바깥이 환히 내다보이는 침대에 베개를 높이 하고 눈을 감은 채 반듯이 누웠다.

필립에게 프러포즈를 받았다. 여행도 같이하고 결혼도 하자고 한다. 결혼이라니, 이게 무슨 날벼락인가. 아니, 아니다. 어쩌면 내가 이렇게 심각하게 생각할 만한 것이 아닌지도 모른다. 프랑스 피가 섞인 돈 많은 미국인이 여행 중에 마음에 드는 여자를 만났을 때 으레 하는 얘기인지도 모른다.

그렇지만 그 사람은 몹시 진지했다. 그의 말에 절박함과 진심이 실려 있었다. 분명 여자의 마음을 사로잡기 위한 감언이설만은 아닌 것 같다. 이런 감정이 언제 또 있었지? 그동안 세계 여행 중 만났던 사람들을 떠올려보았다.

나를 좋아한 사람도 있고, 내가 더 좋아한 사람도 있고, 지금의 필립처럼 서로 좋아한 경우도 있다. 그러나 지금 돌이켜보면 이란의 반정부 지도자 오마르를 포함해서 그 사랑이 아쉽게 끝났기 때문에 더 좋았던 것 같다. 그 열기에 델 만큼 뜨겁게 사랑했던 사이라도 지금 그 사람하고 여행을 같이한다면 계속해서 좋을 수 있었을까? 아마 아닐 거다.

이것이 바로 방랑자의 사랑, 유목민의 사랑이 가지는 한계이자 비극이다. 만날 때부터 언젠가는 헤어져야 하는 상황을 생각하는 것, 그렇기 때문에 유목민의 사랑은 더 안타깝고 애틋하고 깊은 것인지도 모르겠다.

게다가 여행에 늘 따르게 마련인 외로움 때문에 사랑이라는 것이 실제보다 훨씬 과장되고 근사하게 느껴지는지도 모른다. 그와 나는 그런 과장과 환상을 현실과 진실로 착각하고 있는 것인지도 모른다.

그러나 내 안에 있는 또 하나의 내가 곧 이렇게 항의한다.

'아닐지도 모르잖아? 저 사람의 마음이 진실일 수도 있고 네가 느끼고 있는 애틋한 감정이 과장이 아닐 수도 있잖아. 정말 길에서 배필을 만날 수도 있잖아. 평생 배필은 아니더라도 얘기가 통하는 멋진 여행 동반자를 만날 수도 있는 거잖아. 사랑은 교통사고라며? 전혀 예상치 못한 시각에, 전혀 예상치 못한 곳에서 찾아오는 거라며? 너도 식욕, 물욕, 성욕 다 있는 인간이야. 네가 지금 느끼는 감정에 충실한 것이 더 인간적인 거야. 그렇지 않아? 뭘 망설여? 같이 가는 거야. 일단 같이 떠나보는 거야. 너무 복잡하게 생각하지 말고.'

저녁에 필립과 만나 밥을 먹으면서 나는 평소보다 말을 많이 했다. 더 많이 먹고 더 많이 웃었다.

"비야 씨, 그 고동색 원피스 정말 잘 어울려요."

"일부러 입은 거예요. 필립에게 예쁘게 보이려고."

그는 예정에 없던 사막 여행을 떠나는데 무엇이 필요할까를 얘기하고, 가는 길에 대한 충분한 정보와 마땅한 숙소가 없을 것을 걱정했다. 그는 분명히 들떠 있었고 기쁨에 차 있었다.

  저녁을 먹고 내가 묵는 호텔 앞 카페에서 문 닫을 때까지 또 맥주를 마셨다. 호텔 로비까지 바래다준 그가 말했다.

  "굿 나이트 키스를 해도 될까요?"

  "물론이지요. 뜨거운 프렌치 키스를 해줘요."

  다음 날 새벽, 타클라마칸 사막 남단의 허텐으로 길을 떠났다.

  나 혼자서.

캄보디아 앙코르 유적지 관세음보살상 앞에서 필립과 함께.

진심어린 그의 사랑 고백으로 나는 잠시 고민에 빠졌다. 언젠가 헤어질 것이기에 더 애틋하지만 여행에 늘 따르게 마련인 외로움 때문에 쉽게 착각에 빠지기도 하는 것이 '유목민의 사랑'이다.

라이따이한의 훌륭한 어머니, 딥 아줌마

: 너 똥이냐? 난 똥 아니다

이번 여행의 처음 이야기로 돌아가자.

1997년 1월 1일, 인천에서 중국으로 가는 배에 몸을 실었다. 내가 계획했던 세계 일주의 마지막 여행을 떠나는 거다.

이번에 갈 곳은 인도차이나와 남부아시아 그리고 중국, 티베트, 몽골이며 여행 기간은 1년 6개월. 계획대로라면 지난해 6월에 시작했어야 하는 여행이지만, 잠깐 한국에 들렀다가 붙잡혀서 여행기를 쓰느라고 여섯 달이 늦어졌다.

겨울이라서 따뜻한 인도차이나로 곧바로 가고 싶었지만 비행기를 타지 않고 육로로만 다닌다는 원칙을 지키기 위해 인천에서 배를 탔다. 베이징을 거쳐 중국 남부의 윈난성으로 내려가서 비자 만료일까지 한 달간 여행하다가 육로로 베트남으로 넘어가 본격적으로 인도차이나와 남부아시아를 여행할 계획이다.

우리나라에서 가장 가까운 이 지역을 세계 일주 여행의 마지막에 넣은 데는 이유가 있다.

우선은 내가 처음 세계 일주 여행을 떠날 때는 중국을 포함해서 몽골, 티베트, 베트남과 미얀마 등은 여행하기 어려운 지역이었다. 미얀마는 비자 기간이 겨우 2주일이었고 중국이나 베트남은 사전에 한국의 관계 기관에 방문 허가를 받거나 신고를 해야 했으며, 몽골은 비자를 낼 때 반드시 초청장이 필요했다.

다행스럽게도 지난 5년 내가 여행을 다니는 동안 이곳이 모두 여행 자유 지역으로 변했다. 물론 유럽이나 다른 동남아시아 나라들처럼 무비자로 드나들면 더없이 좋겠지만 그전처럼 번거롭거나 까다롭게 비자를 내지 않는 것만도 감지덕지다.

둘째로는 중국에 대한 약간의 두려움이었다. 중국은 내가 한입에 베어 먹기에는, 한 번에 소화하기에는 너무 크고, 너무 여러 겹으로 되어 있다는 생각 말이다. 수많은 중국 관련 책과 경험자들의 얘기가 나를 망설이게 했다.

내가 세계 일주 일정을 구체적으로 짜고 있을 때 자문을 구한 김윤열 선생님은 유엔개발기구의 국장을 지내시면서 전 세계를 두루 다니신 분인데 내게 이렇게 충고해주셨다.

"세상 구경 다 하고 중국은 마지막으로 보도록 해요. 그래야 중국이 제대로 보이고 비로소 우리 한국도 제대로 볼 수 있을 테니까."

또 중국에 대해 공부할 때 어느 중국 전문가가 쓴 이런 글도 읽었다.

'중국을 한 달 다녀간 사람은 훌륭한 기행문을 쓸 수 있다. 한 해를 살아본 사람은 논문을 쓸 수 있다. 그러나 10년 정도 살게 되면 아무 말도 할 수 없다. 중국을 너무 모르는 것 같아서.'

단지 중국의 땅이 크고 사람이 많고 역사가 깊고 다양한 민족들이 있어서만은 아니다. 물론 나는 중국 전문가가 아닌 여행자이기 때문에 본 대로, 아는 대로 느끼고 경험하면 그만이겠지만 나는 우리와는 떼려야 뗄 수 없는 나라 중국을 충분한 시간을 들여 보다 잘 알아보고 싶었다.

그래서 중국 여행 기간은 최소 8~9개월로 잡았다. 우선은 여행자로서의 궁금증과 호기심을 채우기 위해서다. 오십오 개나 되는 많은 소수민족과 중국의 서민들과 될수록 오래 함께 지내려는 생각이었다.

물론 그들의 독특한 생활 풍습이나 사고방식을 알게 되는 것도 재미있겠지만 더 중요한 것은 그들의 체취와 따뜻한 체온을 느끼면서 그들이 '중국 사람'이기 이전에 나와 같은 인간, 같은 지구촌 사람으로서의 공통점을 확인하고 싶었다.

중국 여행을 길게 하려 했던 또 다른 이유는 좀 거창하게 들릴지 모르지만 '우리를 더 잘 보기 위해서'였다. 마음 밑바닥에 웅크리고 있는 중국에 대한 문화적 열등감의 정체를 밝혀내고, 우리 자리를 제대로 찾아보고 싶었다.

예를 들어 과거 우리 문화와 역사는 중국의 변방 문화권으로서 정신적, 문화적 식민지와 다를 바 없었다는 통념도 그렇지만, 중국을 직접 다녀온 사람들의 한마디가 내 마음을 더 자극했다.

"경복궁은 자금성 화장실만도 못하다."

정말 그럴까? 이런 물음에 내 스스로 답을 찾아내고 싶었다. 얼굴이 화끈해지도록 자존심이 상하는 이런 말 앞에서 조건반사적으로 나오는 변명조의 항의가 아니라 좀 더 근본적인 것을 알아보는 나름의 노력을 하고 싶었다.

나를 제대로 알고 사랑해야만 비로소 다른 이를 이해하고 사랑할 수 있다는 것은 만고의 진리다. 세계가 좁아질수록 자신의 뿌리가 무엇인가를 제대로 알아야 한다.

내가 아무리 코스모폴리탄, 사해동포주의자라고 외치고 다녀도 남의 나라 국경을 넘을 때는 반드시 대한민국 정부에서 발급한 여권이 있어야 하는 것처럼, 우리를 아는 일은 지구촌 시대에 가장 먼저 해야 할 일이라는 생각이다.

겨울 베이징에는 우리들의 어린 시절이 고스란히 남아 있었다.
고소한 냄새를 피우는 군고구마 장수들, 굵은 국수발 같은 누런 콧물을 옷소매로 쓱쓱 닦는 아이들, 훨훨 타는 연탄난로 곁으로 몰려드는 벌겋게 튼 손들, 양지바른 곳에서 따스한 햇볕을 받으며 뜨개질하는 여자 아이들 그리고 빨리 올라타라고 고래고래 소리를 질러대는 버스 차장들.
베이징까지 배웅을 해준 친구 박찬희와 함께 가본 대공원 이허위안(頤和園)은 추운 날씨와는 반대로 따뜻했다. 60~70년대에 '공돌이, 공순이'라는 서러운 이름으로 불렸던 우리 젊은 산업 전사들 모습 그대로 중국의 공장 근로자들이 소풍을 나와 있다.
한껏 멋을 부렸으나 안 했으면 더 예뻤을 어설픈 화장 때문에 더 촌티 나는 10대 후반의 아가씨들, 하나씩 보면 괜찮은데 같이 입으면 안 어울리는 아래 윗도리. 이런 젊은이들 여럿이 몰려다니며 사진도 찍고 신나게 수다를 떠는 모습이 더없이 정겹다.
이허위안의 호수가 얼어 곳곳에서 미끄럼을 타면서 즐기는 사람들과 가성을 내어 높게 부르는 뽕짝 스타일의 유행가까지 베이징은 단번에 거리감 없이 내게 다가온다.
중국 여행 전에 누누이 들었던 '니 하오 화장실'의 소문은 사실이다. 화장실에 문도 없고 벽도 없어 서로 쳐다보고 앉아서 각자 볼일을 보며 "니 하오(안녕하세요)?" 하고 인사를 나눈다는 얘기

말이다.

 중국 여행 애기를 시작하자마자 화장실 애기부터 해서 좀 민망하지만 하루라도 화장실을 안 가고 버틸 재간이 없는 이상 이건 대단히 중요한 사항이다. 특히 나처럼 화장실에 자주 가는 사람에게는 단단한 사전 교육과 마음가짐이 필요하다.

 우선 중국에서는 화장실 찾기가 여간 어렵지 않다. 오죽하면 상하이에는 다오처위안(導厠員)이라는, 푼돈을 받고 공중 화장실을 안내해주는 '화장실 안내원'까지 생겨났을까. 대도시는 그래도 좀 나은 편이지만 조금만 시골로 가도 가뭄에 콩 나듯 적다.

 운 좋게 공중 화장실을 찾았다 해도 그 안에 들어가려면 대단한 각오와 노하우가 필요하다. 그 안에서 현지인들처럼 '만만디(천천히)'로 일을 보겠다는 생각은 절대 금물. 너무너무 급해 더 이상 참을 수 없을 때까지 기다렸다가 뛰어 들어가서 단숨에 일을 보아야 한다. 그것도 화장실 밖에서 숨을 크게 한번 들이켜고 들어가 그 안에서는 절대로 숨을 쉬지 말아야 한다. 그 안의 냄새는 가히 화생방 실습실을 방불케 하므로.

 그러고는 구멍에 정확하게 넣는 기술과 노력이 필요하다. 시골 어느 화장실에는 벽에 이런 구호가 붙어 있다.

 '문명여성필수입지(文明女性必須入池).'

 이런 말이 필요할 정도로 '입지'되지 않은 것이 널려 있으니 그 안의 환경은 각자의 상상에 맡길 수밖에. 특히 버스 정류장의 공중 화장실은 지상 최악이므로 버스를 타게 되면 차나 물 같은 액체는 절대 마시지 않고, 귤이나 레몬으로 견딜 수 없을 때만 조금씩 목을 축였다.

 그동안 세계 일주하면서 별의별 화장실을 다 다녀보았지만 중국의 화장실은 적응이 쉽지 않다. 1966년부터 1977년에 이르는 문화대혁명이 이름값을 제대로 하려면 이 화장실부터 혁명을 했어야 옳았다.

내친걸음이니 한 가지만 더 하자. 중국에 와서 말을 못해 겪은, 똥에 얽힌 웃지 못할 에피소드 하나.

처음 중국에 도착했을 때는 중국말을 전혀 못해 겨우 한문 필담(筆談)으로 꼭 필요한 의사 전달만 하는 수준이었는데, 베이징에서 조그만 식당에 들어갔다가 중국 아저씨 둘과 같은 식탁에 앉게 되었다. 그들은 자기들끼리 한참 중국말을 해대더니 내게 묻는다.

"니 똥마?"

엉겁결에 질문을 받고 가만히 생각해보니 '니'는 '너'라는 뜻이고 '마'는 물음의 뜻이니, '너는 똥이냐?'라고 묻는 것 같았다. 설마 그러랴, 다른 뜻이겠지 싶으면서도 나보고 똥이라는데 가만있을 수 있나?

"뿌똥!"

강하게 고개를 저으며 아니라고 했다. '뿌(不)'는 아니라는 뜻이다. 그랬더니 또 묻는 것이다.

"팅똥마?"

이건 또 무슨 똥인가, 튀는 똥인가? 무슨 똥이든 무조건 고개를 세게 흔들며 '뿌똥'이라고 대꾸했다.

"칸똥마?"

점입가경이다. 이건 마른 똥이라는 말인가? 내가 또 아니라고 하니까 그들은 글씨 쓰는 시늉을 한다. 말이 안 통하니 필담을 하자는 얘기 같다.

"뙤이(그럽시다)."

그제야 그 아저씨, 종이와 연필을 꺼내 어느 나라에서 왔느냐고 묻는다. 이렇게 한자로 얘기를 나눈 후에야 '똥(懂)'이란 말은 '이해하다'는 뜻이라는 걸 알았다.

그러니 '니 똥마?'는 '내 말 이해하겠니?'라는 말이다. 이것도 내가 나중에 중국어를 본격적으로 배울 때 보니까 '니 똥러마'에서 '러(了)'를 듣지 못한 거다. 팅똥, 칸똥은 똥의 종류가 아니라 '들으면 이해하느냐(聽懂)', '쓰면 이해하느냐(看懂)'라는 말이다.

말도 못 알아들은 사람이 똥이라는 줄 알고 자존심만 내세우며 '뿌똥'이라고 고개를 흔들었지만 따지고 보면 '난 모르겠다(不懂)'는 뜻이니 그리 틀린 대답도 아니다.

베이징의 배낭족 집합소인 징화판뎬(京華飯店)에는 여러 나라에서 온 배낭족이 있어서, 베트남에서 윈난성을 거쳐 온 사람들을 몇 명 만났다. 여러 정보를 종합해 나는 일단 사천 요리로 유명한 쓰촨성(四川省)의 수도 청두(成都)로 가서 거기서부터 여행을 시작하기로 했다.

베이징에서 무려 35시간이나 기차를 타고 가서 청두에 내려 배낭족이 많이 모이는 자오퉁판뎬(交通飯店)에 묵었다. 그곳은 윈난성에 가까워 오고 가는 사람들에게 새로운 정보를 많이 얻을 수 있을 것 같다.

예상대로 막 윈난성을 다녀왔다는 일본인 커플을 만났다. 31살의 여성 유코는 책 표지 디자이너이고 28살인 노부히토는 만화가가 되고 싶었던 컴퓨터 프로그래머인데, 둘 다 서글서글하고 붙임성이 있어서 마음에 든다.

이들은 지난해 각기 직장 휴가를 이용해 인도를 여행하다가 만나 사랑에 빠졌는데, 그 후에 회사를 그만두고(정확히 말하면 제때에 돌아가지 않아 목이 잘리고), 지금 5개월째 여행 중이라고 한다.

걱정도 없고, 짜증도 없고, 유머가 넘쳐 유쾌하기만 한 이 친구들은 신용카드로 돈을 빌릴 수 있을 때까지 빌려 쓰다가 돈 떨어지면 귀국하겠다는 배짱이다. 그리고 그때까지 둘이 싸우지 않고 여행을 잘 다니게 되면 결혼할 거란다.(나중에 여행에서 돌아와 보니 이들에게 엽서가 와 있었다. 일본에서 올봄 결혼했다는 거다. 귀여운 친구들, 진심으로 축하한다!)

카메라 대신 가지고 다니는 공동 일기장에는 온갖 풍물과 인물 스케치가 가득 차 있다.

이 친구들에게서 얻은, 그림과 약도를 곁들인 귀한 정보 덕분에 시간도 절약하고, 실속 없이 이름만 거창한 명승고적을 건너뛸 수 있게 되어 여간 다행이 아니다.

떠나는 날 저녁 시장에 가서 이 커플과 함께 한 양재기의 밥과 한 양재기의 국을 곁들인 맵고도 부드러운 이곳 명물 마파두부를 땀과 콧물을 흘려가며 마음껏 먹었다.

내가 음식 값을 계산하자 각자 돈 내기에 길들여진 일본인들이라 한사코 마다한다.

"사준다고 할 때 그냥 잘 먹어요. 반은 정보 값이고 반은 두 사람 하루라도 더 여행하라고 경비 줄여주는 차원에서 사는 거니까."

노부히토가 자기는 매운 것과 생선을 좋아한다기에 만약 한국으로 신혼여행을 오면 매운탕을 꼭 사주겠다고 했더니 귀여운 유코가 얼른 그림 공책을 꺼내든다.

'나 한비야는 신혼여행 온 유코와 노부히토에게 매운탕을 사줄 것을 약속함.'

일본어로 이렇게 쓰더니 나한테 서명하란다. 중국 청두에서 만났다는 뜻으로 엉터리 그림 솜씨지만 마파두부 그릇을 그려 넣고 사인을 곁들인 덕담을 한마디 써주었다.

'좋은 인생 꾸리길 빌며.'

나를 바라보며 환하게 웃는 그들이 사랑스럽다. 둘이 잘 어울려 참 보기 좋다. 나도 저렇게 좋은 여행 동반자가 있으면 좋겠다는 생각을 잠시 해본다. 아주 잠시만.

윈난성의 일정이 20일 정도로 빠듯해서 리장과 다리(大理) 그리고 베트남으로 가는 기차의 출발점인 쿤밍(昆明)을 가보기로 했다.

짧은 동안이지만 리장에서는 나시족 집에서 민박할 기회도 있었고, 배낭족에게 잘 알려진 식당에서 불고기와 김치 만드는 법을 전수해 한국 음식을 당당히 국제 여행객 메뉴판에도 올렸다. 호랑이가 두 골짜기 사이를 뛰어다닌다는 후탸오샤(虎跳峽)의 아름다운 골짜기를 트레킹도 하고, 모계사회의 흔적이 고스란히 남아 있는 루구호(瀘沽湖)에도 가보았다.

또 단지 영어를 할 줄 안다는 이유 때문에 문화대혁명 때 모진 박해를 받은 인텔리 할아버지를 만나 '체험 수기 문화대혁명'을 들은 것도 아주 큰 수확이다.

바이족이라는 소수민족의 중심지인 다리의 따뜻한 날씨는 오랫동안 입고 있던 두꺼운 점퍼를 벗은 듯 마음을 홀가분하게 했고 밀린 빨래를 하기에도 안성맞춤이었다. 다음에 올 때는 될수록 오래 묵으면서 넓은 호수와 높은 산이 어우러진 자연과 소수민족 바이족이 만들어내는 독특한 문화 그리고 땅을 일구고 사는 순박한 이곳 사람들을 좀 더 깊이 느껴야겠다.

이렇게 바쁘게 돌아다니다 보니 어느덧 한 달간의 비자 기간이 끝나서 나는 쿤밍으로 떠난다.

이 윈난성의 리장과 다리는 인도차이나와 남부아시아 여행을 마치고, 본격적으로 중국 여행을 할 때 다시 오게 된다. 4권 중국 편에서 자세히 다룰 것이다.

다리에서 쿤밍으로 가는 침대 버스는 저녁 7시 정각에 출발하는데 나는 여유를 부리며 시간에 딱 맞춰서 느긋하게 버스에 올랐다.

그런데 이미 내 자리에 어떤 남자가 누워 있다. 여긴 내 자리라고 하니까 자기도 나와 같은 8번이란다. 표를 꺼내 보이니 그 남자가 내가 타야 할 버스는 다른 버스라고 하는 거다. 뭐라고? 얼른 내려 차 밑 트렁크에서 배낭을 꺼내 두리번거리니 다행히 바로 옆에 있는 버스다.

부랴부랴 내 자리를 찾아 앉았는데 창밖에 한국 사람인 듯한 남녀가 왔다 갔다 한다. 그러다가 여학생이 나를 뚫어지게 쳐다보더니 "니 하오." 하고 인사를 하는 거다.

"안녕하세요?"

내가 한국말로 대답을 했더니 대번에 반색을 한다.

"혹시 한비야 언니 아니세요?"

"맞아요."

"어머, 어머, 어머, 어머."

여학생은 소리를 지르며 말을 잇지 못한다. 나와 같은 버스에 타게 된 두 사람은 중국 산둥(山東)에서 공부하는 유연희 양과 고려대학교 강사인 정태원 씨.

둘 다 내 책 1, 2권을 모두 읽었는데, 정초에 신문에 난 기사를 보고 중국에 다니다 보면 혹시 나를 만날 수 있지 않을까 은근히 기대하고 있었다면서 그렇게 반가워할 수가 없다. 그러면서도 연희는 약간 실망한 듯한 목소리로 말한다.

"그런데 오지 여행가가 쿤밍 같은 큰 도시로 간다니 이상하군요."

오지 여행가라도 오지에서 오지로 날아다니기 전에는 어떻게 오지로만 다닌단 말인가? 베트남으로 넘어가려면 버스건 기차건 타야 하고, 그러려면 큰 도시를 거칠 수밖에. 큰 도시에서 중간 도시, 거기서 다시 작은 마을과 깊숙한 오지로 연결되는 것이 길이 아닌가.

어떻든 베트남으로 넘어가기 직전에 한국 사람을, 그것도 둘씩이나 만난다는 것은 신나는 일이다. 연희와 나는 침대 버스 맨 뒷좌석의 덜컹대는 자리에 나란히 누워 한국을 떠나온 후 처음으로 수다다운 수다를 떨었다.

내 목소리가 워낙 큰 데다 오랜만에 마음에 드는 사람과 떠드니 그 소음 공해야 가히 짐작할 수 있을 거다. 주위 사람들에게는 미안하지만 알면서도 목소리 속도와 볼륨 컨트롤이 안 되는 게 내 큰 약점이다.

: 쭉 뭉 남 머이, 다복한 새해를!

중국 국경에서 중국 돈과 바꾼 베트남 돈마다 호치민의 초상화가 그려져 있는 걸 보는 순간 내가 드디어 베트남에 가는구나 실감한다.

국경을 넘자마자 보이는 대나무로 만든 삼각모자와 어깨에 긴 막대를 걸고 막대 양 끝에 달린 쟁반에 물건을 얹어 지고 가는 사람들이 눈길을 끈다.

중국의 대중교통 수단이 자전거라면 여기는 오토바이인 것 같다. 국경도시의 작은 마을 라오카이에도 오토바이 소리가 요란하다. 이제부터 베트남이다. 그리고 그 첫 행선지는 사파다.

베트남 비자 유효기간이 딱 한 달뿐인데 여기 사파에서 일주일이나 묵으려는 데는 이유가 있다. 첫째는 이곳이 베트남의 소수민족들이 모여 사는 곳이고, 둘째는 산길 하이킹 코스가 좋다는 곳이기 때문이다. 이곳은 국경에서 2시간 정도 떨어진 해발 1600미터의 산간 마을로 멍족, 다이족, 다오족 등이 모여 산다.

도착한 날 날씨가 아주 맑아서 언제나 그런 줄 알았는데, 알고 보니 지금이 우기인 데다 지형적인 영향으로 이렇게 갠 날은 매우 드물고 거의 흐리거나 비가 온다고 한다.

아닌 게 아니라 다음 날부터는 1~2미터 앞도 볼 수 없는 안개비가 내려, 오는 날 보았던 그 멋있는 산 판시판(해발 3143미터)의 모습은 간 곳이 없고 하루 종일 연기 자욱한 사우나탕에 들어앉은 기분이다.

하여간 여기까지 왔으니 날씨야 어떻든 하이킹을 해야겠다고 작정하고 왕복 6시간 거리의 산 중턱에 있는 소수민족 마을 두 곳을 가보기로 했다. 걸어서 겨우 1시간 거리의 두 마을에 사는 멍족과 다이족이 각기 다른 언어와 복장을 하고 살아가는 게 신기하다.

특히 300년 전에 중국 남부에서 넘어왔다는 멍족은 베트남에서 일곱 번째로 큰 소수민족인데 대부분이 중국 국경에 살고 있다.

사파 장터에서 흔히 볼 수 있는 멍족 여자들은 무릎까지 오는 짧은 푸른 치마에 앞치마 같은 것을 입고, 종아리를 헝겊으로 감았다. 머리는 틀어 올려 뚜껑 없는 모자 속에 넣고 다닌다.

남자들도 무릎까지 오는 느슨한 푸른색 바지와 윗도리에 파란 모자를 쓰고 있다. 여자는 물론 남자들도 은 목걸이와 은팔찌 등을 끼고 있고, 어린아이들까지 민속 의상을 입고 있는 것이 이색적이다.

간단히 물과 간식거리를 작은 배낭에 넣고 산길로 들어섰다. 시골 인심, 특히 산에 사는 사람들의 인심은 어디서나 훈훈하고 넉넉하다. 연초록색의 부드러운 물결을 이루는 계단식 밭에서 일하던 아줌마와 아이들은 지나가는 나를 부르더니 자신들의 점심 보따리를 풀어 무엇이라도 주고 싶어 한다.

경치에 취해 걷다가 꼬불꼬불 밭둑길에서 길을 잃어버렸다. 아무리 걸어도 인가가 나오지 않으니 약간 걱정된다. 보슬비에 윗도리며 신발이 다 젖은 채 30분쯤 헤매다가 겨우 찾아낸, 나무로 엉성하게 지은 집 주인아저씨는 나를 보고는 얼른 집으로 들어오라고 하더니 불을 피워주고 차를 끓여주고 간단한 요깃거리도 갖다 준다.

한눈에 보아도 겨우 입에 풀칠이나 할 만큼 가난한 살림인데도 길 가는 나그네 먹여 보내는 인심만은 넉넉하다. 사파로 가다가 또 길을 잃으면 안 된다며 10살 정도의 아들을 개와 함께 길목까지 딸려 보내는 마음 씀씀이가 고맙기 짝이 없다.

불가에 같이 앉아 있던 예쁘게 생긴 딸은 아직 어린아이티를 벗지 않았는데도 조금 있으면 시집을 간다고 한다. 제 엄마가 내게 이 말을 하니 부끄러웠던지 밥도 먹지 않고 줄행랑을 놓는다.

나중에 숙소 여주인의 친구인 40대 아줌마에게서 들은 몽족의 결혼 얘기가 재미있다. 이들은 지금까지 거의 중매결혼을 했는데, 최고로 치는 신랑, 신붓감은 무조건 농사일과 집안일을 잘하는 사람이란다. 외모를 비롯한 그 외의 조건은 무시되거나 별 영향을 미치지 못한다는 거다.

지금은 연애결혼을 하는 경우도 더러 있는데, 이 아줌마는 자기 아들이 일을 잘하지 못하게 생긴 여자와 결혼하려고 해서 너무 속상하다고 한탄을 한다.

결혼을 하기 위해서는 신랑 집에서 신부 집에 돼지고기, 술과 돈 등 약 200달러어치 정도를 예물로 주어야 한다. 신랑은 가짜로 신부를 납치해 와서 '납치된' 신부가 신랑과 함께 선물을 가지고 자기 집으로 돌아가는 것으로 혼례가 이루어진다고 한다.

이 지역이 1993년에 들어서야 겨우 외부 사람들에게 공개되어서인지 시골로 들어가면 옛날부터 내려오는 따뜻한 전통이 아직까지 고스란히 남아 있다.

그러나 시내나 시내가 가까운 동네에서는 아이들이 돈이나 볼펜을 달라고 떼거리로 몰려다니고 같이 사진을 찍자고 하면 돈을 달라고 으름장을 놓는다. 경치를 찍었을 뿐인데도 돈 내놓으라고 끝까지 따라붙다가 안 주니까 돌을 던지는 아이들을 보면서 마음이 상하기보다는 이 산골 마을의 전통이 무너지는 것도 시간문제가 아닐까 하는 안타까운 마음이 든다.

안타까운 마음뿐인가. 우리처럼 외지에서 찾아드는 관광객들이 이들을 '집단 거지화'하는 데 가장 큰 역할을 하고 있는 건 아닌가 하는 자책감까지 든다.

이곳 사파에서 예상치 않은 행운을 얻었다. 음력설을 베트남 가족들하고 맞게 된 것이다.

국경도시 라오카이에서 사파로 오는 길에는 분홍색 작은 꽃이 다닥다닥 달려 있는 복숭아나무 가지들이 눈에 많이 띄었다. 거리 곳곳에 꽃가지가 놓여 있고 사람들 손마다 집으로 가져가는 꽃가지가 들려 있었다.

버스에는 대바구니에 든 닭도 같이 타고, 아줌마들은 맥주나 채소, 돼지고기를 담은 장바구니를 들고 탔다. 알고 보니 이게 모두 음력설인 '테트' 준비다.

버스가 작은 마을에 서고 형제나 친척들이 내릴 때마다 정류장에서 기다리던 사람들이 왜가리처럼 꿰엑 소리를 지르며 반가워한다. 승객들은 버스가 서기도 전에 뛰어내려 서로 얼싸안고 얼마나 좋아하는지 모른다. 눈물이 나도록 정겨운 풍경이다. 뿔뿔이 흩어져 살던 집안 가족들이 모이는 날이 여기서도 바로 음력설이란다.

내가 묵은 게스트 하우스에도 복숭아나무 가지에 빨간색과 노란색이 주류를 이루는 풍선과 금실, 은실 그리고 반짝이 전등을 달아놓았다. 또 며칠 전부터 조상 사진 앞에 과자며 담배며 술과 과일을 조금씩 사다 벌여놓았다.

설 바로 전날에는 복을 상징한다는 우리나라의 주먹밥과 찰떡의 중간 정도 맛인 마잉층이라는 설 음식을 만드느라고 숙소 안주인 린은 하루 종일 보이지도 않는다. 우리나라 떡국처럼 음력설에 반드시 먹어야 하는 음식이란다. 아이들은 집 안팎을 대청소하느라고 한시도 쉴 틈이 없다.

우리 숙소에 묵은 배낭족 여섯은 정말로 운이 좋았다. 주인 부부와 네 명의 아이들과 한데 섞여 아주 즐거운 음력설을 보낼 수 있었기 때문이다.

내가 하루 거리 하이킹에서 돌아와 다른 아이들과 함께 저녁을 먹으려고 근처 식당에 앉아 있는데, 숙소의 둘째 아들이 숨을 헐떡이며 식당으로 들어온다. 오늘 저녁은 꼭 자기네 가족과 같이 먹어야 한다는 거다.

집에 가니 주인아저씨가 차례 상에 촛불을 켜고 향을 피워놓았다. 상 위에는 촛대와 향, 조상의 위패가 놓여 있고, 삶은 닭 한 마리와 과일 그리고 마잉층이 정성스레 차려져 있다.

며칠 전에 사다 놓은 복숭아나무 가지는 그동안 탐스러운 꽃을 피웠는데, 그 가지에 아이들이 풍선을 더 많이 달아놓았다.

8시쯤 저녁 식사가 시작된다. 안주인 린과 아이들이 하루 종일 준비한 음식을 그야말로 배가 터지도록 먹고 놀았다. 나는 '까치까치 설날은 어저께고요. 우리 우리 설날은 오늘이래요.' 라는 동요를 부르며 흥을 돋우었다.

저녁을 먹고 나서 이 집 가족들은 샤워를 하고 제일 좋은 옷으로 갈아입고 12시를 기다린다. 밤 11시가 되니 텔레비전에서 신년을 맞는 온갖 행사가 시작된다. 수상과 각 지방 도지사가 나와 지루한 송년사와 신년사를 계속하더니 갑자기 시계가 나오면서 자정 2분 전부터 카운트다운을 한다. 가족들은 1분이 남았을 때부터 60, 59, 58, 57…… 하고 거꾸로 셈을 하더니 4, 3, 2, 1까지 세고는 서로에게 크게 인사를 한다.

"쭉 뭉 남 머이(다복한 새해를)!"

내가 한국에서 가져간 부채 모양의 열쇠고리를 주면서 빨간 수술이 복을 가져다줄 거라고 했더니 좋아하면서 그것을 얼른 복숭아나무 가지에 걸어놓는다.

주인아저씨는 세배도 안 했는데 우리에게 빳빳한 1000동(우리 돈 90원 정도)짜리 지폐를 나누어 준다. 행운의 돈이란다.

예전에는 이렇게 자정을 넘는 순간이면 마을 전체가 일제히 고막이 터지도록 요란하게 폭죽을 터트리고 불꽃놀이를 하면서 귀신을 쫓았는데 이제는 법적으로 금지되었다며 애석해한다.

음력설 행사는 그다음 날에도 계속된다. 이튿날 아침 아래층으로 내려가 보니 온 가족이 또 깨끗한 옷으로 갈아입고 마잉층을 먹으면서 웃고 있다.

새해 첫날 누가 첫 번째로 집에 찾아오는지 기다리고 있다는 거다. 설날 아침 제일 먼저 집에 들어오는 사람이 한 해의 행운을 가져올 수도 있고 불운을 가져올 수도 있단다. 그래서 복이 많은 사람이 찾아오기를 기다리고 있는데 절대로 미리 짜면 안 된다고 한다.

나도 약간 긴장이 된다. 그때 이웃 아줌마가 문을 열고 "쭉 뭉 남 모이." 하며 들어왔다. 그녀가 들어오자 이 집 가족들은 '와' 함성을 지르고 박수를 치며 좋아한다. 이 아줌마는 근처에서 큰 가게를 하는데 마음씨도 좋고 다복한 사람이라고 한다. 아줌마가 올해 우리에게도 좋은 운을 가져다줄 거라며 모두가 싱글벙글 입을 다물 줄 모른다.

주인아저씨 친과 베트남전쟁에 대해 얘기하다가 그 역시 참전했다는 사실을 알았다. 즐거운 정초부터 전쟁 얘기를 하는 건 미안한 일이지만 염치불구하고 여러 가지를 물어보았다.

올해 43살인 친이 탱크 부대원으로 참전한 것은 19살 때였고, 집에 돌아온 것은 9년이 지난 28살 때였단다. 그가 속한 탱크 부대는 북베트남에서 출발해 라오스와 캄보디아를 거쳐 호치민까지 진군했다. 처음에 1300명이 떠난 이 부대가 호치민에 도착했을 때는 겨우 800명이 남았다면서 벽에 걸린 베트남 지도를 가리키며 어느 지역에서 많은 사람들이 죽었는지 설명해준다.

남쪽 지도를 가리킬 때는 여기에는 한국 군인이 많았는데, 미국이 한국에 돈을 줘서 한국 사람들이 대신 싸운 것이라는 설명을 덧붙인다.

이틀 전 하이킹을 하다가 다이족 마을인 타반에서 중국말을 할 줄 아는 할아버지가 나보고 어디에서 왔느냐고 묻기에 조심스럽게 한국에서 왔다고 했더니 깜짝 놀라면서도 다음 순간, "시엔짜이 펑 여우(이제는 친구)!"라고 눈을 감은 채 신음하듯 낮은 목소리로 말하던 생각이 난다.

그 할아버지 주위에도 전쟁으로 피해를 당한 사람이 있었을까? 아니면 직접적인 피해자였을까? 하기야 인구 3000만인 나라가 10년 간 거의 맨주먹으로 초현대식 무기를 가진 세계 최강대국에 맞서 싸웠으니 전쟁의 파편을 맞지 않은 사람이 어디 있겠는가.

이 사람들은 예전의 적이었던 나라 국민이 한가한 구경꾼이 되어 이런 시골구석까지 찾아온 걸 보면서 무슨 생각을 할까? 여행자의 한 사람으로서 아직까지 우리에게 좋지 않은 감정이 남아 있을지도 모르는 베트남 사람들에게 최대한 좋은 인상을 남겨야 한다는 의무감이 든다.

: 감기로 죽을 뻔하고 사기도 당하고

하노이에서 지독한 감기에 걸렸다. 배낭족 숙소의 여러 명이 함께 쓰는 방에 묵었는데 밤에 내가 하도 기침을 해서 다른 아이들의 잠까지 설치게 했다.

생각해보니 나는 며칠 동안 감기에 걸릴 짓만 골라서 했다. 주범은 담배 연기다. 중국과의 국경도시 라오카이에서 하노이까지 오는 기차 앞자리에 앉은 남자들이 끊임없이 담배를 피워댔다. 10시간 내내 잠시도 쉬지 않고 내뿜는 담배 연기가 얼마나 지독한지 굴뚝에 들어앉은 것처럼 코가 매웠다. 견디다 못해 창문을 열면 1분도 안 되어 춥다고 얼른 닫아버리니 고스란히 그 연기를 다 마실 수밖에.

하노이에 도착해서는 또 어땠나? 가장 싼 배낭족 숙소의 가장 싼 방에 들었으니 난방시설이 있을 리 만무. 언 몸을 녹이겠다고 공동 샤워장에 가서 더운물을 틀었더니 미지근한 물이 쫄쫄 나오다가 금방 끊겨서 찬물로 머리를 감아야 했다. 그러고는 하노이의 야경을 본답시고 젖은 머리로 베란다에 나가 1시간이나 맞바람을 맞고 있었으니 감기에 안 걸리면 오히려 이상할 정도다.

몸은 으슬으슬, 머리는 지끈지끈, 콧물은 하염없이 나온다. 기침을 하도 해서 목은 물론 가슴까지 아프다. 온몸이 불덩이처럼 뜨겁고 기운이 하나도 없다.

펄펄 열을 내며 슬리핑백 속에 하루 종일 누워 있자니 기가 막힌다. 내가 무슨 영화를 보겠다고 낯선 땅 하노이의 싸구려 여인숙에서 이렇게 앓고 있는가. 내 나이 적지도 않은 38살에 도대체 여기서 무엇을 하고 있는 건지 한심한 생각이 절로 든다.

여행을 시작한 지 벌써 5년째. 누가 돈 주고 시키는 일이었으면 그만두어도 벌써 그만두었을 거다. 내가 좋아서 내 돈, 내 시간 들여가며 하는 일이니 이렇게 힘든 때도 참을 수 있는 거다. 이럴 때마다 내가 나에게 묻는 말이 있다.

"그러면 넌 지금 한국에서 편안히 생활하면서 세계 일주 여행 한 번 해봐야지 하고 생각만 하고 있는 편이 좋겠니?"

내 안에 있는 다른 내가 얼른 대답한다.

"아니, 아니야. 조금 몸 고생이 되더라도 지금이 행복해."

마음은 이렇게 추스르지만 마음보다 정직한 몸은 괴롭다고 아우성이다.

'알았어. 내일은 정말 스팀이 나오고 욕조가 있는 방으로 옮겨 몇 시간이고 뜨거운 물에 너를 담가줄게.'

이렇게 다짐하다가도 막상 이튿날이 되면, '봐라, 다른 아이들도 잘 견디는데 좀 참아봐.' 하며 그냥 눌러앉기를 닷새째. 성하(盛夏)의 나라라는 베트남인데 2월의 날씨는 쌀쌀하고 거기에 몸살로 인한 스산함이 겹쳐 한국의 동장군 맛을 톡톡히 보고 있다.

설상가상으로 언짢은 일이 또 생겼다. 같은 숙소에 묵은 배낭족에게 사기를 당한 거다. 큰 건 아니지만 배신감에 뒷맛이 씁쓸하다.

캐나다 퀘벡 출신의 사진작가 지망생 알폰소라는 아이가 있었다. 여럿이 어울려 저녁도 같이 먹고 자전거를 빌려 타고 시내 구경도 하고 1박 2일로 아름다운 바다와 기석들이 만나는 할롱 베이 관광까지 같이 하면서 재미있게 지냈다.

"비야 씨, 20달러만 빌려주세요. 내일 아침 일찍 은행에서 바꾸면 갚을게요."

어느 날 저녁, 알폰소가 자기는 지금 여행자수표밖에 없는데 자기 방에 있는 친구가 내일 아침 일찍 떠나니 그 친구에게서 빌린 15달러를 갚아야 한다는 거다. 나는 별 의심 없이 20달러와 가지고 있던 중국 가이드북을 빌려주었다.

그런데 다음 날 아침 숙소가 발칵 뒤집어졌다. 글쎄, 그놈이 아침 일찍 도망가버린 거다. 돈을 뜯긴 사람은 나 말고도 세 명. 자기 방에 있는 아이의 워크맨이며 전기면도기며 심지어 치약까지 싹쓸이해 갔단다. 정말 치사한 놈이다. 한국 욕이 시리즈로 나온다. 나쁜 놈, 도둑놈, 썩을 놈, 사기꾼. 내 돈 돌리도!

많은 여행객들은 베트남 여행이 다른 아시아 여행에 비해 너무 쉽고 외국인이 너무 많아 재미가 없다고 말한다. 그럴 수밖에 없는 것이 대부분 한 달짜리 관광 비자로 총 길이 1650킬로미터 정도를 남북으로만 오르내리며 잘 알려진 관광지만 다니게 되기 때문이다.

게다가 북쪽의 하노이에서 남쪽의 사이공까지는 비교적 저렴한 관광버스가 정기적으로 다니기 때문에 현지인들과 섞일 기회는 거의 없이 만났던 외국인들만 계속 만나며 다니기 십상이다.

나는 애초부터 이름난 관광지는 빠짐없이 보아야 한다는 생각이 없었고, 편안하게 관광버스로 다니는 것이 싱겁게도 느껴져 현지인 버스를 타는 것을 원칙으로 삼았다. 그러나 첫 번째 탄 버스에서부터 사람들이 왜 현지인 버스를 타지 않는지 깨닫게 되었다.

우선 현지인 버스 터미널을 찾는 것부터가 쉽지 않다. 하노이에서 사이공으로 가는 현지인 버스 터미널을 찾느라고 1시간 이상 시내버스를 타고 이리저리 돌아다녀서야 겨우 발견할 수 있었다. 게다가 놀랍게도 버스 터미널에 붙어 있는 공식 외국인 요금은 관광버스 요금보다 훨씬 비싸다. 여행자 보험료 때문에 그렇다는 거다.

나는 그동안 터득한 '차비 깎기' 노하우를 사용했다. 목적지로 가는 버스를 찾아서 운전사와 직접 협상하는 거다. 대부분 이런 경우 내가 내는 차비는 고스란히 운전사나 차장의 부수입이 되므로 누이 좋고 매부 좋은 일이다. 나는 베트남어도 모르는 주제에 메모지와 볼펜만으로 차비를 7만 5000동(약 7달러)에 흥정했다.

알다시피 베트남은 남북으로 길쭉한 나라라 주요 고속도로는 하나뿐이다. 그러니 사이공으로 가는 버스를 타고 가다가 원하는 곳에서 내리면 되는데, 나는 중간에 있는 도시 위에까지 가기로 했다. 하노이에서 위에까지는 외국인 관광버스 차비가 22달러이니 내가 생각해도 흥정은 잘한 것 같다.

버스는 손님이 다 차야 떠난다면서 2시간쯤 기다리다가 출발한다. 놀랍고 반갑게도 그 버스는 한국산 중고 버스다. 겉에는 한국장기신용은행의 광고가 아직도 지워지지 않았고, '자동문' '비상구' 등의 한글이 선명하게 남아 있다.

그러나 버스 안은 번지르르한 겉과는 전혀 달리 좌측에는 3인용, 우측에는 2인용 딱딱한 나무 의자가 붙어 있고 의자의 앞뒤 간격이 너무 좁아서 체격이 크지 않은 나도 앞 의자에 무릎이 닿는다. 그러니 몸집 큰 서양 배낭족은 이런 버스를 탈 엄두를 못 낼 거다.

버스는 짐 반 사람 반으로 입추의 여지가 없다. 그래도 버스 차장은 그사이를 잘도 왔다 갔다 한다. 기름투성이에 에너지가 철철 넘치는 20대 초반의 차장은 30년 전의 우리나라 시골 버스를 연상케 한다. 차장은 바쁘게 설치면서도 어떻게든 내게 말을 걸 기회를 엿보다가 나와 눈이 마주치자 기다렸다는 듯 어디서 왔느냐고 묻는다.

"코리아."

그러나 못 알아듣는다. 아 참, 베트남에서는 우리가 코리언이 아니지.
"따이한."
그제야 고개를 끄덕이며 버스에 탄 사람들에게 소리친다.
"이 사람 따이한에서 왔대요."
나도 기왕 시작된 얘기이니 잘해보려고 하노이에서 산 베트남 포켓사전을 꺼냈다. 차장이 몇 살이냐고 묻기에 38살이라고 종이에 써서 보여주었더니 또 큰 소리로 떠든다.
"이 여자는 38살이랍니다."
그러자 사람들이 모두 나를 돌아보며 고개를 끄덕인다. 할머니들은 검은 이를 다 드러내며 웃는다. 바로 그 유명한 흑치(黑齒)다. 1945년 혁명 전 대부분의 북부 여자들은 이를 까맣게 물들이고 다녔다는데, 지금은 40대 이상 아줌마들에게서만 볼 수 있다.
매일 자기 전에 이에 어떤 나뭇잎을 붙이고 자면 한 달 만에 영구 흑치가 된다고 한다. 북부 여인들은 흑치가 아름답고, 이가 튼튼해진다고 믿었다. 그러나 프랑스 식민지 시대에 외국인들에게 강간을 당하지 않기 위해 일부러 '정 떨어지는' 흑치로 만들었다는 말도 있는데 내가 보기에는 후자가 더 설득력 있어 보인다.
해가 있을 때는 견딜 만하더니 해가 지자 깨진 유리창 문으로 바람이 들어와 몹시 춥다. 다리까지 제대로 펼 수 없어 쥐가 나려고 한다. 20시간을 그런 자세로 견뎌야 한다니 기가 막히지만 이렇게 하고 하노이에서 사이공까지 2박 3일을 밤낮으로 가는 사람도 있다는 것을 생각하며 위안을 삼는다. 이렇게 불편한 버스의 승객만 보아도 베트남 사람들은 참 어지간히 인내심이 있다는 걸 알겠다.

"현지인 버스도 탈 만하네, 뭐."
듣는 사람도 없는데 괜히 한마디 내뱉는다.

"그런 남편은 우리에게 죽은 거나 다름없습니다"

그런데 위에서는 내가 좀 이상하다. 뭘 해도 심드렁해진 거다. 베트남 최후의 왕국 수도였다는 이곳에는 왕궁, 사원, 왕릉, 고풍스러운 옛 건축물 등 볼거리가 잔뜩 있는데도 흥이 나지 않는다. 100년 전이나 지금이나 변함없이 아담하지만 고색창연하다는 호이안에서도 마찬가지다.

하루 1달러에 자전거를 빌려 강을 거슬러 올라가며 아름다운 경치를 감상하고, 200년 전에 지었다는 중국식 부잣집과 화려한 절들을 돌아다녀 보아도 그저 그렇다.

왜 그럴까? 무엇 때문에 재미를 느끼지 못하는 걸까? 곰곰 생각해보니 베트남 여행에는 아주 중요한 것이 빠졌다. 바로 현지인과 만나기가 어렵다는 것. 무슨 이유에선지 베트남에서는 외국인이 현지인 집에 숙박하는 게 법으로 금지되어 있다. 그러니 만나는 사람들은 외국인 관광객이거나 그들을 상대로 하는 사람들뿐이다.

세계 어디를 가도 마찬가지겠지만 베트남 장사꾼들도 역시 닳고 닳아서 기회만 있으면 바가지를 씌우려고 하니 쓸데없는 경계심만 불러일으키게 된다. 그러니 마음을 열고 정을 붙일 수 없을밖에.

이렇게 '사람' 만나기가 어려우니 여기까지 와서 자칫하면 사진

베트남 87

첩이나 비디오에서 얼마든지 볼 수 있는 경치나 건물 구경만 하다 갈지도 모른다는 조바심이 들어 초조하다.

그러던 차에 이런 우려를 한꺼번에 씻어주는 '사람'을 만났다. 중부 해변 휴양 도시 냐짱에서 너무나 멋진 베트남 아줌마를 만난 거다.

자전거를 빌려 타고 해변을 따라 난 길을 달리다가 뜻밖에도 한국 간판을 발견했다. '아리랑 한국 음식점.' 서툴게 쓴 글씨가 확 눈길을 끈다.

저경비 배낭여행을 하는 내 주머니 사정으로는 비싼 한국 음식이 가당치 않지만 적어도 지나간 한국 신문이나 잡지라도 읽을 수 있지 않을까, 하다못해 한국말로 베트남의 좀 더 깊은 속사정을 자세히 들을 수는 있지 않을까 하는 기대를 하며 문을 열고 들어갔다.

"안녕하세요?"

"안녕하세요? 어서 오세요."

키가 자그마하고 눈이 부리부리한 50대 초반의 아줌마가 반갑게 맞는다. 건네오는 한국말 인사가 그리 서툴지 않다.

"반갑습니다. 지나가다가 간판 보고 들렀어요."

그러나 한국말은 그것뿐이다.

"오우, 저 한국말 조금밖에 하지 못해요. 남편이 한국 사람이에요."

그녀는 아주 유창한 영어로 대답하면서 남편은 지금 한국으로 구정설을 쇠러 갔다는 거다. 그러고는 잠깐 앉으라며 얼른 시원한 물을 내온다. 물을 한 잔 마시고 주위를 돌아보니 카운터용 쇼 케이스 안에는 진로소주, 양반김, 깻잎, 신라면 등등 보기만 해도 반갑고 귀한 한국 음식들이 진열되어 있다.

이렇게 알게 된 아줌마의 이름은 딥이다. 이 통통하고 상냥한 아줌마는 내가 지금 세계 일주 중이라니까 깜짝 놀라며 왜 여행을 하느냐, 어디를 다녔느냐, 여자 혼자 위험하지 않나 한참을 묻더니 한마디 한다.

"아 참, 내 정신 좀 봐. 점심밥 먹었어요?"

머리만 바글바글 볶았으면 마음까지 영락없는 한국 아줌마다. 그러면서 오늘이 음력으로 정월 대보름인데 베트남 사람들은 오늘 저녁 절에 가서 1년간의 안녕을 빈다며 같이 가잔다. 긴 여행 다니면서 별일 없이 다니려면 부처님의 가호가 필요할 거라나.

그날 이후 냐짱에 머무는 동안 딱 하루 바다로 스노클링 하러 간 날만 빼곤 내내 이 마음씨 좋은 딥 아줌마 집에 출근을 하며 어울렸다.

딥 아줌마는 어느 날 저녁 바닷바람이 잔잔한 해변에서 드라마틱하게 살아온 자신의 삶을 남의 얘기하듯 들려주었다. 정작 얘기를 하는 아줌마는 담담하기만 한데, 듣고 있는 나는 센 바닷바람에 머리를 돌리는 척하면서 여러 번 눈물을 닦아야 했다.

지금은 해변의 휴양 도시에서 한국 음식점을 하며 평화롭게 살고 있는 이 아줌마도 베트남전쟁의 엄청난 피해자다. 그녀의 친정은 티우 대통령의 베트남 정부에서 여러 명이 고위 관리를 지낸 부유하고 힘 있는 집안이었다. 그녀는 영어를 잘해서 미국 대사관에 취직해 일하다가 1969년 영어-프랑스어 통역으로 와 있던 지금의 한국인 남편을 만났다.

두 사람은 첫눈에 반해 깊은 사랑을 나누었다. 외동딸을 외국인에게 시집보낼 수 없다는 그녀 집안의 반대에도 불구하고 두 사람은 1969년 결혼을 해서 1975년 사이공이 함락될 때까지 세 아이를 낳고 행복하게 살았다.

그러나 함락 직전 남편은 사이공을 떠날 수밖에 없었다. 그대로 남아 있다가는 공산당에 잡혀 처형될 판이었다. 남편이 한국으로 떠날 때 막내는 돌이 갓 지난 갓난아기였다.

사이공에 공산 정권이 들어서자마자 그녀와 세 아이는 산골 마을로 추방되었다. 부잣집에다 티우 정부에서 고위직을 지낸 집안의 딸로서 전쟁 중에 미국 대사관에서 일했고, 게다가 그들에게는 적이었던 한국인과 결혼해서 아이들까지 낳은 딥 아줌마는 공산 정권으로서는 최고의 악질분자였다. 그래서 추방지 중에서도 가장 멀리 쫓겨나야 했다.

부모로부터 물려받은 집이 열 채도 넘고, 그동안 모은 재산도 적지 않았지만 그 모든 것을 고스란히 빼앗긴 채 그녀는 젖먹이 아이를 안고 어린아이들 손을 잡고 쫓겨 갔다.

그때 몰래 숨겨 간 금붙이를 팔아 그 후 5년간 열세 번이나 보트를 타고 베트남 탈출을 시도했으나 번번이 실패로 끝나고 말았다. 목숨이 붙어 있는 게 그나마 다행이었다고 할까? 몸은 다치지 않았지만 돈은 다 날려버리고 드디어는 입고 있던 옷까지 팔아 아이들과 끼니를 이어갔다. 굶주림과 비참의 연속이었다.

그렇게 10년 넘게 고생하다가 10년 전 어찌어찌 사이공으로 돌아와 국수 가게를 열었다. 이를 악물고 국수를 팔아 아이들을 공부시키고 조금씩 저축을 해서 지금은 경제적으로 그리 어렵지 않게 되었다.

그러다가 18년 동안 죽었는지 살았는지 소식도 몰랐던 한국인 남편을 다시 만나게 되었는데, 그 사연이 기막히다. 1992년 한국의 SBS가 '라이따이한의 향기'라는 이름으로 한국인 2세 얘기를 다큐멘터리로 제작 방영한 적이 있었다. 우연히 딥 아줌마 주변에 있는 사람을 인터뷰했는데, 그 여자가 카메라에 대고 말하는 것이었다.

"우리는 살기가 어려워요. 어서 남편을 만나 도움을 받아야만 해요."

그러자 옆에서 지켜보던 딥 아줌마가 그 여자를 몹시 나무랐.

"여태껏 우리 베트남 여자들은 가난하지만 남편 없이도 아이들을 남들에게 손가락질당하지 않도록 잘 길렀다. 이제 와서 무슨 우는 소리냐? 당신은 베트남 여자로서 자존심도 없냐?"

그러고는 마이크를 갖다 대는 피디에게 말했다.

"한국과 베트남이 국교가 정상화되고 소식을 전할 수 있게 된 지가 벌써 2년이 되었습니다. 그동안 남편이 우리를 찾지 않은 걸 보면 나는 그가 죽었다고 생각됩니다. 아니, 죽은 것으로 생각하고자 합니다. 몸은 살아 있을지 몰라도 마음은 이미 떠난 것이니 우리에게는 죽은 것이나 다름없습니다."

또 이런 말도 했다고 한다.

"우리가 필요한 건 경제적인 도움이 아니라 우리 라이따이한에 대한 한국 정부의 관심과 행동입니다. 우리 아이들은 한국인 2세라는 이유로 교육을 제대로 받을 수 없었음은 물론 온갖 기회를 박탈당하고 살아왔습니다. 단지 한국인 피가 섞였다는 이유로 말입니다. 그런 속에서 우리 베트남 여자들이 이만큼 키워놓았으니 이제는 한국의 자식인 이들에게 한국이 무엇인가 삶의 발판을 마련해 주어야 한다고 생각합니다."

이 인터뷰가 한국에 방영되고, 마침 이 방송을 본 남편이 일주일

후에 베트남으로 날아와 극적인 상봉이 이루어진 거다. 남편은 한국으로 돌아가 새로 장가를 들었는데, 한국 부인의 양해로 지금은 한국과 베트남을 왔다 갔다 하면서 지낸다고 한다.

"물론 내가 먼저 결혼했으니 본부인이라고 할 수 있지요. 그러나 나는 남편을 독차지하고 싶은 마음은 없어요. 격동의 세월을 살면서 있을 수 있는 일이지만 두 여자가 다 슬프게 되어서는 안 됩니다. 만약 할 수만 있다면 슬픈 역할은 내가 맡겠습니다. 지금까지 그래 왔던 것처럼요."

그녀는 한 점 불만이나 회한도 없다. 거친 운명의 파도에 실려 살아왔으나 딥 아줌마는 모든 운명을 있는 그대로 받아들인다. 담담하게 그러나 당당하게.

딥 아줌마의 얘기는 그저 누선을 자극해 눈물만 빼고는 '내가 뭣 때문에 울었더라.' 하고 어색해하는 신파조 영화가 아니라 대목 대목 곱씹어 생각하게 하는 인간 다큐멘터리다.

인생의 선배로서 그녀는 어느 때건 주어진 삶에 최선을 다하며, 어느 때 두 주먹을 불끈 쥐고 고개를 세우며 일어서야 하는지 가르쳐주었다.

혼자 알고 있기에는 너무 아까운 얘기지만 나하고 친해졌다고 털어놓은 인생 얘기를 내 마음대로 책에 쓸 수는 없는 일. 그러나 털어놓고 허락받기는 더욱 만만치 않을 것 같아 애가 탄다.

풀 방구리에 생쥐 드나들 듯 아줌마 집에 드나들면서 베트남 국수 가게 20년의 노하우를 전수받았다. 특히 이곳 사람들이 아침 식사로 먹는 후 띠에우라는 국수를 만드는 법은 재료의 선택부터 만드는 법까지 확실하게 배워 아줌마로부터 아주 잘 만들었다는 칭찬까지 들었다. 아줌마가 나더러 그렇게 돌아다니지만 말고 자기 집 부주방장으로 취직해 여기서 여름철 국수 장사나 하잔다.

한국에서 단체 손님이 온 날은 내가 마늘과 파를 듬뿍 넣어 쑥갓도 무치고 생선회 양념장도 만들어냈다.

그런데 그 한국 분들이 나를 알아보시고는 악수를 청하며 한비야 씨가 여기서 식당을 차렸느냐고 반가워하니까 딥 아줌마가 저분들이 비야를 어떻게 아느냐며 몹시 놀란다. 그중에 입심 좋은 아저씨 한 분이 설명했다.

"한비야 씨는 대한민국에서 유명한 여자예요."

딥 아줌마는 더욱 놀라 나를 쳐다본다.

"아니에요. 저분이 여행을 좋아하시니까 실수로 제 책을 보셨나 봐요."

내가 슬쩍 빠져나가려고 이렇게 말했더니 이 아줌마, 나더러 그럼 여행가가 아니라 작가냐고 묻는다. 그러면서 혼잣말을 한다.

"작가였구나. 그런 사람에게 국수 장사를 하자고 했으니……."

이제야 정체를 알았다는 듯 대견한 눈빛으로 나를 바라보며 내 손을 쓰다듬는다. 아이고, 작가는 무슨 작가, 얼떨결에 책 두 권 쓴 것 가지고. 그래도 이때가 절호의 기회다 싶어 아줌마에게 애교를 부렸다.

"딥 아줌마, 다음에 나올 제 책에 아줌마 얘기 써도 되지요? 아줌마 살아오신 얘기 혼자 알고 있기에는 너무 아까워요. 괜찮지요? 네?"

아줌마가 당혹스런 표정을 짓고 있는 동안 대답을 기다릴 새도 없이 "고맙습니다."라고 선수를 쳤다. 딥 아줌마는 얼떨결에 한국 아저씨들을 증인으로 공개 허락을 한 셈이 되었다.

잃어버린 전쟁, 부끄러운 전쟁, 다시 생각하고 싶지 않은 전쟁. 한때는 자유 수호라는 정의로운 이름으로 불리던 베트남전쟁에 붙은 현재의 이름이다. 어떤 이름으로 불리든, 어떤 명분으로 변명을 하든, 이 전쟁은 수많은 직접 희생자와 딥 아줌마와 같은 간접 희생자를 냈다. 우리나라도 이 전쟁에 직접 개입한 나라로서 가해자이면서 동시에 피해자다.

나는 어렸을 때 '즐겨' 부르던 파월 맹호부대 군가를 아직도 틀리지 않고 끝까지 부를 수 있다.

자유 통일 위해서 조국을 지키시다
조국의 이름으로 임들은 뽑혔으니
그 이름 맹호부대, 맹호부대 용사들아…….

우리는 마땅한 명분도 없이, 베트남 사람들한테서 부탁받지도 않은 '민주주의의 수호'를 위해 32만여 명의 군인과 4만여 명의 근로자들을 월남으로 보냈다. 그리고 남의 나라 전쟁에 말려들어 아무 원한도 없는 사람들과 맞서 '용감히' 싸웠다.

머나먼 남녘 땅에서 꽃다운 청춘을 마감해야 했던 우리 젊은이들 수가 무려 5000여 명, 그 외에 부상당한 사람이 1만 5000여 명, 고엽제 후유증과 전쟁 후유증으로 지금 이 시간에도 시달리고 있는 사람들이 또 수만 명에 이른다.

나는 어렸을 때 북한과 같이 공산주의 밑에서 신음하는 베트남 사람들을 구해주어야 하고, 한국전쟁 때 우리 편이 되어 싸워준 자유 수호의 첨병 미군을 도와야 하는 도의적인 책임 때문에 참전한 것으로만 생각했었다.

라이 따이한의 베트남인 어머니 딥 아줌마.

베트남 전에 파견된 한국군과 결혼해서 아이 셋을 낳고 살았지만, 전쟁이 끝난 후 남편은 한국으로 돌아가 다시는 오지 않았다. 18년을 그렇게 혼자 아이들을 키우면서 거친 운명의 파도에 시달렸으나 그녀는 그 모든 운명을 담담하고 당당하게 받아들였다.

그러다가 고등학교를 졸업한 후 리영희 교수의 《전환시대의 논리》라는 책을 읽고 깜짝 놀랐다. 나는 그때 처음으로 우리는 베트남전쟁에서 미국의 용병이었다는 사실을 알게 되었던 거다. 그 놀라움과 당황함이라니.

그 후 나는 지금은 《한겨레신문》 기자가 된 소위 '운동권 학생'이었던 친구 오상석과 스터디를 하면서 더 자세하게 베트남전쟁의 전후 사정을 알 수 있었다.

"미군이 베트남전쟁에 직접 개입하게 된 통킹 만 사건부터가 조작극이라는 거 알지?"

이렇게 시작한 그의 얘기는 나를 베트남전쟁의 실상에 대해 지금까지 나만 모르고 있었다는 부끄러움에서 헤어나지 못하게 했다.

우리가 젊은이들을 바쳐가면서 베트남전쟁에서 얻은 것은 무엇인가. 미국과 혈맹의 약속을 지켰다는 신의와 그 대가로 경부고속도로를 건설했다는 전쟁 특수 몇 억 달러가 전부 아니던가. 그리고 피는 물보다 진하다면서도 너무나 야비하고 치사하게 버리고 온, 3만 명 정도로 추산되는 한국인 2세 라이따이한.

정말로 한국 아버지가 다시 돌아오리라고 기대하며 질곡의 삶을 살아온 불행한 인생들을 남겨놓았으니 우리는 이제 그 역사의 그늘에서 신음하고 있는 사람들을 어찌해야 할 것인가.

나는 무거운 마음을 남겨두고 다시 떠난다.

: **복권 파는 꼬마의 행복**

사이공. 1975년 호치민으로 이름이 바뀌었지만 아직도 많은 사람들은 이 도시를 사이공이라고 부른다. 사이공. 이름부터 낭만적인 향기를 풍긴다. 무언가 아름답고도 슬픈 사랑 얘기가 담겨 있을 것만 같은 이름.

냐짱에서 현지인 버스를 타고 도착할 때는 마침 고등학생들이 학교를 파하고 돌아가는 오후 시간이어서 하얀 아오자이 교복을 입은 여고생들이 자전거를 타고 지나가는 아름다운 모습들이 시선을 잡아끈다. 긴 머리를 휘날리며 자전거 바퀴에 닿지 않도록 아오자이 끝을 살짝 올리고 달리는 모습이 차라리 한 마리 나비 같다고나 할까. 얼마나 아름다운지, 눈이 어지러울 정도로 선정적이기까지 하다.

사이공에 도착해서 며칠 동안은 나도 일반 관광객이 되어 남들이 다 하는 여러 가지 관광을 다녔다. 전쟁 박물관, 노트르담 성당과 반탄 시장 등등.

시장바구니를 끼고 앉은 여자들의 손톱 발톱을 다듬고 매니큐어를 칠해주는 거리의 미용실이 이색적이고, 필리핀에서 많이 먹는 반쯤 부화된 달걀 맛도 일품이다.

이 달걀은 이미 그 영양과 효능이 입증된 우수 식품이다. 달걀은 원래 알을 품은 지 28일째에 부화하는데, 이 달걀은 품은 지 20일쯤 된 알을 삶은 거다. 우리나라 시골 장에서도 '약달걀'이라고 판다는데, 필리핀이든 베트남이든 중국이든 가서 내가 이 달걀을 까 먹으려고 하면 같이 다니는 사람들이 생난리다. 미개인이라는 거다. 나는 무공해 햇닭이라 참 좋은데.

달걀 껍질 속에 든, 햇볕도 한 번 안 받고 공기도 한 번 안 쐰 좀 덜 자란 병아리가 뭐 그렇게 징그러울 게 있나. 조그만 부리도 있고 부드러운 털도 약간 있지만 부리는 연하니 머리와 함께 그냥 씹어 먹어도 되고 털은 적당히 발라내면 그만인 것을. 정작 징그러울 것 같은 내장은 하나도 생성되지 않아 배 밑으로는 노른자 그대로이니 달걀 하나 값으로 닭과 달걀을 동시에 맛볼 수 있어 그야말로 '꿩 먹고 알 먹고'다.

팜 응우 라오 배낭족 거리에 있는 신스 카페나 킴스 카페는 배낭족을 상대로 여러 가지 관광 코스를 제공한다. 여기서 운영하는 사이공 근교의 하루 관광 코스는 아주 잘 짜여 있어 시간 절약하면서 싸게 구경을 잘 할 수 있다. 영어를 할 줄 아는 가이드도 따라간다.

그래서 가본 곳이 구치 땅굴과 유교, 불교, 도교, 기독교의 교리가 종합된 까오 다이교의 본산인 따이닌 사원, 메콩 강 삼각주의 맛보기용인 마이토드 등이다.

며칠 동안 이미 짜여진 관광 코스를 일정대로 돌고 나니 금방 지겨워져 혼자 조용히 쉴 곳을 찾게 된다. 번잡한 사이공에서도 숨 돌릴 만한 쉼터는 있다. 시끌벅적한 배낭족 거리에서 '시클로'라는 자전거 인력거를 타고 마제스틱 호텔 쪽으로 한 15분쯤 가면 유람선 선착장이 나오는데, 그 근처에 메콩 강을 따라 벤치나 간이 의자를 놓고 영업을 하는 노상 카페가 그런 곳이다.

베트남 커피는 커피 가루를 체에 담아 컵 주둥이에 댄 채 뜨거운 물로 걸러 우려낸 다음 설탕 대신 연유를 듬뿍 넣어 마신다. 이 커피는 너무 달고 쓰지만 향기만은 일품이라 즐겨 마셨다.

어느 날 아침, 한가로이 강물을 바라보며 아침 커피를 즐기고 있는데, 10살쯤 된 여자 아이가 또랑또랑한 목소리로 "굿모닝, 마담." 하며 복권을 사라고 한다. 남자같이 짧은 머리에 허름한 차림이지만 눈망울만은 초롱초롱하다.

영어를 하는 게 신기해서 '영어는 어디서 배웠느냐'니까 도리어 나에게 어디에서 왔느냐, 이름은 무엇이냐는 등 간단한 '신원 조회'를 한다. 그런 후에 자기는 아침에는 복권을 팔고 오후 늦게 학교에 다닌다고 대답한다. 왜 그때 학교를 가느냐니까 오후에 문 여는 학교는 수업료가 없단다. 그러면서 하는 말이 놀랍다.

"아이 엠 럭키(나는 운이 좋아요)!"

귀를 의심하며 놀라서 아이를 쳐다보았더니, 여전히 생글생글 눈을 빛내면서 이렇게 말한다.

"1년 전까지만 해도 나는 앵벌이였어요. 거리에서 징징거리며 구걸하는 거지요. 그때는 복권을 사다 팔 돈이 없었거든요. 우리 집이 정말 가난했어요. 막노동을 하는 아버지가 피를 팔아서 먹을 것을 사야 했으니까요. 그러다가 내가 돈을 조금 모아 복권을 팔기 시작했어요. 지금은 구걸하지 않아서 얼마나 좋은지 몰라요. 우리 언니는 아직도 구걸을 하고 있는데, 언니는 복권 파는 것보다 그게 더 좋대요, 바보같이."

아주 짧은 영어지만 뜻은 다 통한다. 아침에는 복권이나 개비 담배 등을 팔고 오후에는 무료 학교에 다니는 가난한 여자 아이가 자기는 운이 좋다고 확신하고 있는 거다. 놀라운 일이다.

꼭 안아주고 싶은 기특함과 어디로 숨어 들어가고 싶은 부끄러움이 동시에 느껴진다. 소위 돈 많은 나라에서 살고 있는, 그래서 온갖 호사를 누리고 있는 우리 가운데 누가 이 꼬마처럼 자신 있게 자신을 행운아라고 말할 수 있는가?

우리는 사소한 불편이나 어려움에도 엄살과 투정을 부리고 사는 건 아닌가? 행복의 조건이란 이런 것이라고 외부적인 요소들만 정해놓고, 자기가 행복하지 못한 것을 몽땅 남의 탓으로 돌리고 있지는 않은가?

갑자기 고등학교 친구가 생각난다. 이 친구는 부잣집 막내딸이었다. 얼굴도 예쁘고 공부도 잘해 선생님과 친구들의 사랑을 독차지할 만한데 그렇지 못했다. 결정적인 이유는 이 친구의 표정이 늘 우울하고 웃지 않는 거였다. 꼭 웃어야 할 때에도 활짝 웃지 않고 입을 가리고 억지로 웃었다.

이유는 단 한 가지. 덧니가 났기 때문이다. 이 친구는 자기가 아주 불행하고 못생겼다고 생각했다. 졸업을 하고 몇 년 동안 치아교정을 할 때는 거의 친구들도 만나지 않았다. 흉측한 모습을 보이기 싫다나.

이가 고르게 되면 모든 것이 행복할 거라고 생각하던 친구는 이가 반듯해졌는데도 여전히 우울했다. 그동안 가세가 기울었기 때문이다. 그래도 그 집은 그 시절에 엄마 자가용과 아버지 자가용을 따로 굴리는 집이었다.

행복과 불행은 이처럼 주관적이다. 내 친구처럼 인생의 불행이 덧니 몇 개로 결정지어질 수도 있고, 이 꼬마 아이처럼 피를 팔아 끼니를 이어가야 하는 극빈의 상황에서도 행복을 느끼며 살 수 있는 거다. 모든 것이 다 마음 안에 있다는 말이 딱 맞다.

다시 한 번 아이를 쳐다본다. 아이가 환하게 웃는다. 참 기특하다. 극빈자의 둘째 딸로서 이 아이의 앞날이 순탄하지 않을 것이라는 생각에 가엾고 딱하긴 하다. 그러나 나는 이 아이의 앞날이 걱정되지 않는다. 앞으로 살면서 일상은 고달플지언정 절대로 웃음을 잃거나 삐뚤어지게 자라지는 않을 것이기 때문이다.

나는 이 기특한 꼬마에게 정표로 무엇인가 주고 싶어 주머니에 있던 빨간 복주머니 모양의 열쇠고리를 손에 쥐어주었다.

"꼬마 친구, 최고의 행운을 빌어요!"

꼬마는 고맙다는 인사 대신 한 번 활짝 웃어 보인 후 뒤돌아 몇 발짝 가더니만 다시 내게로 와서 손을 내민다. 고사리 같은 손에 들려 있는 것은 조악하게 인쇄된 복권 한 장.

"나도 한국 이모에게 최고의 행운을 빌게요."

아이는 또록또록한 영어로 말하더니 한 번 안아줄 틈도 주지 않고 뒤돌아 달아나듯 뛰어간다. 오늘 아침 나의 하느님은 꼬마 여자아이를 앞세워 내게 '행복해지는 법'을 확실히 가르쳐주셨다.

: 나의 보름을 털어 새로운 인생을 선물하다

베트남은 인도차이나의 첫 번째 여행지. 그런데 인도차이나라는 말을 쓰는 것이 조심스럽다. 우리가 상식으로 알고 있는 아시아 역사에 관한 많은 용어들이 아시아를 지배했던 식민 통치 용어인 경우가 많기 때문이다. 우리가 아직도 조선시대를 일제가 우리 왕조를 폄하하느라 이 씨들의 왕조라고 불렀던 대로 아무 생각 없이 '이조 시대'라고 부르듯 말이다.

어쨌거나 베트남은 중국과 지리적으로, 역사적으로 아주 밀접하게 연결되어 있기 때문에 인도차이나 국가 가운데 가장 중국적인 곳이다. 역사적으로 한 무제(漢武帝)부터 시작해 1000년 이상 정치적 영향을 받았기 때문인지도 모른다. 말과 글과 음식, 종교와 그에 따르는 정신세계와 문화까지 많은 것이 그렇다.

우선 말은 중국처럼 음의 높낮이를 중시하는 억양 언어이고, 13세기까지는 우리처럼 한자를 그대로 썼다고 한다. 발음도 우리가 한자를 읽는 것과 일치하는 것이 많아 참 재미있다. 예를 들면 공안(公安)도 '꽁안'으로 읽고, 공산당도 '꽁산당'이라고 발음한다.

종교도 다른 인도차이나 국가와는 달리 우리나라와 일본, 중국과 그 맥을 같이하는 대승불교이고, 유교와 도교 역시 문화에 많은 영향을 끼쳤다. 음력설을 매우 중요하게 쇠는 것, 경사스러운 일이 있을 때면 붉은색을 쓰는 것, 장사 수완이 좋고 이재에 밝은 것도 대단히 중국적이다.

물론 사이공에도 차이나타운이 있어 중국다운 북적거림을 경험할 수 있다. 하지만 사이공은 역시 '아시아의 파리'라고 불렸을 만큼 유럽식의 세련된 건물이 많아 눈을 즐겁게 한다.

사이공에서는 예외적으로 에어컨이 나오는 비싼 방에 묵었다. 하노이에서 감기가 들어 열이 40도를 오르내릴 때도 참았던 편한 숙소에 큰마음 먹고 든 것이 내게 큰 인연을 가져다준다.

냐짱에서 먹은 바다가재가 탈이 났는지, 아니면 오는 길에 위생시설이 안 좋은 간이식당에서 먹은 음식 때문인지 떠날 때부터 몸이 이상했다. 온몸에 개미가 기어 다니는 듯 근질거리더니 사이공에 도착했을 때는 팔뚝과 다리에 온통 수십 마리의 모기에 물린 듯 두드러기가 생겼다. 식중독 알레르기다. 게다가 더운 날씨에 배낭을 지고 숙소를 찾느라 땀을 흘렸더니 두드러기가 난 부분이 따갑기 시작한다.

'에라, 엎어진 김에 쉬어 간다고 두드러기가 난 김에 며칠 에어컨 있는 좋은 방에서 묵어보자.'

이렇게 해서 하루 10달러를 내고 사이공의 배낭족 거리 뒷골목에 있는 미니 호텔에 묵게 되었다. 그 덕분에 친절한 아가씨 투이를 만난 거다.

호텔 종업원인 그녀는 내가 며칠 후 베트남의 곡창지대인 메콩 강 삼각주에 갈 예정이라고 했더니, 자기 고향이 메콩 강 삼각주에 있는 롱 쑤옌이라면서 그곳에 오거든 자기 집에 꼭 놀러오란다. 자기도 며칠 후면 고향으로 돌아갈 참이니 오기만 하면 자기 집에 묵으면서 구경도 잘 시켜주겠다나.

베트남에서는 외국인이 현지인 집에 민박하는 게 금지되어 있는데 어떻게 그렇게 할 수 있냐고 했더니 내 얼굴도 까무잡잡해서 베트남 사람처럼 생겼으니 조금만 조심하면 별문제 없을 거라고 한다.

베트남 여행은 크게 세 부분으로 나눌 수 있다. 중국과 베트남의 국경도시인 라오카이로부터 하노이를 거쳐 위에에 이르는 북부 여행이 한 부분이고, 그다음은 호이안, 냐짱, 사이공에 이르는 남부 여행 그리고 1년에 삼모작이 가능한 메콩 강 삼각주인 베트남 최대, 아니 세계 최대의 곡창지대 메콩 강 삼각주 여행이다.

끝도 없이 펼쳐지는 파란 논에서 삿갓처럼 생긴 대나무로 만든 파란 모자를 쓰고 일하는 사람들, 시커먼 물소를 타고 가는 소년, 양쪽에 바구니가 달린 물지게처럼 생긴 가인을 지고 가는 사람, 바다처럼 넓은 메콩 강 위에서 장사를 하고 고기를 잡으며 살아가는 사람들이 내게는 전쟁보다 훨씬 강한 베트남의 이미지였다. 그래서 거금 20달러를 들여 비자까지 연장해서 이곳을 찬찬히 자세하게 보려고 한다.

사이공에서 현지인 미니버스를 타고 놀랍도록 잘 포장된 도로를 따라 6시간쯤 달리니 롱 쑤옌이다. 투이가 자세히 그려준 약도를 따라 쉽게 집을 찾았다. 가족들이 아주 반갑게 맞아준다.

그 집은 10평 정도의 2층집인데, 좁은 집에서 신혼인 큰아들 부부를 포함해 아홉 명의 가족들이 살고 있다. 집에 화장실이 없어서 불편할 텐데 괜찮겠냐고 투이 아버지가 걱정을 한다.

"아저씨네만 경찰과 문제가 없다면 전 괜찮아요."

베트남에서는 주택난이 대단히 심각해서, 따로 내줄 방이 없어 결혼을 미루는 경우가 허다하다고 한다. 큰아들 부부도 방 안에 커튼을 쳐서 작은 독립 공간을 만들어 신혼 방으로 쓰고 있었다.

이 집은 큰딸과 큰아들 내외가 샌드위치 포장마차를 해서 살아가는데 그날 팔 샌드위치에 들어갈 재료를 준비하느라 거의 전 가족이 매달리고 있다.

한국 라면 생각이 전혀 안 날 만큼 맛있는 베트남 국수도 일품이지만 베트남 샌드위치도 그에 못지않게 맛있다. 프랑스 식민지였던 탓에 바게트 비슷한 길쭉하고 바삭바삭한 빵이 있는데 그냥 먹어도 맛이 괜찮다. 그 빵을 반으로 갈라 거기에 버터를 바르고 닭고기 잘게 썬 것, 햄 길쭉하게 썬 것, 무와 홍당무와 오이 잘게 썬 것을 넣고 약간 매운 소스를 뿌려 먹는데 맛이 그만이다. 값도 싸서 한 개에 2000동(약 180원). 이것 한 개에 길에서 흔하게 파는 사탕수수 즙이나 파인애플을 곁들여 먹으면 훌륭한 한 끼 점심이 된다.

값이 이렇게 싸다 보니 정작 샌드위치를 만들어 파는 사람들의 순수익은 하루에 고작 3~4달러 정도. 아홉 식구 살기가 몹시 빠듯하다.

투이의 아버지는 오토바이나 자전거를 고치는 기술자인데 가게도 없이 집에서 일을 한다. 그러나 동네가 모두 가난하다 보니 일감도 그리 많지 않다. 일이 있는 날보다 공치는 날이 더 많지만 그래도 올해는 작년보다는 일이 많아 수입이 괜찮았다며 넉넉하게 웃는다.

사이공에서 돌아온 투이는 시장에서 달걀을 팔고 있다. 그나마 그 좌판 자리도 자기 것이 아니어서 하루 1만 동(약 900원)을 받고 품을 파는 거다.

이렇게 더운 날씨에 좁은 집에서 부대끼며 살면서도 가족들은 서로의 얘기를 잘 들어줄 뿐 아니라 아끼는 마음이 대단하다. 정이 많은 가족이라는 게 한눈에 보인다.

내가 가자 투이는 약속을 지키느라고 나흘간 시장 일을 '땡땡이 치고' 이곳저곳 구경을 시켜준다. 하루는 보트를 빌려 오전 내내 메콩 강을 오르락내리락하기도 하고, 하루는 버스를 타고 수상 시장으로 유명한 풍힙에 데리고 가서 모든 일상을 강 위에서 보내는 사람들을 보여주기도 한다.

또 하루는 동네 자전거를 빌려 타고 당구대처럼 평평한 논 사잇길을 달리기도 했다. 논 가운데 솟아 있는 조상 무덤의 하얀 비석들이 초록색 논과 잘 어울려 아름답게 보인다.

하루에 900원을 버는 '주제에' 돈 낼 때가 되면 자기가 낸다고 우기는 통에 번번이 실랑이를 해야 한다. 올해로 만 30살이 되었지만 아직 시집을 못 간 투이의 마음은 메콩 삼각주만큼이나 파랗고 넓고 아름답다.

투이는 의사소통이 가능할 정도의 영어 회화를 하는데 이 영어도 순전히 어깨 너머로 배운 거란다. 동네에 영어를 가르치는 곳이 있는데 한 달 수업료가 5달러 정도. 투이에게는 이런 돈이 없으나 꼭 영어를 배우고 싶어 무작정 학원에 찾아가서 앉아 있었단다.

물론 도강생인 게 들통 나 번번이 쫓겨 나왔지만 그래도 굴하지 않고 2주일간 계속 갔더니 나중에는 기특하게 여겼는지 선생님이 무료로 들으라고 하더란다. 그래서 지금까지 1년째 배우고 있단다.

"사이공에 가서 취직을 하고 싶은데 나는 뚱뚱하고 못생겼으니 남들보다 실력이라도 좋아야 하잖아요. 그래서 영어를 배우기 시작했지요. 그러나 영어 말고도 다른 기술이 있어야 하는데 배우지 못하고 있으니……."

"무슨 기술 말이에요?"

"이를테면 컴퓨터 같은 거지요. 앞으로 컴퓨터 시대가 온다는 것을 알면서도 배우지 못하고 있어요."

"왜요?"

"수업료가 엄청나게 비싸서 나 같은 사람은 엄두도 낼 수 없어요."

"수업료가 얼마나 되는데?"

그녀는 한참 계산을 해보더니 눈알을 둥그렇게 뜨고 이리저리 굴리며 고개를 가로젓는다.

"6개월에 100달러 정도예요. 지독하게 비싸죠."

역시 그녀 형편으로는 어림없는 수준인 것 같다.

집이 너무 좁아서 잘 때는 옆으로 누워 칼잠을 자야 한다거나 화장실이 없는 것은 아무 문제가 아니지만 '불법 민박'으로 혹시 다른 사람들 눈에 띌까 봐 여간 걱정되는 게 아니다.

특히 이 집 아버지는 1975년 사이공이 함락될 때 남쪽 정부군의 현역 장교였기 때문에 지금까지도 비밀경찰의 감시를 받고 있다는데, 외국인을 집에서 몰래 재운 것이 들통 나면 어떤 화를 당할지 알 수 없다.

그래서 나는 밖에 나갈 때는 베트남 모자인 논을 푹 눌러쓰고 허름한 티셔츠에 베트남 치마를 입고 투이의 슬리퍼를 신고 나간다. 집에서 나와 사람들이 지나다니는 골목을 빠져나가기 전에는 말도 하지 않는다.

베트남에는 '20호 담당제'라는 보안 체제가 있어 이십 가구마다 한 명씩 담당 경찰이 있고 동향이 의심스러운 사람들은 서로서로 밀고를 해야 한다. 그러니 낯선 사람이 동네를 활보하기란 여간 어려운 일이 아니다. 사흘 동안은 그래도 담당 경찰과 동네 사람들의 눈을 피해 잘 다녔는데 나흘째 되는 날 그만 정체가 드러나고 말았다.

가족들이 다 모이는 저녁에 투이의 통역으로 그날 있었던 일을 열심히 얘기하고 있는데 바로 문 근처에 5살쯤 되는 동네 남자 아이가 왔다 갔다 한다. 언뜻 보니 앞머리만 약간 남겨두고 다른 곳은 전부 빡빡 깎은 모습이다. 그게 바로 그림엽서에 자주 등장하는 베트남 남자 아이의 전통 헤어스타일인데 이제 도시에서는 거의 찾아볼 수 없게 되었다.

내가 도둑 민박을 하고 있다는 사실도 잊은 채 허둥지둥 카메라를 찾아 사진을 찍은 것까지는 좋은데, 그때가 이미 어두워진 뒤라 자동카메라의 플래시가 터지고 말았다. 번쩍 하고 빛이 터지자 근처에서 놀고 있던 동네 꼬마들이 신기하게 여기고 와아 하고 문 앞에 몰려들었다.

"헬로, 헬로."

아이들은 다짜고짜 헬로를 외치며 자기들도 찍어달라는 시늉을 한다. 카메라, 그것도 플래시가 달린 카메라는 분명 외국인이나 가지고 다니는 것이기 때문이다.

'아차, 들켰구나. 이거 무슨 경솔한 짓인가?'

외국인임이 들통이 나서 간담이 서늘해져 있는데 아니나 다를까 저녁 9시쯤 되자 담당 경찰이 집에 찾아왔다. 수리용 드라이버를 빌려달라는 구실이지만 내가 정말 이 집에 묵고 있나 정탐하러 온 게 분명하다.

투이와 투이 아버지는 별일이 없을 거라고 했지만 나는 시내 여관에서 자는 게 좋겠다며 그 집을 나왔다. 나 때문에 이 집 가족들이 곤란한 일을 당해서는 안 되는 일이다.

"이런 일이 생겨서 정말 미안해요."

투이 아버지가 되레 미안해한다.

"아닙니다. 제가 바보같이 굴었습니다. 제가 정말 미안합니다."

그날 여관으로 숙소를 옮긴 것은 정말 잘한 일이다. 내가 떠나고 11시쯤 되어 그 경찰이 정복을 입고 다시 나타났다는 거다. 만약 내가 거기 그대로 있었으면 나는 물론 그 집 주인도 불법 민박으로 경찰서에 연행되었을지 모른다.

그래서 냐짱의 딥 아줌마도 아무리 재미있는 얘기를 하다가도 11시만 되면 늦었으니 숙소로 돌아가라고 재촉한 모양이다. 그 아줌마도 나를 자기 집에서 재우고 싶지만 그러려면 사전에 경찰의 허가를 받아야 하는데 허가받기가 여간 까다롭지 않다고 했다. 다 이유가 있었던 거다.

외국인이 베트남을 자유롭게 여행하고는 있지만 아직도 이 나라는 사회주의 체제임이 틀림없는 사실이다.

사이공으로 돌아오는 날 아침, 투이는 샌드위치를 정성껏 싸 주고 투이와 투이 아버지는 버스 터미널까지 따라와 준다. 아버지가 잠깐 자리를 비운 사이 투이에게 100달러를 슬쩍 건넸다.

"어머, 이게 뭐예요?"

"투이 컴퓨터 학원 다니라는 장학금이야."

"네?"

돈을 건네받고 어쩔 줄 모르는 투이의 놀란 두 눈에 금방 눈물이 고인다. 그 모습을 보는 나도 목이 메어 괜한 헛기침을 하면서 말을 이었다.

"컴퓨터 기술 배우면 좋은 데 취직할 수 있다고 했잖아. 부디 잘 배워서 훌륭한 컴퓨터 기술자가 되길 바래!"

"비야 언니, 깜은(고맙습니다). 열심히 할게요."

저경비 배낭여행자로서 100달러는 큰돈이다. 현지에서 가장 싸구려 숙소에 묵으며 가장 싼 음식만 먹으며 돌아다니는 내게 100달러는 열흘 넘게 쓸 돈이다. 그러나 투이에게 100달러는 인생의 새로운 기회를 만들어줄 수 있는 돈이다. 나는 보름쯤 더 고생하면 되지만 투이에게는 일생이 달려 있다.

내가 절약해서 모은 돈 100달러가 어떤 사람의 미래를 열어줄 열쇠가 된다면 언제라도 주고 싶다. 기꺼이 주고 싶다. 주는 기쁨이라는 게 이런 것일까. 사이공으로 돌아가는 발걸음이 나비처럼 가볍다. 마치 노란 아오자이를 입은 것처럼.

캄보디아

보트를 타고 타이로 밀입국하기 위해 캄보디아 유일의 항구 시아누크빌, 지금은 캄퐁사옴이라 불리는 곳으로 갔다. 말이 밀입국이지 허술한 국경 경비로 외국인 배낭족들이 애용하는 길이다. 그런데 하필 이때 경비가 강화되었다.

세계 7대 불가사의 앙코르와트의 나라

: 팔 비틀어도 웃으면 캄보디아 사람

"아깝지만 아무래도 캄보디아 여행 취소해야겠어요."
"왜요?"
"너무 위험해요. 우린 휴가 중인데 위험하다는 곳에 가서 마음 졸이며 다니기는 싫거든요."

덴마크에서 온 20대 후반 커플의 말이다. 나도 귀가 있는데 캄보디아에 관한 갖가지 소문을 듣지 못했을 리 없다. 캄보디아 최대 관광지인 앙코르에는 수천 개의 발목 지뢰가 묻혀 있어서 마음대로 다닐 수 없다는 것은 한국에서부터 알고 왔다.

연전에는 서양 배낭족 세 명이 고문당한 끝에 피살됐으며 2주일 전에도 앙코르 유적지로 가는 보트에서 독일인 두 명이 반군들에게 총살당했다고 한다.

지금은 정부군과 반군 사이의 충돌뿐 아니라 정부 내 제1 수상인 국왕의 아들 노로돔 라나리드와 실세인 제2 수상 훈센과의 피비린내 나는 권력 다툼으로 프놈펜 시내에서도 종종 총격전이 벌어진다고 한다.

게다가 며칠 전 크메르루주가 '외국인 관광객을 죽이면 두당 3000달러 주겠음'이라는 공고를 돌렸다는데, 관광 수입이 많아지면 정부군의 수입이 늘어나니까 서양 여행객을 본보기로 몇 명 죽여 얼씬도 못 하게 하겠다는 거다.

이런 조직적인 위험이 아니더라도 내전 중에 사용한 총기를 돈만 주면 얼마든지 구할 수 있어 민간인끼리 총기 사고가 빈번하다고 한다. 이런 이유로 베트남에서 만나는 많은 여행객들이 바로 옆 나라까지 와서 캄보디아 여행을 취소하고 있다.

하지만 내년 선거를 앞둔 캄보디아 정국이 언제 변해 몇 년 전처럼 앙코르 유적지 출입 금지령이 내려질지 모를 일이니 이때를 놓칠 수는 없다. 그리고 아직까지 캄보디아 영사관에서 정식으로 관광 비자를 발급하는 것으로 보거나 캄보디아로부터 많은 배낭여행자가 베트남으로 넘어오는 걸 보면 소문보다는 덜 위험하리라 생각했다.

어쨌거나 나는 버스를 타고 캄보디아로 넘어가기로 했다. 베트남 국경을 넘자니 중국에서 넘어올 때 빼앗긴 20달러가 생각나 괜히 심통이 난다. 국경 출입국관리소에서 내 베트남 비자 만기일이 2월 30일로 되어 있는 걸 알았다. 한국에서 비자를 낼 때 베트남 영사가 2월은 28일밖에 없다는 걸 깜박했나 보다.

그런데 잘못은 저희 측이 하고도 이것을 꼬투리 잡아 '잘못된 비자 가지고 다닌 죄'로 꼼짝없이 20달러의 벌금을 물었다. 하노이에서 경찰에게 빼앗긴 5달러도 아까워 죽겠다. 이 일의 전말은 또 이렇다.

다른 여행객들과 함께 자전거를 빌려 타고 하노이 시내를 한 바퀴 돌고 있는데 난데없이 경찰이 나타나 여기는 호치민기념관과

묘소가 있는 성지(聖地)라 자전거가 다닐 수 없으니 벌금을 내야 한다는 거다. 바로 그 순간에도 베트남 사람들 수십 명이 자전거와 오토바이를 타고 지나다니는데 말이다.

나는 기가 막혀 끝까지 안 내고 버티려 했는데, 경찰서로 가자는 말에 겁이 난 일행이 깎지도 않고 내 몫까지 같이 내고 말았다. 베트남에서는 이처럼 이렇게 저렇게 출입국관리소나 경찰에게 한두 번 안 당한 여행자들이 거의 없다.

내가 베트남에서 출국 수속을 하고 있는 순간에도 "벌금을 내라.", "못 내겠다. 왜 벌금을 내야 하느냐?" 하며 출입국관리소 직원과 배낭여행자 사이에 언쟁이 벌어지고 있었다. 짐짓 근엄한 표정을 지으며 내 여권을 훑어보는 관리소 직원에게 속으로 '폼 재지 마, 이놈아. 너도 도둑놈이지?' 하며 무시하는 표정으로 출국 도장이 찍힌 여권을 빼앗듯이 받아 들었다.

참 억울하고도 안타까운 노릇이다. 외국인 관광객에게 어떻게든 트집을 잡아 돈을 뜯어 외화를 벌겠다는 생각은 좋은데, 이 나라를 들어설 때부터 이런 식의 불쾌한 경험을 한 사람들이 자기 나라에 돌아가서 베트남에 대해 뭐라고 하겠는가?

나처럼 베트남에서 좋은 사람들을 많이 만나 좋은 느낌을 가지고 떠나는 사람도 이렇게 이를 갈고 있는데, 그렇지 않은 사람들이야 베트남을 어떻게 생각할지는 불 보듯 뻔한 일이다.

정부가 정말로 관광객 유치와 좋은 국가 이미지를 위해 애쓴다면 제 발로 찾아 들어온 관광객들, 값진 무보수 홍보 요원들을 괴롭히는 출입국관리소 직원이나 경찰부터 뿌리 뽑아야 할 거다. 한번 두고 보자.

캄보디아(현지인들은 캄프치아라고 한다) 국경을 넘어 몇 시간도 지나지 않아 두 나라의 다른 점이 확실히 느껴진다.

같은 인도차이나에 있는 나라이면서도 베트남은 중국의 영향이 강하다면 여기는 인도의 영향이 더 많이 느껴진다. 베트남어는 억양이 강한 언어인데, 캄보디아말, 즉 크메르어는 그다지 올라갔다 내려갔다 하지 않는다.

천을 치마처럼 두르고 다니는 캄보디아 사람들도 인도식이다. 베트남 사람들이 중국인처럼 젓가락을 사용하는 데 비해 이곳 사람들은 손으로 음식을 먹는다. 게다가 베트남은 대승불교권인데 여기서부터는 소승불교권이 시작된다.

이런 것들과 어떤 연관이 있는지는 모르겠지만 캄보디아 사람들은 베트남 사람들에 비해 잘 웃는다. 국경에서부터 수도 프놈펜까지 합승택시를 타고 가는데, 2~3살 된 아이가 어른들도 견디기 어려운 더운 날씨에 비지땀을 흘리면서도 나랑 눈이 마주칠 때마다 웃는다. 그 36.5도짜리 어린 '난로'를 안고 가는 젊은 엄마도 시도 때도 없이 웃고, 난폭 운전을 하는 운전사 아저씨도 아무 이유 없이 그냥 웃는다.

70년대에 있었던 내전 중에 타이로 몰래 피난 가는 캄보디아 사람과 원주민 타이 사람을 구별하는 방법이 팔을 비틀어서 아프다고 찡그리면 타이 사람이고, 아파도 웃으면 캄보디아 사람이었다고 할 정도이니 알 만하다.

또 하나, 베트남 사람들은 중국인 피가 섞여서인지 좀 빤질빤질하고 돈을 밝힌다는 느낌인데, 캄보디아 사람들은 어딘지 모르게 어수룩해 보인다. 거지들이 돈을 달라고 할 때도, 베트남에서는 맡겨놓은 것 내놓으라는 듯 뻔뻔한 태도인데, 여기 아이들은 부끄러워하면서 먹을 것을 나누어 주면 혀를 쏙 내밀며 겸연쩍어한다.

프놈펜에 도착하니 운전사 아저씨는 물어보지도 않았는데 캐피탈 호텔로 데려다준다. 이곳은 캄보디아에 온 배낭족이면 한 번 이상은 왔다 가는 숙소로 주로 일본 배낭족의 거점이다.

1층에 있는 식당은 음식도 싸고 맛있을뿐더러 아시아를 여행하는 사람들을 만나 서로 필요한 정보를 교환하는 '수다의 광장'이다. 같은 식당에서 경영하는 여행사에서는 돈도 바꾸어주고 비행기 표나 관광지로 가는 자동차도 알선해준다.

게다가 게시판에 붙어 있는 여러 가지 메모와 게스트 북은 일본 아이들의 꼼꼼한 기록 습관 때문에 중요한 최신 여행 정보의 보고(寶庫)가 되어 있다. 일본에서는 이런 정보들만 고스란히 모아 완벽에 가까운 여행 가이드북을 만들어낸다니 부럽다.

물론 이 공책에는 간간이 우리나라 사람들이 다녀간 반가운 흔적도 있는데, 아무래도 글로 남기는 건 일본인에게 못 미치는 것 같다. 다녀간 한국 사람 중에 기록을 남기는 사람 수도 적고, 적어놓은 글도 대부분 몇 줄 감상일 뿐 정보의 실용적인 면에서도 떨어진다.

물론 글 쓰는 습관이 몸에 배어 있지 않았을 수도 있고, 글을 남기는 게 부끄럽게 생각될 수도 있다. 그러나 한글로 써놓은 것을 읽는 사람은 결국 우리나라 사람들뿐일 텐데, 식구끼리 뭐가 그리 부끄러운가. 멋있게 써야 한다는 생각, 거창하게 써야 한다는 생각만 버리면 몸소 겪어 얻은 값진 정보와 재미있는 얘기를 나누는 게 그리 어렵지는 않을 거다.

나는 이 호텔 게스트 북에서 캄보디아 여행에 필요한 대부분의 정보를 얻을 수 있었다. 캄보디아 하면 우선 떠오르는 것이 무얼까. 물론 희대의 살인마 폴 포트의 킬링 필드와 세계 7대 불가사의의 중 하나라는 앙코르 유적지일 것이다.

 나는 킬링 필드의 깊은 상처를 고스란히 안고 있는 수도 프놈펜 여정을 잠시 뒤로하고 앙코르에 먼저 가기로 했다. 앙코르 유적지가 소문대로 그렇게 좋으면 비자 기간이 한 달뿐이니 다른 곳을 모두 포기하더라도 그곳에서 있고 싶은 만큼 있을 심산이다.

 앙코르! 한 달 여정으로 캄보디아에 오는 사람은 앙코르에 간다. 겨우 사흘 예정인 초고속 관광단도 앙코르에는 꼭 가본다. 캄보디아에서 보낼 시간이 단 하루밖에 없는 사람도 앙코르에는 가야 한다. 캄보디아에 오는 사람은 누구나 앙코르에 간다. 아니, 앙코르에 가기 위해 많은 여행객이 캄보디아에 온다.

 앙코르는 그야말로 캄보디아의 심벌이며 최대의 돈줄이다. 이 나라 국기에도 돈에도 앙코르가 그려져 있다. 캄보디아에서 파는 모든 관광용 티셔츠에도 앙코르가 그려져 있다. 수많은 상점이나 회사 이름, 심지어 이곳의 유일한 맥주 이름까지 '앙코르 비어'다.

 이처럼 앙코르는 캄보디아를 대표하며, 하루에 20달러, 3일에 40달러, 일주일에 60달러를 받는 앙코르 유적지의 입장료는 캄보디아 재정의 큰 몫을 차지한다.

 앙코르는 크메르어로 '수도'라는 뜻이다. 우리가 보통 부르는 앙코르와트는 앙코르 유적지의 1000여 개 되는 건물 중에서 제일 크고 보존이 잘되어 있는 사원의 이름이다.

 9세기부터 13세기에 걸친 크메르 왕국의 전성기에는 북쪽으로는 중국 남부의 윈난성, 동쪽으로는 베트남 남부의 메콩 강 유역 그리고 서쪽으로는 지금의 타이 동부에 걸치는 방대한 영토를 자랑했다. 엄청난 국력과 재력, 왕들의 신앙심이 합쳐져 이 시기에 거대한 사원 역사가 이루어진 것이다.

15세기에 들어 크메르 왕국이 망하자 이 유적지는 정글에 묻힌 채 1860년 프랑스 고고학자에 의해 발굴되기까지 수백 년간 깊은 잠을 잤다. 이 고고학자는 앙코르 발견 직후 원주민들에게 물었다.
"이것을 건설한 사람들이 누구라더냐?"
원주민들은 대답을 하면서 경고했다.
"저절로 생긴 것을 문둥이 왕이 고쳐 만들었다. 거기 들어가면 왕의 저주가 내려 죽게 되니 절대로 들어가지 말라고 했다."
우연인지 아니면 정말 왕의 저주가 있었던 건지 이곳을 처음으로 발굴한 앙리 무오는 다음 해에 죽고 말았다. 하지만 그 이후 왕의 저주가 은총으로 바뀌었는지 이제는 1년에 수십만 명의 관광객을 끌어 모으고 있다.

: 경주 조기 축구회 12번 선수

프놈펜에서 4시간 정도 가는 스피드 보트를 타고 가서 시엠레아브 부두에 내리자 20대 오토바이 운전사들이 벌 떼처럼 몰려들어 필사적으로 손님을 잡아끈다.

앙코르 유적지는 워낙 넓기 때문에 걸어서 다니는 건 불가능하고, 차를 전세 내기는 너무 비싸므로 보통 배낭여행자들은 오토바이를 타고 구경을 다닌다. 관광객 한 명을 잡으면 적어도 3일간은 고정 수입을 올릴 수 있는데, 오토바이의 하루 전세가 6달러이니 이곳 경제 수준을 감안할 때 아주 짭짤한 수입이다.

그렇게 몰려드는 오토바이 운전사들 중에 '경주 조기 축구회 12번'이라고 한글이 선명한 빨간 티셔츠를 입은 운전사가 눈길을 끈다. 우습기도 하고 반갑기도 하다. 베트남에도 그렇지만 캄보디아에도 우리나라 헌 옷이 많이 들어와 있다.

그가 우리 물건을 '애용'하고 있으니 나도 그 사람을 '애용'하기로 했다. 내가 오토바이 뒤에 타자마자 신이 난 '조기 축구회 12번 선수' 총각 운전사는 바둑판처럼 평평한 들판을 나는 듯이 가로지른다.

앙코르 유적지는 대낮에는 더워서 도저히 다닐 수 없다고 해서 아침 6시부터 11시까지 돌아보고 숙소에 와서 점심 먹고 쉬었다가 오후 3시부터 6시까지 다시 돌아보는 것으로 하루 스케줄을 잡았다.

나는 좀 비싸긴 하지만 60달러짜리 일주일 패스를 사서 이 방대한 유적지를 느긋하게 감상하려고 생각했는데, 12번 선수 말로는 오후 4시 반 이후에는 패스 검사를 안 하니 3일짜리를 사서 열심히 돌아보고 나머지 4일은 4시 반 이후에 구경하라는 절약 정보를 준다.

시내에 숙소를 잡고 저녁 내내 앙코르 유적지에 대한 책자며 자료를 살펴보았다. 이곳에도 여행자들이 남겨놓은 앙코르 정보 노트가 있다. 사실 앙코르에 대한 공부를 제대로 하지 못하고 여기까지 왔는데, 바로 앞에서 사진첩과 그림엽서를 보고 있자니 한시라도 빨리 내 눈으로 확인하고 싶은 생각에 조바심이 난다. 이튿날 아침, 새벽 5시 반에 앙코르 3대 유적지로 꼽히는 앙코르톰 사원부터 가보기로 했다.

오토바이를 타고 마을을 벗어나니 헬멧을 쓴 남자들 이십여 명이 끝에 동그란 판이 달린 쇠막대기를 들고 트럭에 오르는 게 보인다. 12번 선수에게 물으니 그들이 바로 지뢰 제거 작업반이란다. 캄보디아 전국에 묻힌 지뢰가 천만 개가 넘는다는 설명이다.

그들은 내전 중에 정부군과 반군이 경쟁적으로 묻은 지뢰를 제거

하는 것은 물론 도굴을 막기 위해 밤새 묻어놓은 지뢰를 아침에 거둔다고 한다. 타이인들과 짠 도굴꾼들이 밤중에 와서 여러 가지 조각이나 불상을 떼어다가 파는 일이 비일비재하기 때문이란다.

사원 입구 양옆에 무릎을 구부린 자세로 앉아서 뱀신(나가)의 몸통을 껴안은 채 열병하고 있는 수십 개의 조각들은 약간 화가 난 듯 진지하다. 크메르 왕국의 최고 절정기에 만들어졌다는 이 불교 사원은 바욘이라는 관세음보살 얼굴 탑으로 특히 유명하다.

여명 속의 바욘 사원은 멀리서 보니 거대한 회색 돌무덤처럼 보이더니, 평평한 지평선 위로 해가 떠오를 때는 자연과 인조 석조물이 어우러져 장관을 이룬다. 아침에 떠오른 후에도 한참 동안 운무에 싸인 해는 마치 오렌지색 달을 보는 것 같아 신비로움을 더한다.

햇살이 비추기 시작하면서 바욘 사원의 근엄해 보이는 172개의 석상들 입가에 비로소 미소가 감돈다. 사원 안에는 온통 돌로 만든 얼굴 탑들뿐이다. 앞을 봐도 얼굴, 뒤를 돌아봐도 얼굴, 위를 보아도 아래를 봐도 보이는 것은 얼굴, 얼굴의 석상들. 인자하고도 신비하게 웃고 있는 2미터 크기의 대형 얼굴상이 바로 관세음보살상이라는데 사실 이것은 사원을 지은 왕 자야바르만 7세의 얼굴이라고 한다.

사원 중앙에는 힌두교 풍요의 상징인 남성 성기 모양의 링가가 모셔져 있다. 그 근처 조그만 공간에는 주황색 천을 걸친 돌부처님이 모셔져 있고, 그 앞에는 향불이 켜져 있다. 힌두교와 불교의 평화로운 공존이다.

바욘 상을 더 자세히 보려고 얼굴이 잘 보이는 꼭대기 테라스에 자리를 잡고 앉았다. 마음이 편안해온다. 부드럽게 웃고 있는 얼굴을 쳐다보고 있자니, 나이 들어 저렇게 여유 있고 따뜻하게 웃을 수 있게 되었으면 좋겠다는 생각이 든다.

사원 안에는 꼬마 아이들이 대나무로 만든 피리나 그림엽서를 파느라 정신이 없다. 관세음보살의 자비심에 감염되었음인지 나는 시내에서는 더 싸게 살 수 있는 그림엽서를 달라는 대로 다 주고 샀다. 돈을 받아든 꼬마가 "오쿤(고맙습니다)." 하고 인사할 때 나는 바욘식의 자비로운 미소를 지으려고 애썼다. 제대로 따라했는지 모르지만 가슴은 한결 넓어지는 기분이다.

바욘 상 앞에 단체 관광객들이 물밀듯 몰려드는 것을 보고 내려가니 12번 선수가 여태껏 무얼 했느냐며, 한군데서 이렇게 오래 있으면 3일 안으로 다 못 본다고 야단을 친다. 이미 해가 중천에 떠 있어 살갗이 따가울 정도로 뜨겁다.

: 보고 있어도 보고 싶은 타프롬 사원

오후에는 드디어 앙코르와트에 갔다. 오전에 선탠로션을 충분히 바르지도 않고 짧은 소매와 반바지를 입고 다녀서 벌써 팔뚝과 장딴지가 익어 벌겋게 되었다. 그런데도 드디어 앙코르와트에 들어간다는 기대 때문에 화상을 입은 곳이 쓰린 줄도 모르겠다.

사원으로 들어가는 다리를 지나가니 5~6살짜리 꼬마들이 졸졸 따라붙으며 부채질을 해준다. 한참을 그렇게 따라오면서도 정작 돈 달라는 말은 하지 못하고 저희들끼리 서로 눈치만 보는 게 측은하다.

앙코르와트는 힌두교 신인 비슈누를 위해 만든 신전인데, 이것을 건설한 수리아바르만 2세를 비롯한 그 시절의 왕들은 자신들이 죽은 후에는 그들이 모시던 신과 동일하게 되는 것으로 생각했다고 한다. 이 신전은 그가 죽은 후 무덤으로 쓰였다는데, 서향이라 특히 해 지는 것을 보려고 사람들이 몰린다.

앙코르와트는 사방 1.5킬로미터 정도 되는 큰 규모가 우선 사람을 압도한다. 신전은 중앙에 있는 다섯 개의 탑과 건물, 이를 둘러싸고 있는 외벽과 이 모든 것을 감싸 안은 네모난 인공 호수로 되어 있다. 돌다리로 이 호수를 건너는 데만도 한참이 걸린다.

건물은 그 자체가 우주를 상징하는 것으로 중앙의 탑은 힌두교에서 말하는 세계의 중심 메루 산의 상징이고, 주위의 네 탑은 메루 산의 봉우리들이며, 외벽은 이 세계의 끝 그리고 네모난 인공 호수는 바다를 뜻한다고 한다.

사방이 800미터인 외벽은 사면에 촘촘히 비슈누, 인드라, 하누만 등 힌두교 신들에 얽힌 설화들이 마치 어제 새긴 듯 선명하게 조각되어 있다. 어느 외벽에는 '압살라'라 불리는 아름다운 선녀들 수천 명이 하늘에서 춤을 추고 있다. 그 모습이 너무 매혹적이어서 발이 얼어붙은 듯 꼼짝할 수가 없다.

해가 질 때까지 몇 시간에 걸쳐 돌아본 앙코르와트는 정말 대단한 구경거리다. 12세기 전반, 그러니까 거의 900년 전에 만들어졌다고는 믿기 어려울 정도로 원형이 잘 보존되어 있다. 수백 년 동안 정글에 묻혀 있어서 세월의 풍상을 겪은 흔적도 전혀 없다. 처음에는 프랑스 과학자에 의해, 나중에는 유네스코에 의해 잘 보수된 후 보존 관리되고 있기 때문이기도 하다.

그 규모로 보나 외벽 조각들의 내용과 보존 상태, 고고학적 가치 그리고 건축물의 상징적인 의미 등을 종합해볼 때 이곳이 세계 최고의 유적지라는 명성에는 추호의 의심도 없다.

그렇지만 나는 어쩐 일인지 이 유적지가 '세상에서 제일 위대한 건축물'이라는 데에 동의하기가 좀 망설여진다. 너무 인위적인 게 아닌가 하는 생각 때문이다. 마치 돈 많고 시간 많고 나이 많은 여자가 어떻게든 젊어 보이려고 여러 차례 성형수술을 해서 반질반질해진 얼굴에 잔뜩 화장을 하고 있는 것 같은 느낌이다.

그런 사람일수록 감출 수 없는 손과 목의 주름살 때문에 젊게 보이려는 추한 몸부림이 더욱 처절하고 비참하게 보이는 것과 같다고나 할까?

나이가 들면 어딘가 세월의 흔적을 가지고 있어야 하지 않을까. 그래야 그 자연스러운 깊이만큼 그 사람의 인생에 대한 공경심이 우러나오는 게 아닐까.

이런 면에서 나는 앙코르와트보다 타프롬 사원이 훨씬 마음에 든다. 그곳은 보수하지 않고 옛날 그대로 남아 있는 정글 속 사원이다. 역시 12세기에 세워진 불교 사원인데 전성기에는 3000명이 넘는 승려가 불도에 정진하고 있었다고 한다.

승려들로 번잡하던 그 사원 건물들 사이로 지금은 자이언트 팜나무의 뿌리가 파고들어 기둥이며 지붕이 곧 내 앞으로 쏟아져 내릴 것처럼 쇠락한 폐허로 남아 있다. 무너지기 직전의 건물들을 친친 감고 있는 대형 나무뿌리는 살아 움직이는 듯하다. 태어나서 이런 광경은 처음 본다.

'무너질지 모르니 조심하라'는 경고문을 이리저리 피해 좀 더 안쪽으로 들어가니 정글 속이라 대낮인데도 컴컴하다. 사원 중간쯤에는 나무뿌리가 건물 사이로 들어가 건물을 갈라놓았는데, 그 위로는 더 굵은 뿌리가 갈라진 건물을 꽉 쥐고 있다. 주위에 떨어진 낙엽은 언제 것인지 퀴퀴한 냄새를 풍기며 분위기를 돋운다. 그 안에 들어서는 순간 알 수 없는 감동과 전율이 인다.

앙코르와트에서는 신을 경배한다는 핑계로 인간의 현시욕(顯示慾)을 자랑하는 오만함이 엿보였던 데 비해, 여기 타프롬은 자연의 힘에 비하면 사람의 힘은 얼마나 보잘것없는지를 느끼게 한다.

막대한 인력과 권력, 재력을 써서 만든 사원이 처음에는 보잘것없었을 한 줄기 나무뿌리에 얽혀 묶여 있는 모습, 그러나 자세히 보면 무너져 내리려는 건물을 단단히 잡고 있는 나무뿌리를 보고 있자니 자연에 대한 경외감이 절로 생긴다.

어두워질 때까지 타프롬 사원을 돌아다녔다. 허물어져가는 건물의 창틀에 지는 햇살이 비쳐지자 당장이라도 요괴가 튀어나올 것 같은 음산한 분위기로 변한다.

크메르 사람들은 해가 지면 이 유적지 근처에 나쁜 귀신들이 돌아다닌다고 믿기 때문에 절대로 얼씬거리지 않는다는 말을 12번 선수에게 들은 탓에 두려운 마음까지 든다. 이런 곳에서 미로를 헤매며 어슬렁거리다 보니 마치 수백 년간 버려진 유적지에 내가 최초로 들어선 듯한 감동마저 인다. 섬뜩하지만 아주 멋진 느낌이다.

그래서 3일간의 패스 유효기간은 물론 그 후에도 매일 오후 이곳에 왔더니 12번 선수는 아무래도 좀 이상해 보였는지 "타프롬은 이제 그만 가면 안 돼요?"를 연발한다. '보고 있어도 보고 싶다'는 유행가 가사가 어떤 뜻인지 알 것 같았다. 바로 그곳이 그랬으니까.

: 난민촌에서 산 것이 행운이었다는 세타

캄보디아에 처음 도착해 프놈펜에서 묵은 숙소 주인 버트는 유엔 직원으로 캄보디아에 왔다가 크메르 여자와 결혼해 늘그막에 첫아들을 본 40대 초반의 유쾌한 미국인이다.

나는 이 책방 겸 숙소를 사이공에서 묵었던 숙소 주인 룽 씨에게 소개받았는데, 알고 보니 프놈펜에서도 꽤 유명한 곳이다. 버트가 전에 사이공에 갔을 때 룽 씨네 집에 묵은 것이 인연이 되어 서로 알고 지낸다고 한다.

룽 씨가 전해달라는 메시지와 첫아들 선물을 전달했더니 내게 하는 대접이 확 달라진다. 방값도 깎아주고 바쁜 와중에도 시간을 내어 알고 있는 대로 캄보디아의 정치 상황과 문화에 대해 얘기해주었다.

얘기 끝에 캄보디아에서 한 일주일 정도 민박을 하고 싶다고 했더니 당장 소개를 해준다.

"내 친한 친구 집이 있는데 어때요?"

거기가 마침 앙코르 유적지에서 그리 멀지 않다니 안성맞춤이다. 앙코르로 떠나는 날 버트는 친구 집 약도를 자세히 그려주고 편지도 한 통 써준다. 그야말로 '옛 친구 사이(old boy's network)'의 덕을 톡톡히 보게 된 셈이다. 그 집 주인 세타는 버트가 크메르식 결혼식을 올릴 때 혼인 증인을 설 정도로 형제같이 지내는 친구란다.

일주일간 앙코르 유적지를 구경한 후 찾아간 세타네 집은 앙코르에서 내가 묵은 숙소에서 오토바이로 10분도 안 되는 거리에 있다. 토요일이라 직장에 안 나가고 집에 있던 세타는 영어가 유창하고 인상이 좋은 39살 아저씨. 내 소개를 하고 버트의 편지를 내놓자 환하게 웃는다.

"아주 잘 오셨어요. 계시는 동안 당신 집처럼 편히 지내세요."

그러고는 부인 나와 아이들을 소개해준다. 이제 겨우 아장아장

걷는 꼬마를 포함해 아이들이 모두 여덟, 고만고만한 아이들이 줄줄이 나와서 두 손을 모으고 공손하게 합장 인사를 한다.
"춤 립 수(처음 뵙겠습니다)."
배웠다는 사람이 어쩌면 이렇게 자식 욕심이 많은가 의아한 생각이 든다. 냐는 더울 테니 우선 샤워부터 하라는 시늉을 하며 커다란 면 보자기를 내온다. 이것은 길이 1미터, 폭 1.5미터짜리 면을 두 겹으로 박은 것으로 캄보디아 여자들의 일상적인 치마다.
통치마만 가슴까지 올려 둘러 입고는 우물가에 가서 머리부터 물을 끼얹는 '무엇 떡'을 하는 것이 이곳의 샤워다. 대중 앞에서 공개적으로 샤워를 하는 게 좀 멋쩍지만 로마에 왔으니 로마법에 따라야지.
지금이 우기 직전이라 캄보디아는 찌는 듯 덥다. 그래도 세타의 말에 따르면 1월부터 3월까지는 겨울이고, 6월부터 9월까지가 여름이란다. 35도가 넘어가는데 겨울이라니. 그런데 우기까지 적어도 10도는 더 올라갈 거란다.
다행히 크메르 전통 나무집은 생각보다 시원하다. 2층집인데 나무 기둥이 박혀 있는 1층에 평상을 놓고, 거기서 음식 준비도 하고 아이들과 놀기도 하고 낮잠을 자기도 한다. 2층은 30평쯤 되는 원룸이다. 구석에 있는 부부 침실만 커튼으로 가려져 있다.
2층은 천장이 높고 사방으로 창문이 나 있어 바람이 잘 통한다. 벽에는 불교 설화와 힌두교 설화 그림은 물론 잡지에 실렸던 남미 마추픽추나 만리장성 등 여러 나라 관광 명소 사진과 캄보디아, 타이의 영화배우 사진들까지 가득 붙어 있다.
세타네 집은 유엔자원봉사단에 다니고 있는 세타의 외국인 직장 동료들이 모금을 해서 지었다는데 3000달러쯤 들었다고 한다. 버트가 헌금한 500달러로는 기와지붕을 올렸단다.

집을 지을 때 돈이 없는 동네 사람들은 몸으로 때우는 노력 봉사를 했다고 한다. 지금 세타네 집 바로 옆에 세타의 의동생 비티가 집을 짓고 있는데, 역시 동네 인력이 총동원되고 있다.

샤워를 하고 아래층 평상에 앉아 있는데 동네 아줌마들이 찾아와 활짝 웃으며 "춤 립 수." 하고 인사를 한다. 조금 있다가 가족들이 둘러앉아 방바닥에 음식을 늘어놓고 막 점심을 먹으려는데 또 동네 아줌마들이 나타나 튀기거나 구운 생선들을 내놓는다. 나를 자신들 모두의 손님으로 대하는 마음씨다. 사람 사는 냄새가 물씬 나는 동네다.

크메르의 먹을거리는 주로 쌀밥과 생선이다. 지형적인 특징으로 건기에는 노를 저을 수 없을 정도로 물고기가 넘친다는 톤레사프 호수 때문이다. 전 국민을 먹여 살리고도 남는 양이라니 생선 종류도 많고 조리법도 다양하다. 구워 먹고, 튀겨 먹고, 찜 해 먹고, 우리나라처럼 오래 삭힌 생선 젓갈 '누옥 맘'이라는 것까지 있다.

또 우리나라 김치처럼 절대로 빠져서는 안 되는 게 어린 망고를 채 썰어 고추 간 것, 간장, 생선젓과 함께 버무린 '뜩 치루 스와이'다. 맛은 떫고 신데 이 신맛이 무더위에 식욕을 잃지 않게 해주는지도 모르겠다.

밥상이 차려지자 나와 세타는 내가 첫 숟가락을 넘길 때까지 기다렸다가 조심스럽게 묻는다.

"어때, 음식이 괜찮아요?"

"아니, 그냥 괜찮은 정도가 아녜요. 정말 훌륭해요."

"참 다행이네요. 보통 외국 사람들은 생선 젓갈의 큼큼한 냄새를 아주 싫어하거든요."

나는 아무래도 혓바닥에서 조미료가 따로 나오는 모양이다. 세계 각국의 어떤 음식을 먹어도 맛있으니 말이다.

세타의 부인 냐는 오후 내내 나만 보면 '무엇 떡'이라고 하면서 머리에 물 끼얹는 시늉을 한다. 양 팔뚝이 불에 덴 듯 벌겋게 땀띠가 나 있는 모양이 안쓰러웠나 보다. 그것은 일주일 동안 앙코르를 돌아다니며 얻은 훈장이다.

세타네 집 앞에 있는 펌프는 마을의 중심이다. 펌프는 세타가 이 동네에 오자마자 개인적으로 만든 것이고, 지금도 정기적으로 물세를 내야 하지만 동네 사람들에게 무료로 쓰게 해준다.

펌프뿐만 아니라 세타네 집은 동네 사랑방이고 세타는 동네의 중심인물이다. 저녁이 되면 어른 아이 할 것 없이 스무 명이 넘는 동네 사람들이 세타네 집 2층으로 몰려와 텔레비전을 본다. 이곳에서는 아직 텔레비전 방송은 안 나오고 만화보다 유치한 중국 무술 영화 비디오를 상영한다. 우리네 옛 시골 동네처럼 이웃 간의 인정이 여간 아니다.

세타는 이곳 토박이가 아니다. 동부 산골 출신으로 1975년 폴 포트 치하에서 타이 국경 난민촌으로 피난을 갔다가, 그 후에도 베트남 침공을 피해 13년간이나 그곳에 눌러 산 피난민 출신이다.

사방이 가시철조망으로 막히고 견딜 수 없이 더운 텐트촌에서의 피난민 생활은 참으로 힘들었다고 한다. 그러나 그에게 더욱 힘들었던 것은 육체적인 고통이 아니라 정신적인 괴로움이었다. 유엔과 다른 세계기구에서 먹을 것과 입을 것, 사는 데 필요한 최소한의 물자를 공급해주니까 일을 하지 않고도 먹고 살 수 있었는데, 바로 그 점이 그를 괴롭혔다.

공짜로 받는 데 익숙해져가는 자신이 부끄럽게 여겨졌던 거다.

그래서 난민촌 학교에서 열심히 공부하고 책을 읽으며 시간 나는 대로 자원봉사를 하면서 영어를 배웠다. 성실한 그는 곧 국제기구 사람들의 눈에 띄어 급기야 현지 직원으로 채용되었다.

"내가 난민촌에서 살지 않았으면 그런 고급 교육을 받을 수 없었을 거예요. 어찌 보면 난민촌에서 산 것이 내게는 행운이었지요."

인생은 생각하기 나름이라고 하지만 자신에게 닥친 역경을 기회로 바꾼 세타는 자신에게 주어진 삶에 감사하면서 살고 있다. 그는 난민촌에서 지금의 부인을 만나 아이 넷을 낳고, 그곳에서 부모 잃은 아이 넷을 입양해 행복하고 건강한 가정을 꾸려가고 있다. 그러니까 아이가 많다고 내가 처음에 가졌던 의구심은 순전히 무지의 소치였던 거다.

"앞으로 조금 더 자리가 잡히면 아이를 몇 명 더 입양할 생각입니다. 잘 먹이고 입히지는 못해도 아버지의 사랑을 듬뿍 줄 자신은 있습니다."

그는 수줍게 웃었다. 참 대단한 사람이다.

유유상종이라더니 세타의 의동생 비티도 마찬가지다. 한쪽 눈이 안 보이는 이 30대 중반의 남자는 폴 포트 시절 굶주림을 견디다 못해 군인들 몰래 망고를 따러 갔다가 나무에서 떨어지면서 나뭇가지에 찔려 한쪽 눈을 잃었단다.

그러나 에너지가 철철 넘치는 사람이다. 아침부터 저녁까지 바쁘게 왔다 갔다 하며 참으로 많은 일을 한다. 보통 사람이라면 인생을 비관할 수도 있을 텐데, 그는 넘치는 에너지로 오히려 주위를 밝게 하고 많은 이들에게 힘을 준다.

이런 에너지는 도대체 어디서 나오는 걸까. 그건 삶과 내일에 대한 기대와 믿음으로부터 오는 게 아닐까. 오늘보다는 내일이 나을 거라는 기대와 땀 흘려 일하고 마음을 다해 노력하는데 내일이 밝지 않을 수 없으리라는 믿음 말이다. 멋있는 사람이다.

일요일 아침 더워지기 전에 세타와 함께 장을 보러 갔다. 어디를 가나 내가 민박을 하면 한국 음식 만들어주는 건 빠뜨릴 수 없는 행사. 한국 음식도 소개하고 나도 그 김에 한국 음식을 먹게 되니 도랑 치고 가재 잡고, 마당 쓸고 엽전 줍는 격이다. 이날도 동네 사람 모두에게 한국 음식을 대접할 생각이다.

재래시장 전체에 큼큼한 생선 말리는 냄새가 진동한다. 시장 물가는 생각보다 비싸다. 그곳 주민들의 한 달 수입이 평균 30~50달러라는데 사과가 1킬로그램에 2달러, 감자와 양파가 1킬로그램에 1달러, 닭고기는 1킬로그램에 무려 3달러나 된다. 그러니 주민들이 얼마나 곤궁한 생활을 하겠는가.

시장을 한 바퀴 돌아보니 당면 비슷한 국수도 있고, 놀랍게도 중국산 참기름에 집에서 만든 두부까지 있다. 그래서 이날의 메뉴는 잡채와 두부 달걀 국 그리고 오이무침으로 정했다. 잡채와 두부 달걀 국도 괜찮았지만, 이날의 하이라이트는 단연 오이무침이다.

좋아할지 어떨지 몰라 맛보기로 조금만 만들었는데 만드는 도중에 나와 비티 부인이 맛을 본다면서 오이무침 한 접시를 다 집어먹어 버렸다. 새콤달콤한 게 크메르인 입맛에 딱 맞는다나.

그래서 오이 스무 개를 급히 더 사 와 무쳤는데, 식사를 시작한 지 5분도 지나지 않아 한 양푼의 오이무침이 동이 난다. 모두들 맛있다고 난리다. 급기야 마사지하려고 '꼬불쳐둔' 오이까지 꺼내 동네 아줌마들에게 요리 시범을 보였다. 시장에서 구한 빨간 생고추 간 것이 맛을 내는 데 큰 몫을 한 것 같다.

그날 저녁 동네 아줌마 둘이 비슷하게 버무린 오이무침을 가지고 와서 제대로 만들었는지 맛을 봐달란다. 세타도 부인에게 한국식 오이무침 만드는 법을 단단히 배워놓으라고 한다. 좁은 부엌에서 땀을 비 오듯 흘리고 숯불 연기에 눈물 흘리며 몇 시간 노력한 보람을 톡톡히 찾았다.

이 동네의 하루는 이른 새벽에 시작된다. 해가 뜨기 전 집 앞의 펌프가 삐걱삐걱 소리를 내는 것으로 아침을 맞는다. 낮에는 너무 더워서 해가 나기 전에 많은 일을 해두어야 하기 때문이다.

나도 다른 사람들과 함께 아침 일찍 일어나 밥을 먹고 집 안팎과 우물가를 청소한다. 그러고는 동네 꼬마들을 물가에 모아놓고 깨끗하게 씻긴다.

꼬마 아이들은 나만 보면 "헬로, 헬로." 하는데 첫날은 수줍어서 엄마 뒤에 숨던 아이들이 둘째 날부터는 펌프 가에서 적어도 하루 두 번 정도는 샤워를 하는 내게 서로 물벼락을 맞으려고 안달이다. 물은 소름이 끼칠 정도로 차가워서 물벼락을 맞는 사내아이의 고추가 쪼그라든다.

물가에서, 마당에서 큰 아이는 작은 아이를 돌보고 작은 아이는 또 그보다 어린아이와 놀아주면서 아이들은 자기들끼리 잘도 자란다.

이 동네 사람들은 잘 웃는다. 아니, 크메르인들은 잘 웃는다. 애고 어른이고 눈만 마주치면 그냥 웃는다. 내전과 혼란한 정치, 지금도 여전히 어려운 살림살이 속에서 어떻게 그런 아름다운 미소를 잃지 않고 있는지 신기하고 부럽다 못해 고맙기까지 하다.

이들은 선천적으로 개방적이고 긍정적이며 낙관적이다. 이런 사람들이 어떻게 킬링 필드와 같이 피비린내 나는 살육 전쟁의 피해를 입어야 했는지 안타깝고 가슴 아프다.

동네를 떠나기 전날 내가 내 여행의 기념이 되었으면 좋겠다면서 무언가를 수줍게 내민다. 펴보니 실로 짠 연초록색 스웨터다. 그게 석 달에 걸쳐 짠 것이라고 세타가 귀띔하자 나가 펄쩍 뛴다.

"아니, 한 달 반밖에 안 걸렸어요."

나도 뭔가 주고 싶은데 줄 만한 게 없다. 큰 배낭을 프놈펜에 놓고 왔기 때문이다. 독실한 불교 신자들이니 한국에서 가져온 부처님 그림엽서를 주면 좋아할 텐데.

궁여지책으로 가지고 다니던 비자용 증명사진과 네 가지 색 볼펜으로 태극기를 그려주었다. 사진 뒤에 '내 모든 사랑을 담아.'라고 적어주었는데 그건 정말 진심이다.

"리아 헤우이(안녕히 계세요)."

크메르 가족들, 이 아름다운 사람들이 사는 나라에 더 이상의 고통이 없기를. 특히 이들이 걱정하는 내년 선거가 무사히 끝나기를 영험하신 관세음보살님의 자비에 빌어본다.

타이 해상 밀입국 실패, 공항에선 웃다

: 안 된다니까 더 가고 싶은 길

왕 이름을 딴 캄보디아 유일의 항구 시아누크빌, 지금은 캄퐁사옴이라 불리는 곳으로 갔다. 아무런 기대를 하지 않았기 때문인지 평범한 바다 경치가 마음을 끈다. 여기에는 아름다운 해변이 있다지만 가볼 생각도 하지 않는다. 그렇다면 왜 여기까지 왔는가? 보트를 타고 타이로 밀입국하기 위해서다. 육로 세계 일주의 원칙을 꼭 지키고 싶은데 비행기를 타지 않고 타이에 가려면 이 방법밖에 없기 때문이다. 말이 밀입국이지 허술한 국경 초소 경비들이 외국인들이 국경 넘다는 것을 대수롭게 생각하지 않아 많은 배낭족들이 애용하는 길이다.

그러나 지난달 베트남에서 만난 여행자들에게 올 3월 들어 타이 국경 초소의 경비가 강화되어 외국인들은 이 바다로 절대 다니지 못하게 한다는 얘기를 들었다.

그렇지만 일주일 전에도 이 루트를 통해 몰래 캄보디아에 들어온 미국인이 있다는 걸 보면 운과 타이밍만 좋으면 가능성이 전혀 없는 건 아닌 것 같다. 그래서 일단 그 밀항의 시발점이 되는 시아누크빌로 간 거다. 이곳에서는 더 자세한 상황을 알 수 있을 것 같아서. 여기에서도 의견이 분분하다.

"문제없어요. 우리 숙소에 묵었던 사람들도 여러 명 갔는데 안 돌아왔잖아요."

배낭여행자 숙소에는 큰소리치는 사람이 있다. 안 돌아온 것이 꼭 성공한 것은 아닐 텐데.

"아니에요. 여권 빼앗기고 감옥에 가고 엄청난 벌금 물어요. 전에는 그렇게 많이들 간 모양이지만 지금은 캄보디아와 타이가 국경 협상을 하고 있는 중이어서 경비가 물 샐 틈 없다는데요."

좀 고급 호텔에 묵는 사람들은 하나같이 고개를 젓는다.

그렇지만 나는 욕심을 부려보기로 한다. 안 된다니까 더 가보고 싶다. 절대로 안 되는 건 아니라지 않는가. 숙소에서 만난 스위스인 커플도 귀가 솔깃해서 나를 따라오겠단다.

솔직히 이 커플과 동행하는 것은 내키지 않았다. 밀항을 해야 하는데 금발의 서양인은 훨씬 더 눈에 띌 테니까. 그러나 믿어주는 마음이 고맙기도 하고 한편으로는 혼자 가는 것보다 든든할 것 같기도 하다.

떠나기 전 며칠 동안 바닷가에서 느긋하게 쉬었다. 글도 쓰고, 수영도 하고, 잠도 자고, 실컷 먹고, 날마다 아름답게 지는 해를 감상하면서 힘을 충전한 후 드디어 대망의 밀항 길에 나섰다. 우선 시아누크빌 출입국관리국에 가서 출국 도장을 받고 항구를 떠났다.

시아누크빌에서 국경인 카오콩 섬까지는 여객선으로 4시간 거리. 부두에 닿자 듣던 대로 캄보디아 출입국관리국 경찰이 대기하고 있다가 은밀히 우리를 사무실로 데리고 간다. 눈치가 뻔하다. 우리끼리가 되자 출입국관리국 직원이 넌지시 말을 걸어온다.

"외국인은 이 국경을 넘을 수 없다는 거 아시죠?"

"우리는 벌써 시아누크빌에서 출국 도장을 받았으니 나가는 것만 눈감아주세요."

"한 사람당 10달러 내시오."

도둑놈들, 짐작은 하고 있었지만 아주 대놓고 돈을 내라는 게 너무 뻔뻔스럽다.

"10달러라뇨? 우린 그런 돈 없어요. 비행기 탈 돈이 없어서 뱃길로 밀항하는 사람들이 무슨 돈이 있겠어요? 세 명에 10달러만 해요."

"뭐라고요? 아니, 이 아가씨가 무슨 소리 하는 거야."

여태껏 불법 통과료를 깎자는 사람은 없었던지 이 비리 경찰들은 서로를 쳐다보며 제 귀를 의심한다. 이 세상에 에누리 없는 장사가 어디 있어? 한참 실랑이를 한 후 셋이서 15달러에 합의를 봤다.

"타이 국경에서 되돌아와도 우리 책임은 아닙니다."

돈을 받고 나자 출입국관리국 직원이 못을 박는다.

"또 한 가지, 요즘 들어 경비가 강화되어 옛날처럼 바다로 가면 절대로 입국할 수 없으니 여기서 배를 타고 국경도시인 눙록까지 가서 택시로 한번 국경을 넘어보시오."

돈을 받았다고 나름대로 친절한 체한다. 그래도 그게 우리에게는 커다란 정보다. 카오콩 섬에서 다시 조그만 스피드 보트를 타고 30분쯤 달리자 국경도시 눙록이 나온다. 거기서 택시를 흥정해 국경에 도착했다. 그런데 놀랍게도 캄보디아 국경 관리 초소에서 한 마디로 딱 잘라 돌아가라고 한다.

우리는 벌써 출국 도장을 받았기 때문에 돌아갈 수가 없고, 카오콩 섬 출입국관리국 관리가 여기는 문제없이 지나갈 수 있다고 했다며 떼를 썼으나 어느 집 강아지가 짖느냐는 태도다. 이런 때 가장 잘 통하는 마지막 수단인 '국제 여권', 즉 달러 뇌물 가능성을 은근히 내비쳤지만 어찌 된 일인지 강경하게 돌아가라고만 외친다.

아무래도 여기를 지나가기는 무리인 것 같다. 그렇다면 절대로 건너갈 수 없다는 해상 국경 하틀락으로 시도할 수밖에. 다시 부두로 와서 하틀락까지 데려다줄 보트를 찾으니 모두 고개를 절레절레 흔들고, '타이 폴리스(타이 경찰)'를 외치며 수갑 차는 시늉을 한다.

시간은 자꾸 가고 애가 탄다. 원래 요금이 5달러 정도인데, 우리가 두 배, 세 배, 네 배까지 올려도 작자가 나서지 않는다. 20달러라면 이곳 사람들의 반달치 월급이다. 10분 거리에 그런 거액을 마다하는 것을 보면 아무래도 여기서 보트를 찾을 수는 없을 것 같다.

일단 후퇴, 카오콩 섬으로 와서 다시 시작하기로 했다. 거기서 하틀락으로 가겠다는 보트를 찾았다. 부두에는 많은 보트 맨들이 기를 쓰고 손님을 끌고 있었으나 그들 중 누구도 하틀락에는 가지 않으려 한다. 이구동성으로 "경찰, 경찰."을 연발하기만 한다. 초조해진 우리는 뇌물을 준 경찰을 찾았다. 그는 뇌물을 먹었으니 할 수 없이 또 다른 정보를 준다.

"때때로 타이에서 들어온 보트들이 새벽에 돌아가는데, 그런 보트를 찾으면 하틀락에 갈 수 있을 겁니다."

우리는 피곤한 눈빛을 교환했다. 스위스 커플은 아주 지친 얼굴로 자기들은 내일 아침 배로 시아누크빌로 돌아가 비행기를 타겠다고 한다. 어쨌거나 이미 해가 졌으니 일단 오늘 밤 묵을 숙소를 찾아야 한다.

부두에서 조금 나가니 시장이 있고 그 안에 '호텔, 가라오케' 간판이 보인다. 동네 아이들은 무슨 큰 구경이라도 난 듯 우리 뒤를 졸졸 따라오며 "헬로, 헬로."를 외친다. 오늘 일진은 정말 나쁘다. 우리가 묵게 된 곳은 게스트 하우스가 아니라 매춘 소굴이었던 거다.

2층에 올라가자 방금 일을 끝낸 술 취한 남자가 방에서 튀어나온다. 여자 종업원이 보여주는 방 안을 들여다보니 창문도 없는 좁은 방에 붉은 등이 켜져 있는데, 그 방도 조금 전까지 '영업 중'이었음이 분명하다. 방바닥에는 사용한 콘돔이며 휴지가 널브러져 있다.

그런데다 물도 안 나오고 전기도 저녁 늦게야 들어온다니 생지옥이 따로 없다. 사방이 막힌 형무소 같은 좁은 방에 선풍기까지 안 돌아가면 어떻게 자나.

밥 먹고 올 때까지 방을 치워달라고 부탁하고 시장에 나가 국수건 과일이건 빵이건 눈에 띄는 대로 요기가 될 만한 것을 사서 배를 채웠다. 맛도 모르겠고 배도 안 부르다.

숙소로 돌아와 생수를 손수건에 묻혀 아프리카에서 하던 대로 고양이 샤워를 했다. 다행히 저녁 일찍 전기가 들어오긴 했지만 물은 끝내 나오지 않는다.

전기가 들어오자 덜덜거리는 선풍기가 돌아가서 시원하기는 한데 잠잠하던 길 건너 가라오케에서 죽자 하고 노래를 부르는, 찢어지는 듯한 여자 음성이 그치지 않는다. 아무래도 제대로 잠자기는 글렀다.

"독한 술 몇 잔 마셔야 잠을 자겠는걸."

베란다에 서서 내가 혼잣말처럼 중얼거리자 옆에 있던 스위스 아이가 반색을 한다.

"아까 길에서 럼주를 봤어."

"우리 콜라 한 병, 럼 한 병 사서 섞어 마시고 자자."

내가 제의했다.

"굿 아이디어!"

4달러짜리 럼 한 병이 순식간에 없어진다.

"내일 어떻게 할 거야?"

마지막 술잔을 비우면서 내가 물었다.

"비야는?"

"나는 다시 한 번 시도해볼 거야. 되는 수도 있다잖아."

"애초에 이 길로 가려던 게 무리였어."

옆에서 잠자코 있던 여자 아이가 끼어든다.

"그건 그래. 그렇지만 시도해보지 않는다면 한번 해볼걸 하고 두고두고 후회하게 될 거야."

"난 무서워. 그런데 너는 하나도 안 무서워하는 것 같아."

"난 밀입국 '전과'가 있거든. 아니, 아니, 이건 농담이고 나도 두렵긴 마찬가지야. 그래도 일단 해보기로 한 거니까 방법이 전혀 없을 때까지 시도해보는 것뿐이야."

다음 날 새벽 부두로 나갈 준비를 하고 있는데, 가지 않겠다던 스위스 커플이 나타난다.

"굿모닝! 어젯밤 우리가 의논해봤는데 비야를 따라가기로 했어. 나중에 그때 해볼걸 하고 후회하면 안 되잖아?"

숙박비를 치르려고 주인을 찾으니 30대 후반의 예쁘장한 주인 여자가 부스스한 얼굴로 나오더니 까만 브래지어 안에서 잔돈을 꺼내준다. 이제 겨우 어린애티를 벗은 젊은 청년 두 명이 역시 부스스한 얼굴로 숙소 문을 나선다. 캄보디아 홍등가의 아침 풍경이다.

해가 뜨기 전 부두에 가서 다시 하틀락에 갈 보트를 찾으니 역시 모두들 고개를 절레절레 흔든다. 그런데 좀 떨어진 곳에 있던 보트 맨이 선뜻 가겠다고 나선다. 마음이 변할까 봐 값도 흥정하지 않고 얼른 올라탔다. 보트 위에 배낭을 올려놓는 동안 주위에 있던 동료들이 다가와 크메르말로 뭐라고 한다. 필경 위험하니 가지 말라는 뜻일 게다.

한순간 얼굴을 찌푸리며 망설이는 보트 맨에게 다급해진 내가 500바트란 표시로 손가락 다섯을 쫙 펴 보였다. 갑자기 얼굴을 편 보트 맨은 "레츠 고!"라고 힘차게 소리치며 모터에 시동을 건다. 타이 국경까지는 약 30분 거리. 만약 성공한다면 거기서 방콕까지는 7시간이면 갈 수 있다.

하도 빨리 달려 뱃머리가 거의 90도로 일어서는 6인용 스피드 보트 안에서도 아름답게 해가 뜨는 것이 보인다. 캄보디아 바다의 일출 일몰은 푸른 바다와 키 큰 야자수를 배경으로 뜨고 지는 선홍색 태양이 정말 아름답다. 물길도 그에 못지않게 아름답다. 무사히 타이에 들어갈 수 있다면 더욱 멋진 기억으로 남을 거다.

"우리 외국인은 여기로 들어갈 수 없어요. 경찰 만나면 큰일이에요. 이런 거 잘 알죠?"

국경이 다가오자 보트 맨에게 수갑 차는 시늉을 해보이며 단속했다. 그는 알아들었다는 듯이 타이 국경에 다가가자 좀 더 먼 바다로 나가 경찰의 눈을 피하려고 한다. 스위스 커플에게는 머리를 모자로 가리고 몸을 낮추라고 내가 주의를 주었다.

하지만 쫙 깔린 경찰과 군인의 눈을 끝내 피할 수는 없었다. 얼마가지 못해 해양 경찰이 확성기로 우리를 불러 세우더니 총을 들이대며 출입국관리국으로 가자고 한다.

물론 우리는 출입국관리국을 무사히 빠져나갈 수 없었다. 국장에게 내가 하도 통사정을 하며 장시간 끈질기게 물고 늘어지니까 나중에는 내 여권을 빼앗더니 책상 서랍에서 무슨 서류를 꺼내면서 수갑을 들이댄다. 업무방해죄에 불법월경죄라나. 순간 당황은 했지만 내가 아직까지 타이 땅에 들어간 것도 아닌데 이럴 것까지야 없지 않나 하는 생각이 들어 불쾌하다.

"내 여권 내놔요. 모르는 걸 자세히 물어보는 게 뭐가 잘못이에요?"

소리를 빽 질렀다. 스위스 커플은 겁에 질려 얼굴이 새파래진다. 출입국관리국 국장은 내 거센 반응에 당황했던지 슬며시 여권을 돌려준다.

"아가씨, 이제 군말 없이 돌아가는 거지요?"

그런데 그 순간, 바로 코앞에서 우리의 순진한 보트 맨이 타이 군인들에게 뭇매를 맞고 있는 게 아닌가. 국경 경비병들이 사공의 따귀를 마구 때리고 구둣발로 차고 하더니 멱살을 잡고 어딘가로 끌고 가려고 한다.

'우리 때문에 저 보트 맨이 끌려가거나 보트를 빼앗기면 안 된다.'

순간적으로 얼굴이 확 달아오른다. 나 혼자 정한 육로 이동이라는 여행 원칙 때문에 불법으로 국경을 넘으려고 했던 것이고, 스위스 커플도 순전히 호기심에 밀항을 시도한 것인데, 저 불쌍한 보트 맨이 우리 때문에 그의 전 재산인 보트를 빼앗길지도 모른다는 생각이 머리를 스치자 피가 솟구친다.

"그 손 놔! 그 보트 맨 건드리지 마! 우리가 돌아가면 될 거 아냐!"

내가 얼굴을 붉히며 사납게 소리를 지르자 군인들이 흠칫 놀라며 잠깐 보트 맨의 멱살을 느슨하게 잡는다. 나는 그 틈을 놓치지 않고 보트 맨의 팔을 홱 낚아채서는 황급히 출입국관리국을 빠져나왔다.

이렇게 해서 타이 국경을 바다로 밀입국하려는 기도는 결국 무산되고 말았다.

: 공항의 통 아저씨, 오쿤 오쿤

다음 문제는 이미 받은 출국 도장을 취소하는 일이다. 다시 시아누크빌 출입국관리국으로 가니 소위 출입국관리국 직원이라는 사람 세 명이 할 수 있는 영어라는 게 모두 합쳐 단 세 마디다.

"노 캔슬(취소 안 됩니다)."

"프놈펜 에어플레인(프놈펜에서 비행기를 타시오)."

"노 프라블럼(문제없어요)."

노 프라블럼은 무슨 얼어 죽을 노 프라블럼. 캄보디아를 떠나는 날 공항 출국 심사에서 프라블럼이 생긴다.

"당신은 비자가 없으니 출국할 수 없습니다."

"무슨 소리예요? 4월 2일까지 여기 이렇게 비자가 남아 있잖아요."

"출국 도장을 받았으니 비자는 끝난 겁니다. 외무부에 가서 새로 비자를 받아야 합니다."

비행기 출발 시각이 1시간밖에 남지 않았는데 프놈펜 시내에 있는 외무부로 가라니. 게다가 오늘은 일요일이 아닌가.

"당신 상사하고 얘기할 수 있어요?"

이런 땐 말단 '쫄따구'하고는 말이 통하지 않는다. 곧 그의 상사가 왔지만 조금 더 친절하기는 해도 안 된다는 말은 똑같다.

"출입국관리국에 가서 불법체류만큼 벌금을 물고 새로 비자를 받아오는 방법밖엔 없습니다."

"캄보디아는 비행기로 입국하면 공항에서 여행자 비자를 받을 수 있잖아요. 여기서 바로 비자를 받을 수는 없습니까? 혹시 출입국관리국 매니저와 얘기해볼 수 있을까요?"

내가 탈 비행기는 곧 떠난다고 마지막 콜을 한다.

"내일 9시에 출입국관리국이 문을 여니 그때 가보시오."

출국 담당자는 요지부동이다. 이 자리에서는 더 이상 방법이 없는 것 같다. 그 순간에 가장 다급한 것은 이미 비행기 짐칸에 실어놓은 내 배낭을 꺼내오는 일이다.

한바탕 난리를 피우면서 짐을 꺼내고 비행기 표를 취소하고 공항세를 환불받아 입국 청사에서 기다려 입국 담당 상사를 만났지만 역시 허사다. 자기는 비행기로 입국하는 사람들에게만 비자를 발급할 권한이 있을 뿐이라며 혼잣말처럼 중얼거린다.

"이 공항 최고 책임자라면 또 몰라도……."

귀가 솔깃해서 그 사람 이름을 가르쳐달라니까 곤란하다면서 말꼬리를 흐린다.

"찾아봐도 소용없을 거요."

홍, 안 가르쳐주면 내가 못 알아낼까 봐? 사무실을 나오면서 문밖에 지나가는 출입국관리국 직원에게 물었다.

"이 공항 총책임자 이름이 뭐지요? 저 사무실에 계신 분이 방금 가르쳐주셨는데 외우기가 어려워서……."

"아! 미스터 통 말이군요."

통이라면 외우기 어려운 이름도 아니네. 이제 마지막 희망인 통 씨를 찾아 나섰다. 그의 사무실을 찾아가 보았지만 일요일이라 근무를 안 하니 직무대리인 미스터 루사랏을 만나보란다.

다시 공항으로 돌아와 루사랏을 찾았으나 아뿔싸, 그 루사랏이란 사람이 아침에 출국 심사대에서 나를 쫓아낸 바로 그 사람이 아닌가. 아침에 나와 실랑이를 했던 직원들이 다시 찾아온 나를 보고 깜짝 놀란다.

"안녕하세요? 입국 심사 책임자가 당신이 허가장을 써주면 출국할 수 있다고 하던데요."

루사랏이라는 사람 앞에서 거짓말이 술술 나온다.

"뭐라고요? 누구 허가장을 받았다고요?"

"아뇨. 당신이 써줄 수 있다고 하더란 말입니다."

"내가 무슨 권한으로……. 이렇게 떼를 써봐야 소용없습니다. 내일 출입국관리국에 가서 새 비자를 받아오십시오."

그는 나를 상대하기도 싫다는 듯 돌아서다가 갑자기 누구에겐가 경례를 척 올려붙인다. 얼떨결에 그 사람 명찰을 보니 그렇게 찾던 '미스터 통'이다. 아이고, 반가워라.

"아, 선생님이 제가 아침 내내 찾던 분이군요."

침착하고 인자한 인상에 우선 마음이 놓인다. 더 이상 사정을 하거나 억지를 부리기가 싫다. 상황 설명을 잘 하면 말이 통할 것 같다.

"그 바다 국경으로 외국인이 넘어갈 수 없다는 걸 모르고 국경까지 간 건 제 실수입니다. 그렇지만 그곳 출입국관리국 직원들도 마땅히 제게 그 사실을 알려주었어야 하지 않습니까? 그 사람들도 잘 모르고 출국 도장을 찍어주었으니 그들 책임도 있습니다. 국경이 안 열려 있다면 도장을 찍어주지 말아야 하고, 찍어주었더라도 국경이 막혀서 돌아왔으면 취소를 해주어야 할 텐데, 그러지 않아서 제가 이런 곤란을 겪고 있습니다."

내 얘기에 틀린 데가 있으면 말해보라고. 차분히 듣고 있던 미스터 통은 심각하게 잠시 생각하더니 나를 한 번 쳐다보고는 활짝 웃으면서 고개를 끄덕인다.

"오케이."

"아이고, 오쿤, 오쿤(고맙습니다)."

"그런데 미스 코리아(내가 한국 사람이라니까 이렇게 부른다. 이 아저씨, 골고루 마음에 든다), 방콕행 오후 비행기는 이미 만원일 테니 날 따라오세요."

그는 캄보디아 국영 비행기 체크인 창구까지 같이 가서 자기 '빽'으로 나를 대기자 명단 1번에 올려준다. 여행사 직원은 내게 깍듯이 대하면서도 도대체 내가 누구이기에 공항 총책임자가 손수 나서서 이런 부탁을 하나 하는 눈치다.

실제로 그날 혼자 갔으면 대기 번호가 50번도 넘어 비행기를 탈 수 없었을 거다. 오후 비행기 출국 심사 때 내 여권에 해준 그의 사인 하나로 새 비자는커녕 벌금 한 푼 물지 않았다. 모든 수속을 무사히 마치고는 그에게 기념사진을 찍자고 청했다.

"미스터 통, 정말 고맙습니다. 내가 아는 사람들 모두에게 당신의 친절을 말하겠어요."

"내 친절이 아니라 캄보디아의 친절을 말해주세요."

역시 멋진 분, 미스터 통은 정말 멋있는 아저씨다. 약속대로 한마디 하겠다. 캄보디아 사람들은 정말 친절하다(통 아저씨는 그중에서 제일 친절하다)!

라오스

4월 중순에 맞는 라오스의 새해맞이 행사는 메콩 강가에서 모래 탑 쌓기로 시작된다. 아이들은 장난기가 섞였지만 어른들은 온갖 정성을 다 기울인다. 우리도 불탑을 만들며 여행이 무사하기를 빌었다.

라오스에 가면 물벼락을 맞으세요

: 정신 번쩍 들게 한 한국의 딸

저경비 배낭여행자들의 특징 중 하나는 자기 의견이 분명하다는 점이다. 어디는 어때서 좋고, 또 어디는 어때서 싫다는 느낌을 확실하게 말한다. 그러므로 어느 한 나라에 대해서도 사람에 따라 경험에 따라 각기 다른 평가가 나온다. 그런데 라오스에 대해서만은 예외다.

'전혀 오염되지 않은 무공해 자원과 무공해 인심이 고스란히 남아 있는 나라.'

이것이 모든 배낭족이 한목소리로 동의하는 라오스에 대한 평가다. 물가 싸고 국수 맛있고 사람 좋고. 마을과 도시에서 조금만 벗어나도 정글 깡촌이라는 라오스는 의심할 바 없이 오지 여행가의 천국이란다. 그래서 생존에 필요한 세 마디 말만 배워 가지고 흥분되는 가슴을 안고 라오스 국경을 넘는다.

"싸바이디(안녕하세요)?"

"코이 까올리(전 한국 사람이에요)."

"뽀, 삐냥(문제없어요, 괜찮아요)."

실제로 이 세 마디가 한 달 남짓 머물면서 라오스인들과 나눈 대화의 반 이상을 차지했다.

여기서 한 가지, 타이나 라오스를 여행할 때 왜 사람들이 뜬금없이 우리를 보고 '까올리'라고 부르는지 몹시 궁금했는데, 나중에 중국을 여행할 때 어학연수를 하면서 이 단어의 어원을 스스로 터득했다. 이 말은 바로 고려(高麗)의 중국식 발음이었던 거다.

타이 국경도시 농 카이에서 미니버스를 타고 우정의 다리를 건너 라오스의 수도 비엔티안으로 가자마자 라오스 유엔개발기구를 찾았다. 한국 유엔개발기구에서 일하는 후배 이현신이 소개해준 손귀엽 씨를 만나러 가는 길이다. 자그마한 몸집에 앳된 얼굴인 손귀엽 씨의 직함은 놀랍게도 '지역 담당 총책임자 대행'이었다.

그녀는 바쁜 중에도 친절하게 나를 맞아주었다. 내가 조만간 올 것이라고 현신이한테 이메일을 받았다면서 라오스에서는 어디에서 묵을 거냐고 묻는다. 내가 뻔뻔스럽지도 않게 다름 아닌 손귀엽 씨 집이라고 했더니 "알았어요, 언니. 그럼 그렇게 하세요." 하며 나의 엉뚱함에 웃음을 감추지 못한다.

안면도 전혀 없는 사람이 국제기구 사무실에 쫄바지 입고 큰 배낭, 작은 배낭 줄줄이 메고 불쑥 나타났으니, 내가 생각해도 좀 우습다.

사실 애초에는 비엔티안 중심에 있는 싸고 깨끗한 배낭여행자 숙소에 묵으려고 했는데, 손귀엽 씨가 한눈에 마음에 들어 예정에도 없는 엉뚱한 말이 나왔던 거다.

그런데 이런 '엉터리 배짱' 때문에 나는 또 자랑스러운 대한의 딸이자 좋은 친구 한 명을 갖게 되었다. 그날부터 비엔티안을 떠나는 날까지 날마다 귀엽 씨와 그야말로 날밤을 새면서 얘기꽃을 피웠다.

귀엽 씨는 한국에서 고등학교를 다닐 때 공부는 잘했지만 지지리도 말썽을 피우던 학생이었다. 품행이 방정치 못해서가 아니라 붕어빵 찍어내기 교육 방식에 도저히 적응을 못했던 거다.

어린 마음에도 이런 식으로는 자신이 앞으로 무엇이 될지 알 수 없다는 불안감이 들었다. 매일매일 시험 치르는 기계가 되어가고 있는 자신이 앞으로 무슨 일을 할 수 있을지, 정말 하고 싶은 공부와 분야는 무엇인지 확신을 가질 수 없었다.

그래서 고등학교 2학년 때 학교를 자퇴하고 혼자서 공부를 하겠다는 어려운 결단을 내리고, 엄하기만 한 아버지께 쫓겨날 각오를 하고서 말씀드렸더니 아버지는 의외로 선선히 허락해주셨다.

"귀엽아, 나는 너를 믿는다."

이 한마디에 자신감과 무한한 책임감을 느끼며 자퇴를 감행하고 검정고시 준비를 하다가, 미국에서 공부하는 언니의 권유로 미국으로 가서 고등학교를 졸업하고 컬럼비아대학교에 들어갔다.

그 후 졸업논문 자료 준비를 위해 케냐에 갔다가 국제기구 활동에 관심을 갖게 되었고, 대학 졸업 후 혼자 힘으로 당당히 공개 채용에 응시해 유엔개발기구에 들어가게 되었다.

처음 발령받은 일터가 아프리카의 소말리아였는데 그가 속한 팀이 추진한 프로젝트들이 큰 성과를 올렸다. 그때 손발이 잘 맞던 보스가 라오스 책임자로 발령을 받자 귀엽 씨도 같이 오게 되었다는 거다.

일이 고되고 스트레스가 엄청나지만 이곳 라오스는 개발의 여지가 무궁무진하여 큰 책임과 보람을 느낀다고 했다(그 후 1년 반의 여행을 끝내고 한국에 돌아왔을 때 걸려온 전화에 의하면 그녀는 '단계 파괴 초고속 승진'을 해서 뉴욕 유엔 본부 사무실에서 일하고 있다고 했다).

결과만 보면 귀엽 씨는 아주 운 좋은 사람으로 보일 수도 있다. 하지만 고등학교 2학년이 자퇴를 결정할 때는 미래에 대한 불안으로 얼마나 많은 밤을 잠을 설치며 고민했겠는가? 또한 어린 나이에 먼 이국땅에서 여러 가지 편견과 싸우며 스스로를 다잡기에 얼마만한 노력을 기울였겠는가?

이런 뼈를 깎는 노력과 단단한 실력으로 국제사회에서 당당히 자기 몫을 하고 있는 자랑스러운 한국인 손귀엽 씨, 정말 반갑고 신나고 고마운 사람이다.

"언니랑 있는 며칠 동안 정신이 번쩍 났어요. 앞으로 잘 살게요. 우리 계속 연락하면서 지내야 해요."

떠나는 날 아침 귀엽 씨가 말했다. 나 역시 정신이 번쩍 들었다.

: 꽃과 사람의 향기 가득한 루앙프라방

인도차이나 여행을 하면서 꼭 시기를 맞춰 가보아야 할 곳이 몇 군데 있는데, 그중 하나가 4월 중순의 라오스다. 이 나라 최대의 축제인 새해맞이 물 축제 때문이다.

'피 마이(새로운 해).'

라오스에서는 물 축제를 이렇게 부른다. 전국적으로 일주일 이상 계속되는 이 축제에는 가족들과 가까운 친척, 친구뿐 아니라 처음 보는 사람들에게까지 지난해의 묵은 것들을 씻어버리고 새해를 깨끗이 맞자는 뜻으로 물벼락을 안긴다.

물벼락 축제가 가장 화려하고도 성대하게 치러지는 곳이 바로 라오스의 왕국 란상의 600년 도읍지였던 루앙프라방이다. 그래서 라오스의 신년 연휴가 시작되는 날 루앙프라방을 향해 떠났다.

비엔티안에서 루앙프라방까지 가는 길은 가끔씩 산적이 나타나는 위험 지역이라는 소문이 배낭여행자들 사이에 무성했다. 버스를 타고 가던 외국인들이 몇 명이나 살인강도를 당했다는 거다.

그러나 그런 소문에 일일이 신경 쓰다가는 어떻게 오지 여행을 하나. 소문은 대부분 과장되기 마련일뿐더러 정말 위험하다면 현지인들도 안 다닐 테니 차가 다니는 한은 아직 괜찮다고 믿어야지.

나는 정식 버스도 아닌 밀가루를 싣고 가는 트럭 뒤 칸을 공짜로 빌려 타고 가면서도 별다른 위험을 느끼지 못했다. 간간이 산언덕 초소에 긴 총을 든 군인들이 지키고 있는 걸 보면 산적들이 나타난다는 게 거짓 소문은 아닌 것 같았다.

그런데도 나는 태평스럽게 그 길을 지나가고 있으니, 내가 원래 위험 불감증인지 아니면 뭘 몰라서 위험스러운 길을 얼떨결에 지나고 있는 건지 모르겠다.

라오스는 오래전부터 '란상'이라고 불렸는데, '백만 마리 코끼리의 땅'이라는 뜻이란다. 이 나라 사람들은 '라오'라고 부르는데, 이곳을 지배했던 프랑스 사람들이 자기네 식으로 '스'라는 어미를 붙여 '라오스'가 되었다고 한다. 현재 공식 이름은 '라오스 인민민주공화국', 사회주의국가다.

베트남, 중국, 미얀마, 캄보디아, 타이와 국경을 이루고 있는 라오스는 근대에 와서 정치적으로 베트남의 영향을 크게 받았지만 전통적으로는 일상생활 속속들이 타이의 영향이 강하게 배어 있다. 민족도 타이족의 한 종파인 라오족이 반 이상을 차지한다.

라오의 말과 글이 타이 사투리라고 생각될 만큼 타이와 비슷할 뿐 아니라, 같은 남방불교권이어서 그런지 종교와 정신세계도 비슷하다. 그러니 타이 문화가 유입되는 것은 자연스러운 일이라고 해야 할 것이다.

게다가 요즘은 경제적으로 훨씬 앞선 타이의 서구식 대중문화가 깊숙이 파고 들어와서 노래와 춤, 영화 등이 타이 것 그대로다. 라오스의 어린이들은 어떤 것이 타이 것이고 라오스 것인지조차 분간하지 못한다고 매스컴에서 우려의 목소리가 높다.

경제적으로도 타이의 입김이 세다. 라오스에서는 타이 돈인 '바트'를 더욱 안정된 돈으로 여기며 선호한다. 그러면서도 한편으로는 타이의 경제적 침략에 두려움을 갖고 있다.

라오스의 밀림 벌채권을 가진 타이 사람들은 거대한 원목을 베어 타이로, 중국으로, 베트남으로 수출하고 있다. 그러나 지금 가는 루앙프라방은 머리부터 발끝까지 지극히 라오스적인 곳이라고 한다.

루앙프라방의 첫인상은 몸집이 자그마한 시골 부잣집 셋째 딸 같다. 귀엽고도 아담한 규모이지만 넉넉하며 순진하고 그러면서도 발랄하다는 느낌. 도시라고 해야 인구 고작 1만 6000명, 도시 이쪽 끝에서 저쪽 끝까지 천천히 걸어도 30분이면 갈 수 있다.

그래도 600년 도읍지답게 서쪽으로는 넓은 메콩 강이 흐르고, 도시 중심에는 푸시 산이 우뚝 솟아 풍수지리상으로도 매우 좋은 모양새다. 그 안에 란상 왕국의 여러 왕들이 앞 다퉈 세운 왕궁과 수십 개의 사원들이 붉은색과 황금색의 조화를 이루며 현란함을 뽐낸다.

도시 가운데에 있는 시장은 새해 특수 때문인지 활기 넘치고, 밝은 주황색 가사를 입은 스님들이 돌아다니며 도시를 밝게 만든다. 지나다니는 현지인들이나 여기저기 기웃거리는 관광객들의 표정도 환하고 느긋해 보인다. 게다가 온 도시에는 이름 모를 하얀 꽃이 한껏 피어 싱그러운 향내를 뿜어낸다. 모든 게 마음에 쏙 든다. 시간만 있으면 오래 머물고 싶은 곳이다.

나는 이곳에서 억울하게 또 1살을 먹어 올 한 해에 3살을 한꺼번에 먹었다. 지난 1월 1일 인천에서 중국 톈진(天津)으로 가는 배 안에서 떡국을 먹었으니 1살, 베트남 북부에서 음력설을 쇠면서 또 1살 그리고 여기 라오스에서 또다시 정월 초하루를 맞아 1살을 먹었다.

축제의 공식 행사는 정월 초하루가 되기 사흘 전부터 시작된다. 사람들은 이미 일주일 전부터 집 안팎을 깨끗이 치우고 불상을 닦으면서 축제를 기다리다가, 사흘 전이 되면 메콩 강 건너편 강둑에서 모래 탑 쌓기를 하는 것으로 새해 행사를 시작한다.

"행사에 참가하려거든 반드시 물총을 휴대해야 해요."

메콩 강가에 있는 비라데사 게스트 하우스에서 만난 두 명의 일본인과 보트를 타고 강을 건너가려 하자 숙소 매니저가 친절하게 일러준다. 우리는 가까운 시장에 가서 기관총식으로 된 물총을 한 자루에 3달러나 주고 샀다.

강을 건너가자 이미 많은 사람들이 모래 탑을 쌓느라 여념이 없다. 가족끼리 혹은 친구끼리 모래로 탑신을 만들고, 계단을 만들어 붙이고, 조그만 불상을 앉힌다. 그런 다음 준비해 간 울긋불긋한 신년 축하 깃발과 꽃을 꽂아 모래 탑을 완성한다.

아이들과 젊은이들은 장난 반 놀이 반 희희낙락하며 탑을 쌓지만 나이든 어른들은 불심을 모아 온갖 정성을 다 기울이고 있다. 크고 작은 모래 탑들이 각각 다른 모양으로 강가에 즐비하게 늘어서 있는 게 여간 장관이 아니다. 우리도 한편에서 조그마한 불탑을 만들며 여행이 무사하기를 빌었다.

사람들이 많이 모이는 곳이면 어디나 그렇듯 과일, 음료수, 과자 등을 파는 장수들이 신년 대목을 맞아 신이 났고, 모래 탑 쌓기에 참여하지 않은 젊은이들은 아는 사람, 모르는 사람 가리지 않고 메콩 강물을 퍼다 끼얹으며 '사바이디 피마이(신년 축하)'를 외친다. 우리도 덩달아 신이 났다.

우리는 그날 최신식 물기관총으로 무장을 했음에도 불구하고 몇 차례씩 물세례를 받아 옷과 배낭에서 물이 뚝뚝 떨어질 정도로 흥건하게 젖어버렸다. 그러나 이것은 오프닝 게임에 불과하다.

: 물총 든 외인부대 대장 한비야

다음 날 오후에는 굉장한 물세례 격전이 벌어졌다. 그날은 미스 루앙프라방 퍼레이드 행사가 있는데, 여러 명의 미인들이 도시 끝에 있는 사원에서 이곳 최대의 사원인 시엥통 사원까지 시가행진을 하는 거다.

행렬의 맨 앞에는 오렌지색 가사를 두른 수십 명의 스님들이 맨발로 걸어가고, 그 뒤에 귀신을 쫓는다는 사자탈과 악사들이 따른다. 그다음에는 전통 의상을 입은 수십 명의 미인들이 꽃을 들고 따르고, 이윽고 마차를 탄 미스 루앙프라방이 나타난다. 전 시민들이 이 가마의 뒤를 따라 행진하면서 서로 거침없이 물을 뿌려댄다.

손에 조그만 물바가지를 든 어린아이부터 아예 호스를 꺼내놓고 기다렸다가 물벼락을 안기는 아저씨들까지 온 도시 사람들이 물세례 격전에 끼어든다. 우리도 외국인 관광객이라고 봐주기는커녕 오히려 집중 공격 대상이 되기 일쑤다.

나는 그날 어쩔 수 없이 다국적 연합군 외인부대 대장이 되었다. 중국에서도 만났던 한국 배낭족인 부산 아가씨 정은아 양, 독일인 둘, 이탈리아인, 노르웨이인 각각 하나 그리고 일본인 둘까지 모두 여덟 명이 만든 부대.

물세례 격전에서 살아남으려면 아무래도 지휘 체계가 확립되어야 하므로 대장이 필요한데, 모두 나를 쳐다보는 바람에 '자의 반 타의 반'으로 캡틴이 되었다. 우리 외인부대는 수적으로 절대 열세인 데다 무기도 빈약해 전략과 사기가 중요했다.

"최선의 방어가 최선의 공격이라는 것 잘 알겠지? 이건 세계적인 군사 전략가인 손자의 작전이야."

알아듣거나 말거나 이렇게 명령을 내리고 현지인들의 물총이 우리를 향하기 전에 먼저 우리가 일제히 물을 뿜어댔다. 그러나 역부족, 이날은 이 도시에 살고 있는 사람들이 모두 거리로 쏟아져 나왔고, 외국인 관광객에게 물을 뿌려주는 걸 최상의 축복이라고 생각해 우리에게 풍족하게 물세례를 안긴다.

집집마다 길에 호스를 끌어내 놓거나 아예 대형 물탱크에 물을 가득 받아놓고 길 가는 사람들이 마음대로 쓰게 한다. 그러니 사람들은 남녀노소, 내국인 외국인 가리지 않고 서로에게 마음껏 물을 쏟아 붓는다.

우리 외인부대는 특히 꼬마들의 좋은 표적. 꼬마들은 대여섯 명씩 몰려다니며 우리 중 하나를 표적 삼아 집중 공격한다. 길가에서 있던 여자 아이들은 소꿉장난 같은 바가지로 양동이에서 물을 퍼 들고서 우리가 지나가면 등 뒤에서 높고 명랑한 목소리로 '사바이디 피마이'라고 외치며 물을 끼얹는다.

그보다 좀 나이가 든 틴에이저들은 물 대신 베이비파우더를 가지고 다니며 얼굴이고 머리고 마구 뿌려댄다. 아줌마 아저씨들은 양재기에 물을 담아 들고 걷다가 우리를 만나면 컵으로 조금씩 떠서 부드럽게 뿌려준다.

"사바이디 피마이!"

이날 이 말은 이 나라 최대의 축복어(祝福語)다. 우리도 똑같은 말로 응수하며 부드럽게 물총을 쏘면 "콥차이(고마워요)."라며 환하게 웃는다. 더러 장난기가 있는 아저씨들은 얼음이 둥둥 떠 있는 아주 차가운 물을 등에다 붓곤 하는데, 그럴 때면 말 그대로 등골이 서늘하다.

심지어 사원 근처에서는 젊은 스님들이 '비겁하게' 골목에 숨어 있다가 갑자기 나타나서 물을 뿌리기도 한다. 날씨가 무진장 덥고 해가 쨍쨍 내리쬐기 때문에 시원하게 쏟아지는 물벼락이 고맙기만 하다.

집중 공격, 앞으로 돌격, 정면 돌파, 작전상 후퇴, 패장 영입. 나는 여러 가지 전술을 '신출귀몰하게' 구사하며 점차 군세를 불려나갔다. 처음에는 우리와 격전을 벌이던 동네 꼬마들이 나중에는 우리 부대에 투항해 다른 꼬마 도전자들을 격퇴하는 최전선에 용감무쌍하게 나선다. 아, 어디서나 빛나는 한국인의 지휘력이여!

다음 날 도시는 너무나 조용하다. 어제의 소란스러움이 도무지 믿어지지 않을 정도다. 내일 또다시 한바탕 떠들썩한 축제가 있다고 하니 이날은 이를테면 중간 휴식일인가 보다.

연이틀간 하도 엄청난 물세례를 받았던 터라 이날만은 물벼락을 좀 피하고 싶어서, 동네 꼬마들이 숨어 있음 직한 골목을 피해 사원 구경을 나섰다. 사원 안은 안전할 것 같기도 하고 이렇게 쉬는 날이 아니면 이 도시를 찬찬히 볼 기회가 없을 것 같아서 '물 조심' 하며 돌아다녔다.

어느 사원에 들어가 법당 구경을 하고 잠깐 계단에 앉아 쉬고 있으려니 어느 틈에 10대 소년 스님이 커다란 은그릇에 물을 가득 담아 들고 나타난다.

'이크, 저 꼬마 스님이 또 내게 물을 뿌리려고 그러는구나.'

혼자 놀라서 소리를 지르며 자리를 박차고 일어서려니까, 그 스님은 황급히 손을 저으며 그릇을 건네주더니 의자 위에 올라가 나무로 만든 물꼬에 물을 부으라는 시늉을 한다. 시키는 대로 하자 놀랍게도 그 물은 물꼬를 타고 내려가 그 아래에 있는 부처님 머리 위로 떨어지는 게 아닌가.

자세히 보니 그 부처님은 손가락을 다 붙인 채 손바닥을 몸 쪽으로 한 '비를 부르는 부처님'이다. 그 머리 위로 물이 떨어지는 게 마치 비가 쏟아지는 것 같다.

생전 처음 보는 광경이 신기해서 한참 쳐다보고 있으려니 절에서 놀던 꼬마 아이들이 너도 나도 물을 떠다가 자꾸 붓는다. 부처님 머리 위에는 계속 비가 쏟아진다.

대웅전 안에서는 젊은 스님들이 정성스레 불상을 닦고 있었다. 내가 그 앞을 왔다 갔다 하자 그 가운데 나이가 좀 든 스님이 내게 들어오라고 손짓을 한다. 스님은 커다란 나무 상자 앞으로 나를 데리고 갔다.

여러 칸으로 나뉜 상자에는 칸마다 종이가 들어 있다. 무엇인가

하고 들여다보았더니 신년 운수 점 같다. 통 안에 든 대나무를 흔들어 번호가 나오면 그 번호에 해당하는 신년 운수 표를 뽑아주는 거다.

나도 점괘가 나오긴 했는데, 모두 라오스 글로 되어 있으니 알 수가 있나. 눈 뜬 장님일 수밖에. 스님이 읽어보시더니 웃으며 "피마이 디라이(신년에 아주 좋아요)." 한다. 좋다고 믿으면 좋은 거겠지.

4월 16일, 드디어 라오스의 새해 아침이 밝았다. 사람들은 전통 의상을 입고 제일 먼저 집집마다 모셔놓은 불상을 밖으로 꺼내 꽃잎을 띄운 물을 뿌리고 깨끗하게 닦는다. 그러고 나서 소원 성취와 행운을 비는 '바시'라는 새해 의식을 치른다.

나는 또 너무나 운이 좋게도 정월 초하루 전통 가족 행사인 바시에 초대받았다. 사흘 전날 강둑에서 모래 탑 쌓기 축제가 있을 때, 다섯 명의 한 가족이 화기애애, 굉장히 멋진 모래 탑을 만들고 있어서 사진을 찍어도 되느냐고 물었던 게 인연이 되었다.

그들을 시가행진에서 다시 만나게 되어 반가운 마음에 세 번째 사진을 찍었는데, 새해 전날 출입국관리국에 갔다가 그 집 아버지를 또 만난 거다. 영어를 조금 할 줄 아는 아버지 젠피엥 씨는 출입국관리국 경찰인데, 나와 몇 마디 얘기를 나누다가 기꺼이 자기 집 정초 손님으로 초대해주었다.

새해 아침 8시, 비상 사교 생활용으로 한 벌 가지고 다니는 긴 고동색 원피스를 차려입고 그 집에 도착하니 부인과 두 딸이 마당까지 뛰어 내려와 맞아준다. 부인 잔티와 두 딸 상니엠락, 막달론은 아주 고운 라오스 전통 의상을 입고 있다.

한쪽 어깨가 드러나는 딱 붙는 윗도리에 긴 치마, 가슴을 가로지르는 휘장이 너무 예쁘다. 화려한 꽃무늬나 기하학적 무늬가 있는

라오스 159

비단 종류로 만든 옷인데, 의상을 차려입는 긴 과정이 처음 보는 사람에게는 큰 구경거리다.

18살 난 큰딸은 동그란 얼굴이 가수 심수봉을 꼭 빼다 박았다. 그녀는 무명실 한 타래를 20센티미터 정도로 잘라 대나무에 엮는 일을 하고 있었다. 15살짜리 작은딸은 바나나 잎으로 여러 겹의 원통형 탑 같은 걸 만들고, 라오스 전국에 피어 있는 하얀 꽃을 작은 바나나 잎으로 곱게 싸서 그 탑 사이사이에 꽂고 있었다. 모두 바시 의식에 쓰일 제물이란다.

그 집 엄마는 연신 손님은 오셨는데 아직 준비가 덜 되어 미안하다면서 닭고기를 삶고 과자를 예쁜 모양으로 접시에 올리느라고 분주하고, 막내인 사내 녀석은 집 안을 쓸고 닦느라 바쁘다.

준비가 거의 끝나가자 젠피엥 씨가 나이 드신 친척 어른을 오토바이로 모셔왔다. 이분이 바로 이 집의 신년 의식을 주도하실 분이다. 그사이에 동네 아줌마 아저씨들도 몇 분 오신다. 인자하게 생기신 친척 어른이 어깨를 가로지르는 하얀 휘장을 두르시면서 의식이 시작된다.

상 위에는 작은딸이 정성스럽게 만든 바나나 잎 탑이 중앙에 놓이고, 거기에 큰딸이 만든 무명실이 주렁주렁 걸린 대나무가 꽂혀진다. 그 양옆에 삶은 통닭이 한 마리씩 놓이고 찰밥이 작은 대나무 찬합에 담겨진다. 쌀과자들도 접시에 올려지고.

젠피엥 씨는 내게도 하얀 휘장을 둘러주면서 상 앞에 앉으라고 한다. 나도 다른 여자들처럼 양다리를 포개 옆으로 놓는 '인어공주 포즈'로 폼을 잡고 앉는다. 내가 중앙에 앉았으니 이 의식의 주인공이 된 셈이다. 여행 많이 다니다 보니 귀중한 남의 집 신년 행사에 주인공 노릇도 다 해본다.

친척 어른은 바나나 탑 중간에 꽂은 촛불에 불을 붙이고 행운을 비는 주문을 외운다. 주문 사이사이에 '까올리 까올리'라는 말이 자주 들리는 걸로 보아 내 얘기를 하는 게 틀림없는데, 동네 사람들과 이 집 가족들이 즐거운 듯 킬킬대며 나를 쳐다본다.

한참 주문을 외운 어른은 이 집 가족들과 나를 보고 상 끄트머리를 잡으라는 시늉을 하더니 '사바이디 피마이' 하면서 대나무 가지에 걸려있는 실을 풀어 내 양손에 묶어준다. 그 뒤를 이어 동네 아줌마, 아저씨, 할머니들도 돌아가며 내 양손에 실을 묶는다. 젠피엥 씨와 부인도 내 손에 실을 묶는다. 물론 아이들에게도 똑같이 해준다.

실 묶는 일이 끝나니, 어른은 내게 '파코완'이라고 부르는 상 위의 바나나 탑을 건네주며 뭐라고 축복을 하는 것 같다. 그러고는 삶은 닭 한 조각을 손수 뜯어주며 먹으라는 시늉을 한다. 내가 한 입 베어 무니 사람들이 모두 '와아!' 환성을 지른다. 이것으로 바시 의식이 끝났다.

그러고는 상에 놓여 있던 찰밥과 닭고기를 골고루 나누어 먹으면서 서로 웃으며 말을 하는 것이 새해 덕담을 나누는 게 분명하다. 아침인데도 그 악명 높은 라오스 화주(火酒) 라우라오가 몇 차례씩 돌아간다. 아침도 먹지 않은 빈속에 알코올 농도 40도가 넘는 술을 권하는 대로 받아 마시자니 뱃속에서 불이 나고 얼굴이 덴 듯 화끈거린다.

"바시 프로텍트 유. 트래블 뽀 뻬냥(바시가 당신을 지켜줄 거예요. 여행은 문제없어요)."

젠피엥 씨는 내 사정을 아는지 모르는지 자꾸 술을 권하며 영어와 라오스어를 섞어 덕담을 건넨다. 그 선한 얼굴이 활짝 웃고 있어서 건네는 술을 사양하기가 어렵다. 너무나 큰 친절에 감읍해서 우리나라 부처님 그림이 담긴 그림엽서를 내놓으며 나도 한마디를 한다.

"까올리 부다 프로텍트 유. 피마이 뽀 뻬냥(한국 부처님이 보호해 주실 거예요. 새해에는 문제없어요)."

내 행동에 부부는 손뼉을 치면서 엽서를 당장 집 안의 불당 옆에 걸어놓는다.

나중에 안 일이지만 손목에 실을 묶어 건강과 행운을 비는 이 바시 의식은 정초뿐 아니라 결혼이나 새로 아이가 태어났을 때, 큰 병에서 완쾌되었을 때 등 인생의 중요한 순간마다 행해지는 라오스의 대표적 전통 의식이라고 한다.

바시 의식을 하면서 손에 무명 끈을 묶으면 크완이라는 삼십이 명의 보호 신이 몸에 있는 서른두 곳의 주요 기관을 보호해준다는 거다. 그러니 긴 여행에서 건강이 가장 큰 재산인 내게는 너무나 값진 의식인 셈이다. 모든 게 끝나고 떠나려 하자 젠피엥 씨가 은근히 말을 꺼낸다.

"비야 씨가 일주일만 우리 집에서 나와 함께 지내주면 내 영어가 무척 늘 텐데, 그렇게 해줄 수 있을까요?"

한순간 나도 정말 그렇게 하고 싶었다. 그러나 라오스 비자가 일주일밖에 남지 않았으니 여기서 그 시간을 다 보내기는 어렵다.

"미안해요, 아저씨. 비자가 얼마 안 남았네요. 그 대신 루앙프라방을 떠나는 날까지 매일 놀러 와서 아저씨와 얘기를 나눌게요."

젠피엥 씨는 너무나 좋아했고 나는 가는 날까지 매일 그 집에 들러 열과 성을 다한 무료 영어 과외를 해주었다.

정월 초하루가 지났는데도 루앙프라방의 신년 축제는 끝없이 계속된다. 정초 다음 날은 시내 중심가에 있는 마이 사원에서 행사가 있었다. 전통 의상을 차려입은 도시 사람들이 꽃과 깨끗한 물을 들고 몰려들어 비를 부르는 부처님 상 앞에 물을 끼얹으며 꽃과 양초를 바친다. 법당 안의 부처님 상에도 물을 끼얹으며 복을 비는 의식을 행한다.

현란한 전통 의상을 곱게 차려입고 꽃을 들고 차례를 기다리며 서 있는 여자들은 손에 든 꽃보다 더 아름답고 진한 향내를 풍긴다.

신년을 맞는 한 주일 내내 도시 어디에선가는 행사가 벌어진다. 거기에 전 시민이 한마음으로 참여해 마음껏 즐기는데, 거친 듯하면서도 절대 지나치지 않게 즐기며 흥겨워하는 사람들에게 정이 듬뿍 든다. 수백 년 대를 이어 내려오는 축제는 그들을 하나로 단단하게 묶어주는 힘이 된다.

이 축제가 앞으로도 수백 년간 지금과 같은 모습과 분위기로 고스란히 전해져 내려갔으면 좋겠다는 생각을 해본다.

골든트라이앵글 밀림 깊숙이

: 이스라엘 배낭족 떼거리는 '노, 노쌩큐'

　루앙프라방에서 북쪽으로 가는 방법은 두 가지. 하나는 픽업 트럭을 개조해서 만든 승용차를 타고 육로로 가는 것이고, 다른 하나는 배를 타고 메콩 강을 거슬러 올라가는 방법이다. 나는 물론 배를 타기로 했다.

　그때가 건기의 끝 무렵이라 혹시 메콩 강이 말라 배가 다니지 않을지도 모른다는 생각은 기우였다. 막상 물색을 해보니 매일 떠나는 배가 있을 뿐 아니라 완행, 급행까지 선택할 수 있다.

　완행 배는 북쪽 끝까지 이틀이 걸린다고 한다. 스피드 보트로는 3시간이면 갈 수 있는 거리를 30시간이 넘게 가는 거다. 뱃삯은 반밖에 싸지 않은데, 완행 배는 주로 짐배이기 때문에 이렇게 오래 걸린단다. 그래도 메콩 강을 제대로 감상하자면 완행 배가 좋을 것 같다.

　라오스의 두드러진 지형적 특징은 단연 정글로 뒤덮인 산과 전 국토를 감싸 안듯 흐르는 메콩 강이라 할 수 있다. 이 강은 이웃하는 타이와는 천연 국경선 역할을 하고 있고, 산악 지방이어서 육로

가 발달하지 않아 수로의 역할이 상당히 크다. 당연히 여행객들의 이동로도 메콩 강을 빼놓고는 생각할 수 없다.

메콩 강은 라오스뿐 아니라 인도차이나 전체에 매우 중요한 역할을 한다. 티베트에서 시작되는 이 강은 세계에서도 열 몇 번째로 꼽히는 긴 강으로 미얀마와 타이, 라오스, 캄보디아를 거쳐 베트남의 메콩 강 삼각주에 이르러 드디어 바다로 드는 장장 4500킬로미터의 유장함을 자랑한다. 이 지역의 모든 민족은 메콩 강에 생명줄을 대고 있는 것이다.

메콩 강 삼각주에서 이 아시아의 젖줄이 오랜 여행을 끝내고 바다로 들어가는 도도한 모습을 직접 보았을 때의 감격을 나는 영원히 잊을 수 없을 거다. 마치 오랫동안 전장을 누벼온 백전노장이 위엄을 갖추고 개선하는 것처럼 느린 속도로 대양으로 흘러드는 그 당당함이라니! 온갖 고난을 이기고 영원한 영광을 찾은 영웅의 모습이 그러할까.

내가 타고 갈 완행 선은 여기서도 슬로 보트라고 부르는데, 승객 반 화물 반의 동력선으로 길이 10미터 정도에 납작한 양철 지붕이 덮여 있는 나무배다.

아침 9시, 배에 오르니 이미 배 안에는 발 디딜 틈 없이 짐이 실려 있다. 발목이 묶여 푸드득거리는 닭도 몇 마리, 새끼돼지랑 양도 한 마리씩 타고 있다.

'아휴, 저런 동물들과 이틀간 동고동락이라니······.'

배 안을 둘러보니 선장실이 비었다. 선장실이라고 해야 두 평 남짓한 운전실인데 그래도 그 안이 손님 칸보다는 그럴듯해 보인다.

"사바이디, 코이 까올리. 룸 뽀 빼냥(안녕하세요, 나는 한국 사람이에요. 방에 들어가도 괜찮아요)?"

"사바이디, 뽀 빼냥."

안에 있는 선장에게 아는 말을 총동원해 물어보니 라오스 사람 특유의 순진한 미소를 지으며 선선히 허락한다. 이렇게 일찌감치 선장실에 자리 잡기를 정말 잘했다. 떠날 시간이 되자 사람들이 몰려들어 선실에 있었다가는 마치 피난 떠나는 보트 피플 형상이 될 뻔했다.

배가 출항하자 해가 더 뜨거워지기 전에 메콩 강의 아침 경치를 잘 보겠다는 욕심으로 배 지붕 위로 올라갔다. 이리 휘청, 저리 휘청, 어찌나 흔들리는지 한순간도 가만히 앉아 있을 수 없지만 비릿한 강 냄새와 양쪽으로 펼쳐지는 나지막하지만 울창한 산 경치와 바위산들이 눈을 떼지 못하게 한다. 대나무로 만든 집들이 듬성듬성 그림처럼 엎드려 있는 마을은 평화로움 그 자체다.

해가 솟아오르고 이내 한낮의 따가운 햇볕이 양철 지붕을 뜨겁게 달구지만 나는 도저히 배 안으로 들어갈 수가 없다. 갑자기 강폭이 좁아지면서 양쪽으로 바위 절벽이 나타나기도 하고, 그러다가 이내 강폭이 넓어지면 강가에서 벌거벗고 노는 꼬마 아이들 그리고 더위를 피해 아예 물속에 들어가 앉아 있는 물소들, 원시적인 그물로 고기를 잡는 마을 아저씨들이 나를 놓아주지 않는다.

강둑을 향해 손을 흔들어 보이면 애, 어른 할 것 없이 팔이 빠지라고 배가 보이지 않을 때까지 손을 흔든다. 내가 한 손으로 흔들면 같이 한 손으로 흔들다가 점점 멀어져서 두 손으로 흔들면 따라서 두 손으로 흔든다. 어떻게 하나 보려고 내가 모자용 면 보자기를 벗어 흔드니까 입고 있던 티셔츠까지 벗어 들고 흔들어댄다.

이 배는 말 그대로 슬로 보트. 가는 도중에 마을이란 마을은 전부 들르고, 모터에 물이 들어갔다고 서고, 기름 넣느라고 서고, 손님이 화장실이 급하다고 하면 서고. 그렇게 누런 메콩 강을 유유히, 하염없이 거슬러 올라간다.

'사롱'이라는 커다란 면 보자기 치마를 입은 머리 긴 여인들이 강가에서 저녁 목욕을 하는 모습이 보이기 시작할 때쯤 배는 어느 마을에 도착했다. 그곳에서 하루를 묵고 다음 날 점심때가 다 되어서야 최종 목적지인 팍뱅이라는 마을에 닿았다.

나의 목적지는 중국과 라오스의 국경 마을인 무앙 싱. 그쯤 가야 북부 라오스의 진짜 정글 맛도 볼 수 있고, 자연 상태로 살아가는 산악 소수민족들도 만날 수 있다는 여행자들의 얘기를 들었던 터다.

항구 마을인 팍뱅에서 무앙 싱까지 가는 길 또한 만만치 않다. 픽업 트럭을 몇 번이나 갈아타면서 14시간 논스톱으로 달리는 일도 그렇지만, 한때는 포장도로였으나 지금은 험하게 망가지고 땅이 패어 울퉁불퉁한 길을 달리는 일은 정말이지 고역이다.

차가 덜컹거릴 때마다 팔다리는 물론 오장육부가 마구 흔들리고 골까지 흔들린다. 그렇게 달려봤자 1시간에 20킬로미터도 못 가는 주제에.

이 험한 길을 기꺼이 견딜 수 있었던 건 길가 마을 사람들의 순진한 미소와 '사바이디'라는 인사말, 산길에 접어들면서 빽빽하게 나타나는 정글과 산촌 마을의 경치 그리고 착하고 유머 넘치는 엘리라는 이스라엘 청년 덕분이다.

대학원에서 심리학을 전공한다는 엘리는 메콩 강을 거슬러 올라오는 배 안에서 만나 이번 북부 라오스 여행을 함께하기로 한 젊은이다. 키가 큰 유태인이 아시안 사이즈 픽업 트럭 버스에 열 명 이상의 승객과 함께 몸을 구겨 넣고 10시간 이상 쪼그리고 가는 일은 여간 힘든 일이 아닐 거다. 그러나 버스에 오를 때부터 아예 다리 한쪽을 바깥으로 내놓은 어정쩡한 자세로 앉아 오면서 자기는 차비를 반만 내도 된다며 농담을 시작했다.

차가 마을을 지날 때 길가의 동네 아이들이 손을 흔들며 '사바이디' 하고 트럭을 따라오면 의자를 잡고 있어야 하는 손까지 들어 흔들며 '사바이디' 응답을 한다.

그러다 길가에 저고리를 느슨하게 해서 가슴이 다 드러나는 옷을 입은 산악족 여자들을 만나면, 더 신이 나서 트럭 밖으로 떨어지기 직전까지 몸을 내밀며 반가워한다. 차는 덜컹거리고 배는 고프고 엎친 데 덮친 격으로 장대비까지 쏟아져 춥고 지친 상황에서도 엘리는 유머를 잃지 않는다.

"우리 엄마가 이런 상황에서 판결문을 쓴다면 내일 재판받는 사람들은 모두 적어도 10년 이상씩 형을 받을 거예요."

엘리의 어머니는 이스라엘의 판사라고 한다. 드물게 보는 유쾌한 이스라엘 청년이다.

배낭여행을 오래한 사람들은 이스라엘 사람들과 동행하는 것을 별로 달가워하지 않는다. 특히 군복무를 마치고 여러 명이 어울려 아시아로 저경비 여행을 다니는 젊은 이스라엘 아이들은 '노쌩큐' 중에서도 '노, 노쌩큐'다.

젊은 혈기 때문인지, 군복무를 마쳤다는 해방감 때문인지, 또는 중동이라는 특수한 상황에서 자랐기 때문인지는 몰라도 그들은 다른 나라 여행자들이나 현지인들을 아주 거칠고 무례하게 대한다. 어느 나라 사람이든 여럿이 모이면 그렇겠지만 몹시 시끄럽고, 싸우기도 잘 하고, 주위의 다른 사람들은 보이지도 않는 것처럼 행동한다.

거친 땅에서 살아남는 데만 골몰하다 보니 예의고 배려고 신경 쓸 수 없었던 탓일까. 이동할 때 같은 버스를 타거나 어쩌다 일일관광을 함께하게 되면 불평을 하거나 문제를 일으키는 것은 십중팔구 이스라엘 젊은이들이다.

당연히 여행을 오래 다닌 사람들은 어느 나라를 막론하고 한두 번씩 '불쾌한 이스라엘인'을 만나게 된다.

나도 그런 일이 있었다. 그들과 작은 다툼도 여러 번 있었고, 한 번은 6대 1의 큰 언쟁을 벌인 일도 있는 터라 이스라엘 젊은이라고 하면 별로 감정이 좋지 않다. 그때 얘기를 한번 해볼까?

1권에서 나오는 이집트 다하브에서의 일이다. 요르단으로 넘어가기 바로 전날, 모세가 십계명을 받았다는 기독교 성지 시나이 산으로 하루 관광을 나섰다. 슬쩍 예약자 리스트를 훑어보니 같은 버스로 가는 사람 아홉 명 중 이스라엘 아이들이 무려 여섯 명이다. 내키지는 않았지만 그날이 마지막 기회여서 그냥 가기로 했다.

그런데 아니나 다를까. 출발 때부터 두 명이 제시간에 나타나지 않아 1시간이나 늦게 떠나게 되었다. 버스 안에서 멍청하게 기다리는 것도 짜증이 났지만 이렇게 늦게 떠나면 시간이 늦어 해 뜰 때를 맞추려고 산을 허겁지겁 올라가야 한다.

그런데도 늦게 나타난 놈들은 미안하다는 소리 한마디 없이 다른 아이들과 웃고 떠들며 올라왔다. 옆에 앉았던 영국 여자도 영 못마땅한 표정이었다. 더 가관인 것은 놀러왔으니 떠드는 것까지는 봐주겠는데, 다른 사람이 자고 있는 것은 눈곱만큼도 생각지 않고 노래를 부르기 시작하는 거다.

우리는 밤을 달려 시나이 산으로 가는 중이었다. 같이 가는 사람들은 서로 눈치만 볼 뿐 누구도 싫은 소리를 먼저 하지 못했다.

이스라엘 아이들 때문에 잠도 제대로 자지 못하고, 다음 날 꼭두새벽 차가 시나이 산에 도착하자마자 뛰듯이 일출을 보러 정상을 향해 올라갔다. 차에서 내리는 아이들에게 부탁과 경고가 섞인 목소리로 나는 오늘 중으로 꼭 요르단으로 가야 하니 떠나는 시간을 엄수해달라고 신신당부했다. 왁자지껄 내리던 아이들은 나를 한 번 올려다보더니 건성으로 대답하고는 뛰어나갔다.

그러나 산을 다 보고 돌아와 떠날 시간이 되었는데도 이스라엘 아이들 네 명이 나타나지 않았다. 옆에 있던 영국 여자 아이는 다합에서 중요한 약속이 있는데 늦게 되었다고 울상이고, 네덜란드 남자 아이도 불만을 터트렸다.

"이스라엘 사람들과 같이 다니면 꼭 말썽이 난다니까."

나는 괘씸하고 약이 올라 운전사에게 그냥 가자고 했으나 몹시 곤란하다는 표정을 지으며 안 된다는 거다. 이스라엘 사람들이 주 고객이니 그럴 수는 없겠지.

바로 그때 그들이 노래를 부르면서 저만치에서 나타났다. 시간에 늦게 와서 허겁지겁하거나 미안한 기색은 전혀 없다. 열이 있는 대로 뻗친 내가 가만히 있을 수 있나.

"야, 야! 너희들 빨리 뛰어오지 못해! 지금이 도대체 몇 시야?"

그렇게 소리를 질렀는데도 어느 개가 짖느냐는 태도였다. 오히려 적반하장으로 내게 빈정거리는 게 아닌가.

"왓 이즈 유어 프라블럼(네 문제가 뭐야)?"

나쁜 놈들. 자기네 나라 몇 놈이 모여 있다고 기고만장이었다.

"야, 넌 내 문제에 관심 갖기 전에 너희들 문제부터 해결해. 너희 때문에 버스 표까지 사놓은 요르단 차를 놓쳤으니 오늘 숙박비하고 이집트 비자 연기 비용하고 차비하고 물어주셔야 하겠는데."

나도 빈정대는 투로 맞섰다.

"왓(뭐라고)?"

녀석들이 합창을 했다.

"너희들 영어 못 알아들어? 아 참, 영어를 못하니까 아까 늦게 나타나면서도 미안하다는 소리 한 마디 못하셨군. 다시 말해볼까? 돈 물어내라고 이 자식들아!"

내가 하도 길길이 뛰니까 잠시 멈칫하더니 5초 후 다시 전열을 가다듬은 듯 히브리말로 서로 뭐라고 주고받고는 비아냥거리는 웃음을 터트렸다. 그러면서 내뱉는 말.

"말도 안 되는 소리!"

놀라운 건 아까까지 나와 같이 투덜대던 영국, 네덜란드 아이들이 한마디도 거들지 않는다는 사실이었다. 이 녀석들에게 딴지를 걸 때는 그들의 응원을 염두에 둔 것인데 그야말로 사면초가, 고군분투였다. 그러니 더욱 오기가 났다.

"자, 누가 내 돈 물어줄 거야, 앙?"

주위를 둘러보니 카메라가 의자에 놓여 있는 게 눈에 띄었다.

"돈으로는 안 준다니 할 수 없군. 물건으로 가져가는 수밖에."

얼른 카메라를 낚아챘다. 카메라 주인은 하필 그중에서도 제일 덩치가 큰 놈이었다. 약간 뜨끔했지만 이미 쏟아진 물이었다. 그놈이 카메라를 빼앗으려고 달려들었다.

"가까이 오면 카메라 던져버린다."

최악의 경우, 카메라를 박살내고 물어주면 그만이라는 배짱이었다. 내 여행자 보험은 여행 중 내 물건은 물론, 남의 물건을 잃어버리거나 파손해도 보상이 되는 보험이었다. 이 녀석은 설마 내가 그러지는 않을 거라고 생각했는지 카메라를 낚아채려 했고, 나는 보란 듯이 카메라를 창밖으로 던져버렸다.

튀는 듯 나가서 카메라를 주워 온 아이 얼굴이 절집에 있는 사천왕상이었다. 나는 태연한 체했지만 이 아이가 어떻게 나올까 긴장이 되었다. '조직의 쓴맛'을 볼 수도 있는 상황이었으니까.

"카메라 물어내."

험악한 얼굴로 그 아이가 소리쳤다. 다른 아이들의 인상도 있는 대로 굳어 있었다.

"너희부터 물어내. 애초에 제시간에 나타났으면 이런 일도 없었잖아. 책임은 전적으로 너희한테 있어. 안 그래? 이게 뭐야. 나는 차 놓치고, 너는 카메라 망가지고."

아군이 없는 나는 한 발짝도 물러서지 않았다. 그때까지 한마디 없이 사태를 방관하던 운전사가 곤혹스러운 듯 "얄라(갑시다)."라며 차의 시동을 걸었다.

'이놈들아, 너희들 오늘 운 좋은 줄 알아라. 내 이집트 비자가 며칠 더 남아 있었으니 망정이지 정말 내일이 비자 마감일이고, 쓸 수 없게 된 버스표가 비쌌으면 내가 이만하기만 했겠니?'

속으로 이렇게 생각했다. 너무나 갑자기 당한 일이라서 그런지, 나와 상대해봐야 국물도 안 나올 것 같아서 그런지, 아니면 깨진 카메라에 든 필름이 무사했다는 걸 알아서인지 다하브까지 오는 동안 더 이상 찍소리가 없었다. 다행히 그 카메라는 일회용 싸구려였다.

곰곰이 생각해보니 내가 좀 한심하다는 생각이 들었다. 아까 말다툼을 벌인 것은 어떤 정의감 때문이 아니라 순전히 화풀이용이

라오스 북부 밀림을 함께 다닌 이스라엘 청년 엘리.

저경비 아시아 여행을 다니는 젊은 이스라엘인들은 오만한 언행과 태도로 불쾌한 인상을 주곤 했는데 엘리는 그들과는 달리 친절하고 매우 유쾌한 친구였다.

었다는 생각에서다. 할 말 다 하고 살면 속이야 시원하고 스트레스는 쌓이지 않겠지만 세상을 살면서 어떻게 자기 하고 싶은 말을 다 하고 살 수 있겠는가.

참아야 할 때도 있고, 꼭 항의를 해야 할 경우라도 남의 물건을 창밖으로 집어던지는 것보다 좀 더 세련된 방법이 있었을 텐데. 혼자 여행하면서 당하는 온갖 불이익에 한 치도 양보 없이 대처하겠다는 생각 때문에 오히려 내 성질이 점점 나빠지는 것 같아 씁쓸했다.

그래서 다하브에 도착할 때쯤 뒤에 앉은 카메라 주인에게 조용한 목소리로 말했다.

"내가 망가뜨린 네 카메라 수리비 내가 낼게. 그 대신 너희도 나한테 미안하다고 해야 돼."

나로서는 최대한의 양보안을 내놓으며 화해의 손길을 뻗쳤는데, 기다렸다는 듯 험상궂은 얼굴로 소리를 빽 지르는 게 아닌가.

"너하고 얘기하기 싫어."

그 순간 1분 전에 속으로 했던 다짐은 싹 사라지고 내 본색이 다시 드러났다.

"그러니까 이놈아, 내 차비 물어내. 지금 당장."

나도 질세라 소리를 질렀다. 정말 이럴 뜻은 아니었는데. 그 녀석은 더 이상 대꾸가 없었다. 다른 아이들도 자는 건지, 자는 척하는 건지 무반응이었다. 자고로 힘없는 사람들에게 힘쓰는 놈들은 세게 나가면 쭈그러들게 되어 있다니까.

그러나 엘리는 다르다. 천진하고 친절하고 양보심 많고, 게다가 건강한 유머가 넘치는 사람이다. 눈이 나빠 영화 자막을 잘 읽을 수 없어서 원어로 비디오를 보려고 영어를 열심히 공부했다는 엘리는 그동안 내가 만난 이스라엘 사람 중에서 제일 영어가 유창하다.

: 그렇게 부끄러우면 옷을 입지

　루앙프라방을 떠나 사흘 만에 닿은 무앙 싱은 생각했던 것처럼 시골 깡촌은 아니다. 물론 나무나 시멘트 건물은 이십여 채뿐이고 나머지 팔십여 가구는 몽땅 대나무집이니 시골임에는 틀림없다. 하지만 중국 국경이 10킬로미터밖에 떨어지지 않아서인지 길도 잘 닦였고 마을에는 배낭족을 위한 소규모 게스트 하우스가 서너 개에 배낭족 전용 음식점도 있다.
　여기가 미얀마 북동부에서 타이를 거쳐 라오스에 이르는 소위 골든트라이앵글 지방이어서인지 음식점에 잠깐만 앉아 있어도 생아편을 팔러 오는 순진하게 생긴 마약 장수를 심심치 않게 볼 수 있다.
　이 마을은 근처 산간 지방의 중심이라 새벽마다 시장이 선다. 이곳에서는 전통 의상을 입은 산악족들이 대나무순, 산나물 등 먹을 것과 산에서 잡은 개미핥기, 산쥐, 산새 등을 판다. 손으로 짜서 천연 염색을 한 기하학적 무늬의 전통 옷감과 중고품 입던 옷들도 보인다.
　여기가 한때는 이 지역 최대 아편 시장이었다는데 나는 이런 쌀쌀한 새벽에는 먹어도 배 안 부른 아편보다 따끈한 국수 한 그릇에 더 관심이 끌린다.

이곳의 소수민족은 아카족인데, 남자들은 별 특징이 없지만 여자들은 머리에는 은과 동전, 실타래 등으로 요란하게 장식을 했으면서도 검은색 중심의 옷은 허름하기 짝이 없는 게 특징이다. 가슴이 보이거나 치마가 엉덩이의 반 정도 내려오게 걸쳐 입어 히프라인이 다 보이는 건 보통이다. 여행객들이 쳐다보면 젊은 여자들은 봉긋한 젖가슴을 팔꿈치로 가린다.

'그렇게 부끄러우면 옷을 입지.'

저렇게 '섹시한' 차림으로 다니는 것도 나름대로 무슨 이유가 있을 텐데, 그런 사람들을 먼발치에서 감질나게 쳐다보고만 있을 게 아니라 그들이 사는 마을을 직접 찾아가 봐야겠다는 생각이 들었다.

영어를 거의 못하지만 한자는 조금 아는 숙소 주인에게 라오스어와 영어, 한자를 섞어 내 의도를 말하자 손을 저으며 높은 톤으로 아주 길게 '오~'를 연발한다.

이건 분명 좋은 사인이 아니다. 그동안 터득한 것 중의 하나가 '오~'라는 감탄사의 속뜻이다. 가려는 곳이나 하려는 일의 가능성을 물을 때는 이 '오~'라는 감탄사를 통해 그 어려움의 강도를 짐작할 수 있다.

예를 들어, 어디 갈 수 있는지를 물었을 때 1초간 낮은 톤으로 '오~' 하면 그건 '아, 거기요? 물론 문제없이 갈 수 있지요'라는 의미다. 만약 낮은 톤으로 2초간 길게 '오~' 하면 '아, 어렵긴 하지만 갈 수는 있어요'라는 뜻이다. 같은 길이의 2초지만 높은 톤으로 '오~' 하면 '아주 어려워요. 나 같으면 안 가겠어요'의 의미다.

그런데 숙소 주인은 높은 톤으로 3초 이상 길게 '오~'를 외치는 거다. 대강 알아들은 것만 종합해보면 더 오지로 들어가려면 차를 타야 하는데, 다니는 차가 없으니 며칠을 걸어서 가야 한다는 얘기다. 내가 걷는 건 괜찮으니 시장 근처에 사는 아카족 말고 산속 아카족 마을로 가는 약도를 그려줄 수 있냐니까 뜬금없이 이곳 마을의 약도를 그리더니 어느 지점을 가리킨다.

'마니 미. 마니 미(여기 있어요. 여기 있어요).'

뭐가 있다는 말인지 몰라도 찾아가 보니, 놀랍게도 멋진 목조 건물에 독일에서 온 비정부국제협력기구가 있는 게 아닌가. 거기서 영어를 할 줄 아는 라오스인 여직원을 만나 무앙 싱에서 40킬로미터쯤 떨어진 마을 바쿠까지 가는 약도를 얻을 수 있었다.

그녀는 가는 길에 있는 세 곳 마을의 이름을 라오스 글로 써주며 자는 것과 먹는 것은 마을 촌장에게 부탁하면 문제없을 거라고 친절하게 알려준다.

그러나 정작 문제는 무앙 싱에서 첫 번째 마을인 무앙 멈까지 가는 20킬로미터 길이다. 산을 넘고 물을 건너야 하는데, 가는 도중에 변변한 마을이 없어서 해가 지면 낭패이기 때문이다.

게다가 비자도 문제다. 라오스는 관광 비자가 2주일짜리뿐이라 비엔티안에서 30달러를 내고 일주일을 연기했는데도 비자 유효기간이 사흘밖에 남지 않았다. 그런데 이 북쪽 마을을 다녀오려면 적어도 일주일은 필요할 것이다.

'할 수 없지. 타이 국경을 넘을 때 벌금을 무는 수밖에.'

엘리에게 같이 가겠느냐니까 라오스 사람 톤까지 흉내 내며 "뽀빼냥(문제없어요)." 한다. 나중에 알고 보니 그는 시골 여행이 처음이었다. 누구나 모르면 용감하다고, 엘리도 아무것도 몰랐기 때문에 용감하게 나섰던 거다.

두 사람의 짐을 배낭 하나에 꾸려놓고, 마을 가게에서 신세 질 산골 사람들에게 줄 물건을 샀다. 양초 한 통, 볼펜 한 통, 라이터 열

개, 세숫비누 다섯 개 그리고 아이들 줄 사탕과 풍선. 물론 설사약과 진통제, 피부연고제도 작은 배낭에 넣어두었다. 가게에 따라온 엘리는 이런 물건들을 왜 사는지 몰라 어리둥절한 표정.

"조금만 기다려봐. 왜 필요한지 알게 될 테니까."

다음 날 날이 밝자 혹시 차편을 구할 수 있을까 해서 시장 근처에 있는 모든 차량에게 무앙 멈을 외쳐보지만 헛일이다. 시간만 자꾸 흘러가는 것이 아까워 우리는 지도를 보면서 일단 걷기 시작했다. 가는 길에 바퀴 달린 것이면 어떤 것이든 얻어 타기로 작정하고.

마을을 벗어나고 얼마 지나지 않아 갈림길이 나타난다. 지도에는 표시가 되어 있지 않은 길이다. 근처 집에 들어가 아줌마에게 물어봤다.

"사바이디, 무앙 멈?"

손으로 방향을 가리켜달라는 시늉을 했더니 깜짝 놀라며 고개와 손까지 절레절레 흔들면서 아주 높은 톤으로 한 5초간 '오~'를 부르짖는다. 이 정도 '오~'라면 이쯤 된다고 봐야 한다.

'무앙 멈이라고? 지금 무슨 소리 하는 거예요? 걸어서는 도저히 못 가요.'

"뽀 뻬냥. 마니 무앙 멈(괜찮아요. 이쪽이 무앙 멈이에요)?"

한쪽 방향을 가리키며 길이나 가르쳐달라고 하자 믿을 수 없다는 듯 높은 톤으로 '오~'를 연발하면서도 한쪽 길을 가리킨다. 갈 길은 멀지만 길은 제대로 들어섰으니 일단은 성공인 셈이다.

마을을 벗어나자 곧 산과 멋지게 어우러진 논밭이 나온다. 처음 1시간은 라오스 오지 여행을 떠난다는 설렘에, 다음 1시간은 마음에 쏙 드는 산골 풍경과 하늘의 뭉게구름 때문에, 그다음 1시간은 몇 시간을 가도 사람 몇 명 만날 수 없다는 신기함에 씩씩하게 걷는다.

그러나 그 후로는 비가 오려고 꾸물거리는 하늘을 보며 이렇게 가다가 차량을 만나지 못하면 어디서 자야 하나 하는 걱정이 들기 시작했다. 엘리는 오늘은 여기서 철수하고 내일 시장 근처에서 다시 무앙 멈까지 가는 차량을 물색해서 떠나는 게 좋겠다고 한다. 나는 가볼 때까지 가보자고 고집을 부리고.

한참을 걸으니 작은 개울이 나온다. 그곳에서 남자 몇 명이 자전거를 닦고 있다.

"사바이디. 무앙 멈?"

내가 인사를 하고 물으니 모두 합창으로 높고 길게 '오~'를 뽑아낸다.

"라이라이 몽(시간이 아주 많이 걸려요)."

"우니 보(오늘은 안 돼요)."

그들이 하는 말 중에 알아들을 수 있는 건 모두 만류하는 말뿐이다. 엘리는 나를 쳐다보며 눈썹과 어깨를 동시에 들썩이며 돌아가야겠다고 한다. 나는 시계를 가리키며 앞장섰다.

"아직 시간이 있잖아."

얼마쯤 걷자 한차례 소나기가 무섭게 퍼붓는다. 비는 근처에 원두막이 있어 피할 수 있었지만 갑자기 땅이 진흙탕으로 변해 발이 푹푹 빠진다. 한 발 한 발 떼어놓기가 어려울 지경이다. 엘리는 더는 못 견디겠는지 또 돌아가자고 한다.

"너 그렇게 돌아가고 싶으면 지금 돌아가는 게 좋겠다. 나는 무슨 일이 있어도 끝까지 가고야 말 테니까."

정말 혼자 갈 생각은 아니었지만 더 이상 엘리가 돌아가자는 말을 꺼내지 못하도록 따끔하게 일침을 놓았다.

"이건 한국식 고집이에요?"

엘리가 놀랐다는 듯 짐짓 과장되게 눈알을 굴리며 묻는다. 조금 미안한 마음이 들어 최대한 부드러운 말투로 대답해주었다.

"아니, 한비야식 고집이야."

엘리는 기가 막힌다는 표정이지만 어깨를 한 번 으쓱하더니 따라온다. 그러나 '무지무지' 운 좋게도 지나가는 경운기를 만나지 못했더라면 내 똥고집 때문에 우리는 단단히 경을 칠 뻔했다.

: 붉은 양귀비꽃의 눈물

원두막이 있는 마을 이후에는 집 한 채 없는 산길이다. 비 오는 산 속에서 텐트도 슬리핑백도 없이 노숙을 했으면 어떻게 되었을까? 왜 현지인들이 높은 음으로 긴 '오~'를 연발했는지 짐작이 가고도 남는다.

정말 운 좋게 산속에서 만난 경운기 짐칸에는 승객 열 명과 강아지 두 마리 그리고 바구니에 담긴 중닭 대여섯 마리가 짐과 함께 실려 있어 송곳 하나 비집고 들어갈 틈이 없어 보인다. 그러나 젊은 경운기 운전사가 사람들에게 뭐라고 뭐라고 하자 기적처럼 공간이 생긴다.

배낭을 진 채 몸의 반 이상이 경운기 밖으로 나왔지만 그래도 크게 안도가 된다. 이 경운기는 밭갈이용이어서 시간을 한없이 잡아먹는다. 경운기가 진창에서 비틀거리느라 사람이며 짐이 이리 밀리고 저리 쏠리면 함께 탄 강아지가 압사 직전이 되어 깨개갱 죽겠다고 소리를 지른다.

겨우 '묻어서, 묻어서' 가다가도 오르막길이나 나무 다리가 나타나면 모두 내려 경운기를 밀어야 한다. 어느 때는 경운기를 앞으로 보내고 진창길을 500미터 이상 걸은 적도 있다.

간간이 억수 같은 비가 쏟아지면 경운기 안에서 벌서듯이 양손을 높이 들어 간이 비닐 천막을 쳐서 비를 피한다. 물이 들어가서 모터가 꺼지면 또 몇 사람이 달려들어 다시는 시동이 걸릴 것 같지 않은 모터에 시동을 걸어야 한다.

이렇게 큰 불편을 당하면서도 사람들은 누구 하나 찡그리기는커녕 서로 눈이 마주치면 웃기만 한다. 이 빗길에 그래도 경운기를 탔으니 천만다행이라고 생각하는 듯하다. 짜증을 내봤자 아무 도움이 안 되는 상황에서 웃고 있는 얼굴들을 보니 기분이 좋다. 역시 산골 사람들은 인간 냄새가 난다.

어둑어둑해질 때 우리는 어느 마을에 도착했다. 마을에 들어서서 약도를 펴 보이며 우리가 어디쯤 와 있는지 물으니까 놀랍게도 차포쿤이라는 마을을 가리킨다. 우리도 모르는 사이에 오늘의 목적지였던 무앙 멈을 지나 다음 마을까지 온 거다.

야호! 첫날은 목표 초과 달성이다. 엘리와 하이파이브를 교환했다. 더욱 잘된 일은 경운기에 탔던 일행 중 한 사람이 이 마을 사람이어서 자연스럽게 그 집에서 하룻밤 묵어가게 된 거다.

세계 어디서나 이런 산골에서는 길 가는 나그네는 전혀 모르는 사람이라도 하룻밤 재워주게 마련. 그게 산골 인심이다. 10여 년 전까지만 해도 우리네 산골도 마찬가지였다. 물론 지금은 조금 달라졌겠지만.

이십 가구쯤 되는 손바닥만 한 동네는 틀림없는 아카족 마을이다.

나무 계단을 올라 대나무집에 들어서니 머리는 한껏 장식을 했지만 치마는 엉덩이에 걸쳐져 속살이 다 드러나는 '섹시한' 차림의 부인이 나온다.

"사바이디."

내가 인사를 했지만 무표정이다. 그래, 맞아. 여기서는 라오스말 말고 아카말을 써야지.

"요몽."

배운 대로 한마디 인사를 하자 그제야 갈색으로 심하게 탈색되고 듬성듬성 빠진 이를 드러내며 웃는다. 입술도 피를 흘린 듯 검붉게 물들어 있는데, '비틀'이라고 하는 나무껍질을 노상 씹고 있는 탓이다.

마른 옷으로 갈아입고 안으로 들어갔다. 방 안의 불가에서는 여자들이 남자들의 시선에도 아랑곳 않고 웃통을 훌렁 벗어 가슴을 다 드러낸 채 옷을 갈아입는다. 가슴도 손이나 발처럼 특별히 가릴 것 없이 아무나 봐도 되는 신체의 일부라고 생각하는 것 같다.

이 대나무집은 조금만 힘을 주어 걸어도 전체가 흔들린다. 집의 2층은 30평 정도로 생각보다 상당히 넓다. 한쪽에 화로가 있고 한편으로는 이부자리가 일렬로 깔려 있다. 여기가 부엌이자 식당 겸 침실이다.

한 모퉁이에는 세수를 하거나 설거지나 빨래를 하는 공간이 있는데, 이 베란다에서는 무엇을 아래로 내버려도 뽀 빼냥! 밑에 돼지와 닭이 기다리고 있다가 무엇이든 주워 삼키기 때문이다.

안주인은 갑자기 들이닥친 손님들을 위해 닭 한 마리를 잡아 급하게 식사 준비를 해서 내놓는다. 대나무 밥상에는 삶은 배추와 닭고기 국 그리고 구운 죽순과 고춧가루를 탄 간장이 올라 있다.

밥상 앞에 앉자 주인 여자가 얼른 닭발과 닭대가리를 내 밥그릇에 올려 놓아준다. 깜짝 놀란 엘리에게 보란 듯 닭발을 양념간장에 듬뿍 찍어 먹었다. 우리나라에서 먹던 닭발과는 달리 몹시 질기고 비린내가 난다. 그래도 한 개는 다 먹어야지 생각하고 잘 씹지도 않고 그냥 꿀꺽 삼켜버렸다.

이 집 부인은 내가 맛있게 먹는 줄 알고 나머지 닭발도 내 쪽으로 밀어놓는다. 엘리는 아시아 사람들은 책상과 걸상만 빼놓고 모든 다리와 발은 다 먹는다더니 그 말이 진짜였다면서 깜짝 놀란다.

한참 밥을 먹다 보니, 이 집 주인과 경운기를 함께 타고 온 다른 남자들이 보이지 않는다. 어두운 방을 한참 둘러보니 화로 구석에 있는 이부자리에 램프 불을 켜놓고 남자 네 명이 두 명씩 마주 보고 누워 무언가를 열심히 피우고 있는 게 아닌가.

'아, 저게 바로 아편을 피우는 거로구나.'

호기심에 얼른 밥을 먹고 가까이 가서 그들이 하는 양을 지켜보았다. 조그만 은상자에서 캐러멜 덩어리 같은 갈색 고약을 새끼손톱만큼 떼어낸 후 그것을 램프 불로 녹인다. 그것이 노긋노긋해지면 뭔지 모를 하얀 가루(헤로인일까?)를 묻혀 다시 녹인다.

그런 다음 조그만 구멍이 있는 담뱃대에 붙인 후 긴 철사 핀으로 조금씩 구멍 근처로 옮겨 녹이면, 덩어리가 녹으면서 작은 방울이 생기고 그때 긴 담뱃대를 이용해 연기를 들이마시는 거다.

이렇게 만든 아편은 몇 모금 피우면 없어지는데 보통 두세 차례 정도 만들어 피워야 약효가 나타난다고 한다. 방 안에는 쑥 타는 냄새와 설탕 타는 냄새가 섞인 듯한 달착지근한 냄새가 진동한다. 이곳 남자들은 깡마르고 얼굴이 하나같이 비정상적으로 새까만데 아마 아편 때문인가 보다.

내가 하도 열심히 쳐다보고 있으니까 한번 해보겠느냐고 권한다. 화들짝 놀라며 아니라고 손을 저을 수밖에. 아편을 피워본다는 경험 자체가 겁나는 게 아니라 아편에 취하면 그다음을 예측할 수도, 컨트롤할 수도 없다는 게 두렵다.

여기는 값싸고 질 좋은 아편을 얻기에 적당한 땅이다. 라오스 북부 산악 지방은 몇 년 전까지만 해도 미얀마, 아프가니스탄 다음으로 많은 양의 아편을 생산하는 곳이었다고 한다. 아무리 전 세계가 마약과의 전쟁이다 무엇이다 떠들어도 이곳 산간 마을에는 오래전부터 언제나 그래 왔듯이 붉은 양귀비꽃이 피었다 지면서 '양귀비의 눈물'이라는 하얀 아편 액을 남긴다. 그들은 이 꽃이 남겨준 열매로 생계를 유지하고 여기 누워 있는 아저씨들처럼 몽롱한 환각의 세계로 빠져드는 거다.

너무나 피곤했던지 저녁을 먹고 나니 금방 졸음이 온다. 누울 만한 곳을 찾으니까 주인 아줌마가 한쪽을 가리킨다. 거기에는 2인용 이부자리가 가지런히 깔려 있다. 엘리는 이렇게 여자와 누워보는 게 너무 오랜만이라 흥분된다며 능청을 떤다.

그러고는 자기 여자 친구와 1년을 별러서 함께 아시아 여행을 왔는데, 여행 떠난 지 일주일도 안 되어 사사건건 싸움만 하게 되었다면서 자기 얘기를 털어놓는다.

"우리는 3년이나 사귀었어요. 지난 1년은 같이 살기까지 했죠. 서로를 잘 안다고 생각했는데 막상 함께 여행을 해보니까 서로에 대해 석 달간 다니면서 알게 된 게 지난 3년간 안 것보다 많은 것 같아요. 우리는 올 겨울에 결혼할 계획이었는데 지금은 잘 모르겠어요. 방콕에서 대판 싸우고 그 친구 지금은 인도에 갔어요. 따로 따로 여행을 하기로 한 거죠."

그것 봐라. 내가 친구나 후배들에게 늘 뭐라고 하던가. 결혼하기 전에 반드시 긴 여행을 해봐야 한다고 누누이 강조하지 않던가. 결혼하기 전에 같이 살아봐야 한다는 사람도 있지만 그것만으로 상대방의 일상적인 면 이상을 어떻게 알 수 있겠는가.

여행이야말로 온갖 종류의 사람과 일을 겪으면서 그 사람의 성품과 본성을 드러내고 두 사람 관계의 본질을 선명하게 보여주는 것이다.

지난번 아프리카에서 만났던 독일인 노부부가 생각난다. 말라위에서 만난 이들은 대륙을 횡단하는 오버랜드 트럭으로 5개월째 여행하고 있었다. 아들 딸 낳고 금실 좋게 살다가 결혼 30주년 기념으로 여행을 왔다는데, 돌아가는 즉시 이혼할 거라며 서로 이를 박박 갈았다. 지난 세월 서로 내가 이런 사람하고 같이 살았는지 몰랐다는 거다.

그러니 한 사람을 정확히 알려면 함께 긴 여행을 다녀봐야 한다. 그것도 이 호텔에서 저 호텔로 옮겨 다니는 관광 여행이 아니라 땀 흘리며 다니는 저경비 배낭여행 말이다.

: 여자는 온종일 일, 남자는 온종일 아편

다음 날 이른 아침 요란한 닭 울음소리에 잠이 깬다. 아침을 먹으면서 알아낸 사실은 어제 운전하던 판쇼는 중국 윈난성 사람이고 우리가 가려는 최종 목적지 바쿠까지 간다는 거다. 이게 웬 떡인가. 판쇼는 필담으로 자기 집에서 며칠이고 묵어가라고 한다. 물론 우리는 그렇게 하기로 했다. 운수대통이다.

날씨는 화창하고 사람도 어제의 반밖에 없어 헐렁한 경운기를 타고 가는 기분이 이루 말할 수 없이 상쾌하다. 주변 경치도 울창한 정글의 맛을 톡톡히 보여준다.

가끔 경운기가 산등성에 오르면 눈앞에 펼쳐지는 초록색 밭과 거기에 검은 점처럼 박혀서 일하는 사람들의 풍경이 한없이 평화롭다. 왼쪽 산 너머가 중국이고 오른쪽 산 너머가 미얀마라는데 보이는 곳마다 겹겹이 겹쳐진 산들이 눈을 시원하게 한다. 가슴속까지 탁 트이게 하는 청량감이다.

오후 2시경 드디어 바쿠에 도착. 마을에 들어서니 함께 타고 온 나이 든 여자와 젊은 여자가 판쇼네 집으로 쑥 들어간다.

"아니, 저 사람들이?"

알고 보니 그들은 판쇼의 부인과 장모였다. 대충 얼굴을 씻고 얼른 밖으로 나가보았다. 동네는 어린아이들 노는 소리로 활기가 넘친다. 노는 게 하도 귀여워 사진을 찍으려 하자 몽땅 도망갔다가 다시 뭉친다. 무리를 지어 우리 뒤를 졸졸 따라다니다가도 뒤를 돌아보면 소리를 지르며 도망간다. 어린 아기는 엘리를 보더니 놀라서 울기 시작한다. 서양인을 처음 본 모양이다.

어른들의 반응도 마찬가지. 물을 길러 가던 여자들은 우리를 빤히 쳐다보며 높은 톤으로 긴 '오~'를 연발하고, 남자들은 가만히 보다가 서로 쳐다보며 확인하듯 "팔랑(외국인)?" 한다. 외국인에게 반감이 있거나 친절하지 않아서가 아니라 말로만 듣던 외국인을 직접 보니 어떻게 해야 할지 모르겠다는 얼굴이다.

동네 개들은 노골적으로 우리를 반가워하지 않는다. 동네 한 바퀴를 도는 동안 검둥이와 누렁이가 어찌나 따라다니며 짖어대는

지, 그대로 다니다간 물리고 말 것 같아 일단 판쇼네 집으로 철수해야 할 정도다.

집에 들어갔더니 판쇼의 장인은 아편을 피우고 있고, 여자들은 저녁을 준비하고 있다. 판쇼의 부인은 남편이 중국인이어서 그런지 채소도 볶고 닭고기도 양념을 제대로 해 맛있는 중국식 저녁상을 차려낸다.

다음 날 아침 판쇼의 안내로 마을 사람들에게 인사를 다녔다. 어제 소 닭 보듯 하던 사람들이 경계심을 풀고 집 안으로 우리를 맞았다. 한창 수박 수확 철인지 가는 집마다 커다란 수박 한 덩이와 중국차를 내놓는다.

판쇼가 나는 '까올리'이고 엘리는 프랑스인이라고 소개를 했다. 라오스가 프랑스 식민지였기 때문인지 서양인은 모두 프랑스 사람이라고 생각하는 모양이다. 사람들은 건성으로 고개를 끄덕이면서도 나더러 다시 중국 사람이냐 타이 사람이냐고 묻는다. '한국'이라는 나라를 모르는 게 분명하다.

아이들은 엄마 등 뒤에 숨어서 어른들이 아무리 괜찮다고 해도 나오지 않는다. 수줍고 순진하기가 말할 수 없다. 풍선을 사 가지고 간 건 정말 잘 한 일이다. 집에 앉아 판쇼의 어린 처남에게 풍선을 불어주고 있자니, 아이들이 구름처럼 모여든다.

30분 후 동네 꼬마들 손에는 색색 가지 풍선들이 들려 있고, 아이들은 꽥꽥 소리를 지르며 좋아서 어쩔 줄 모른다.

그 후로는 아이들이 우리를 보면 '팔랑 팔랑' 하면서 아는 척을 하고 동네 개들이 짖으면 저리 가라고 쫓아주기도 한다. 그다음부터 판쇼의 장모는 밥 때가 되면 동네로 우리를 찾아다니느라 정신이 없게 되었다.

이곳에서 며칠 묵으면서 느낀 것은 세계 오지 마을에서는 대부분 남자들은 하는 일 없이 비생산적으로 빈둥거리고, 여자들과 아이들은 새벽부터 밤늦게까지 한시도 쉴 새 없이 일한다는 거다.

여기서도 여자들은 집안일은 물론 가축을 돌보아야 하고 나무도 해 와야 하고 물도 길어 와야 한다. 몸집이 아주 왜소한 여자들이 자기보다 큰 짐을 낑낑거리며 지고 다니는 것은 보기에 참 안쓰럽다.

남자가 여자의 일손을 거드는 것이라곤 아기 보는 것 정도다. 남자들이 아기를 포대기에 싸서 엉덩이 근처에 걸치고 다니는 모습을 흔하게 볼 수 있다.

그럼 남자들은 뭘 하느냐? 40대 이후의 중년 남자들은 거의 예외 없이 아편을 피우면서 하루를 보낸다. 아침에 느지막이 일어나 깨자마자 피우고, 점심때 또 피우고, 저녁밥 먹을 때쯤 또 피워 몽롱한 상태에서 잠이 든다. 하루 세끼 밥 먹듯 아편을 피우며 사는 거다. 어린 자식들 앞에서도 피우고 우리에게도 몇 차례씩 권하는 걸 보면 아편의 폐해를 전혀 모르는 것 같다.

또 한 가지, 아카족의 일상생활은 대나무를 빼고는 생각할 수 없다. 대나무로 집을 짓고 가구를 만든다. 밥상에 밥통, 의자, 곡식통, 심지어 이쑤시개까지 몽땅 대나무 제품이다. 물지게도 소지품 가방도 냇가의 다리도 논에 물을 대는 수리 시설도 모두 대나무로 만든다.

아이들은 대나무 칼로 칼싸움을 하고, 여자들은 대나무 정글에서 죽순을 베어다 끼니마다 밥상에 올린다. 가장 가까이 있는 것에서 모든 것을 얻는 사람들. 이들을 오지의 미개인이라고 누가 감히 말할 수 있겠는가. 주위에 있는 값진 것을 보지도 못하고 활용할 줄도 모르는 우리보다 훨씬 깨어 있는 사람들이다.

무앙 싱으로 돌아가는 길도 수월치는 않다. 이 마을에 세 대밖에 없는 경운기를 다시 얻어 타기를 바라는 건 너무나 염치없는 일이다. 걸어서 하루 반 정도로 일정을 잡은 다음 계획을 얘기하자 판쇼를 비롯한 온 가족이 높은 톤으로 긴 '오~'를 외친다. 하지만 무작정 기다릴 수도 없는 데다 차포쿤까지 가는 길은 그야말로 정글의 처녀지라니 정글 하이킹도 해보고 싶다.

그런데 판쇼의 장모님이 싸 준 찰밥과 닭조림 도시락을 가지고 막상 떠나고 보니 판쇼가 그려준 약도의 지름길은 찾기가 쉽지 않다. 몇 시간 동안 헤매며 길을 잃었다가 찾았다가 하면서 대나무숲을 헤쳐 나갔다. 그러다가 나무를 잔뜩 짊어진 아카족을 만나면 반갑기 그지없다. 우리가 적어도 길을 잘못 든 건 아니라는 안도감에서.

오르락내리락하면서 산등성이를 넘을 때면 강원도 정선 민둥산 꼭대기에서 바라본 풍경이 펼쳐진다. 겹겹이 포개진 산들을 감상하는 재미에 힘든 줄도, 시간이 많이 지체되는 줄도 모른다.

준비해 간 3리터의 물을 12시도 되기 전에 다 마셔버렸다. 샘물이 있다면 가지고 다니는 정수 약을 타서 마실 수 있겠는데 그것마저 찾을 수 없다. 산에서 물이 떨어지다니, 결코 좋은 징조가 아니다.

다행히 멀리 집들이 보인다. 한달음에 내리막길을 내려가 아무 집이나 들어갔다. 혼자서 어린아이 둘을 보고 있는 아저씨가 눈에 들어온다.

"사바이디. 미 남(안녕하세요. 물 좀 있으세요)?"

"미(있어요)."

아저씨가 위층으로 올라오라는 시늉을 한다. 물을 얻어먹고 바람이 잘 부는 곳에 아예 쌀자루를 베고 누웠다. 그랬더니 아저씨가 갑자기 부엌을 드나들며 분주하게 움직인다. 조금 쉬고 다시 일어서려니까 아저씨가 손을 저으며 붙잡는다.

"긴 까오(밥 먹고 가요)."

이런 세상에! 우리가 쉬는 동안 아저씨는 '남자 식모'가 되어 밥상을 차린 거다. 비록 찬밥에 삶은 채소 한 가지, 구운 죽순에 간장이 전부인 초라한 상이지만 그 마음 씀씀이가 고맙기 짝이 없다.

이름도 성도 모르고, 어디에서 온 줄도 모르고, 어디라고 해도 모르는 곳에서 온 이방인에게 끼니때가 되었다고 밥을 먹여 보내는 마음! 이런 무공해 인심에 저절로 힘이 솟는다.

그 힘 때문에 무앙 싱으로 돌아오는 이틀간의 행군이 힘든 줄 몰랐다. 무앙 싱에서 타이 국경까지 큰비로 군데군데 무너진 길을, 트럭을 여러 번 얻어 타고 갈아타고, 또 배까지 타고 가는 2박 3일의 길도 별로 힘든 줄 몰랐다. 무공해 인심의 위력은 이처럼 대단하다.

타이로 가는 배 안에서 엘리가 말한다.

"이곳 여행이 내 아시아 여행, 아니 여태까지 해본 해외여행의 하이라이트였어요. 나도 오지 여행가로 나서야겠어요. 풍선 많이 사 가지고."

나는 고개를 크게 끄덕여주었다. 엘리는 진짜로 마음에 드는 여행 동반자였기 때문이다. 내 수긍에 신이 났는지 엘리는 한쪽 무릎을 꿇으며 프러포즈 하는 시늉을 한다.

"우리 둘이 부부 오지 여행가로 나서면 어떨까요?"

내가 심각한 척 말했다.
"다른 건 다 좋은데 나이가 좀 문제군. 5년이면 모를까 15년 연하는 좀 그렇지?"

미얀마

수중 정원으로 유명한 인레 호숫가의 마을에서 부처님 오신 날 전야제가 성대하게 준비되었다. 사흘 전부터 사람들이 춤을 추며 행진을 하는데, 곱게 차려입은 어린 여자 아이들이 행렬의 뒤를 따른다.

황금의 나라 눈물 속의 미얀마

: 여행 다니다 몸 버리는 아이들

　라오스 국경을 넘자마자 그날로 타이 북쪽 최대의 도시 치앙마이로 갔다. 하루빨리 타이 북서쪽 산간 지방으로 가고 싶었기 때문이다. 라오스를 다닐 때는 몰랐는데, 타이에 오니 갑자기 그동안 쌓인 피로가 몰려와 쉴 곳을 찾아가는 거다.
　타이에 들어서니 자본주의 시장경제 냄새가 물씬 난다. 국경 근처 작은 도시의 구멍가게도 라오스 수도 비엔티안의 번화가 가게보다 물건이 많고, 상품 진열대의 물건들 포장이 화려하기만 하다. 그동안 트럭을 타고 다녔던 내게는 치앙마이까지 가는 고물 시외버스도 벤츠보다 안락하게 느껴지고, 미끈하게 포장된 까만 도로 위를 달리고 있는 것이 신기하게 생각된다. 한 달 만에 촌년이 다 되었다.
　타이를 여러 번 왔지만 아직 북부 산악 지방에서 트레킹다운 트레킹은 해보지 못했다. 그래서 이번에 타이로 올 때는 본격적으로 트레킹을 해보겠다고 잔뜩 벼르고 있었는데, 지금의 신체 상태로는 트레킹보다는 어디 조용하고 조그만 산골 동네에서 며칠 잘 먹고 푹 쉬어가는 편이 좋을 것 같다.

지치면 쉬어가야 한다. 장기 여행을 하는 사람들은 지쳤다고 생각하면 불가피한 경우를 제외하고는 반드시 심신의 피로를 풀고 에너지를 재충전해야 한다. 몇 군데 볼 것을 놓치고 계획했던 것을 몇 가지 못하게 되더라도 결과적으로 쉬어가는 편이 훨씬 남는 장사다. 그래야 긴 여행도 항상 '첫날같이 힘이 솟고 첫날같이 설레는 여행'을 할 수 있으니까.

그래서 찾아간 곳이 파이라는 조그만 마을이다. 가이드북을 보고 강가에 자리 잡고 있는 '골든 헛'에 묵기로 했다. 대나무로 번듯하게 지은 방갈로식 여관이다. 이곳은 근처 산을 트레킹 하는 출발점이기 때문에 작은 마을이지만 배낭족을 위한 시설이 잘 되어 있다.

내가 묵은 곳은 마을 중심지에서 많이 떨어져 있어서 혼자 느긋하게 쉬면서 은둔 생활을 하기에 안성맞춤이다. 마침 엘리가 주고 간 소설책《가시나무새》와 다른 게스트 하우스에서 구한 존 그리샴의《더 펌》도 있다.

방 바로 앞에 강을 따라 나무며 풀이며 꽃들이 무성하다. 아침나절에는 늦잠을 자고 과일로 아침을 먹고 방갈로 베란다에서 책을 본다. 한낮이 되면 몇 차례씩 샤워를 하고 글을 쓰든지 또 책을 본다. 그러다가 무료해지면 마을 식당으로 가서 음식을 시킨 다음 식당 아가씨에게 타이 음식 만드는 법을 배운다.

오후에는 다리 건너에 있는 마을로 산책을 나가는데 매일같이 아름다운 노을을 볼 수 있다. 이렇게 평화롭게 지내며 조금씩 여독을 풀고 있는데 조그만 사건이 하나 터졌다.

마을 식당에서 국수를 먹고 있는데 옆에 앉은 여자가 자꾸만 쳐다보며 말을 걸고 싶어 하는 눈치다. 그러더니 내가 국수를 다 먹고 수박 주스를 시키자 드디어 내 자리로 옮겨오며 앉아도 되느냐고 묻는다. 그러면서 울상을 짓는다.

"배낭과 돈, 여권을 몽땅 잃어버렸어요. 좀 도와주실 수 있으세요?"

벨기에에서 왔다는 금발에 푸른 눈의 이 아가씨는 입이 딱 벌어질 만큼 미인인 데다 순진해 보인다. 이름은 미셸이란다.

사연인즉, 타이 남쪽에서 만나 한 달째 같이 여행하던 남자가 오늘 아침 모든 걸 들고 도망갔다는 거다.

"사정 참 딱하게 되었네. 그럼 잠은 내 방갈로에서 자요. 빨리 방콕 벨기에 대사관에 신고하고, 집으로 전화 걸 돈은 내가 빌려줄 테니 걱정하지 말고."

그날 밤 미셸은 한숨도 자지 못하고 신음하며 아파했다. 밤새 토하다 쓰러져서 가슴을 두 손으로 싸안고 괴로워했다. 깜짝 놀란 내가 어디가 아프냐고 물어도 속 시원히 말을 안 한다.

"조금 있으면 괜찮아져요."

그 애가 어떻게 될 것만 같아 나도 밤을 꼬박 새웠다. 그러나 미셸은 다음 날이 되어도 증세가 나아지지 않았다. 더욱 깊은 신음을 하면서 침대를 굴러다니며 괴로워했다. 물을 먹어도 토하고, 손발에 힘이 없는 건 물론 언뜻 본 눈동자가 다 풀어져 있다.

"안 되겠다, 미셸. 병원에 가보자."

걱정이 된 내가 말했다.

"난 괜찮아요, 비야. 날 그냥 내버려둬 주세요."

하도 고집을 부리는 통에 어떻게 해볼 수가 없다. 그냥 내버려두면 저절로 낫는 병이기나 했으면 좋겠다. 미셸을 방에 두고 단골

국숫집에 가서 안면이 있는 영국 남자 아이에게 우리 집 '손님' 얘기를 하며 걱정을 했더니 대뜸 웃는다.

"비야 씨는 정말 그 애가 왜 그러는지 모른단 말이에요?"

"너는 알아?"

"그게 마약 금단현상 아니면 뭐겠어요? 근육을 쥐어짜는 듯한 고통과 풀린 눈. 비야 씨, 엉뚱한 사람 도와줄 생각 말고 전대, 카메라나 잘 챙겨요. 그런 아이들은 마약을 구하기 위해서라면 무슨 짓이라도 할 테니까요. 난 지난 한 달간 타이 남쪽 섬에서 그런 애들 셀 수 없이 보았어요. 어쨌든 조심하세요."

"뭐라고?"

깜짝 놀라 부랴부랴 숙소에 돌아오니 미셸은 여전히 기운이 없어 보이지만 전날처럼 아파하지는 않았다. 얼굴을 보니 마약중독자의 일그러지고 찌든 험한 얼굴이 아니라 그저 힘없는 예쁜 천사 같다. 그 영국인의 지레짐작이 틀린 것 같다. 아니, 틀렸으면 좋겠다.

"이제 좀 기운이 나니? 뭘 좀 먹고 집에 전화를 해야 하지 않겠어?"

"그런데요, 잘 생각해보니까 아는 애가 조만간 이곳으로 올 것 같아요. 그 애만 만나면 집에 전화 안 해도 돼요. 그 애가 도와줄 테니까요."

미셸은 태평한 얼굴이다.

조만간에 온다던 아이는 그다음 날 나타났다. 군것질거리를 사러 가게에 갔다가 돌아와 방갈로 문을 열고 들어서는 순간 나는 놀라서 기절하는 줄 알았다.

옆에는 빈 주사기가 놓여 있고, 남자 아이는 라이터로 미셸이 잡고 있는 숟가락에 담긴 하얀 물을 데우고 있는 거다. 미국이나 홍콩 영화에서 수없이 보던 바로 그 장면이 내 눈앞에 펼쳐진 게 아닌가. 정맥에 투입할 헤로인을 데우고 있는 것이다.

나와 눈이 마주친 미셸은 애원하는 듯하면서도 절망하는 눈빛이다. 거지 행색의 남자는 돌아보지도 않고 자기 하던 일에 열중이다.

"너희들 뭐하는 거야! 내 방에서 당장 나가! 지금 당장, 다앙자앙!"

큰 소리로 말한 것 같은데 말은 정작 웅얼거리는 소리가 되어 나왔다. 내가 놀라긴 놀랐나 보다. 사태를 알아차린 남자 아이가 낭패했다는 표정으로 마약 도구들을 신주단지 모시듯 들고 나가고, 미셸이 그 뒤를 따라 나간다. 내 앞을 지나갈 때 미셸은 혼잣말인 듯 들릴 듯 말 듯한 소리로 말한다.

"정말 미안해요."

미안? 미안하다고? 미셸이 미안해해야 할 사람은 겨우 며칠간의 친절을 베푼 내가 아니라 자기 자신이어야 하는 것 아닌가? 타이까지 여행을 와서 마약 따위에 끌려 다니며 자기를 함부로 다루고 있는 자신에게 말이다.

여행을 다녀보면 마약(보통은 마리화나나 해시시) 하는 것을 흔하게 볼 수 있다. 그래서 자기 나름의 주관이 서 있지 않은 여행객들은 '싸니까', '누구나 하니까', '얼마든지 구할 수 있으니까', '걸려도 큰 문제가 없으니까', '우리나라에서는 할 수 없으니까' 등등의 이유로 그 유혹에 쉽게 빠져든다.

실제로 적지 않은 여행자들이 마약을 물가가 싼 나라에서 얻을 수 있는 즐거움 중의 하나라고 여긴다. 게다가 집에서 멀리 떨어진 곳에서는 무슨 짓을 해도 알아볼 사람이 없다는 정신적인 해방감과 세상에서 해볼 수 있는 경험은 모두 해보고 싶다는 치기 어린 호기심에서 본래의 여행 목적을 잊어버리고 마약에 빠지게 된다.

이것이 절제 없는 섹스와 함께 부각되는 여행의 부작용이다. 시간과 돈 들여 큰마음 먹고 떠나온 여행에서 자신의 삶이나 미래에 보탬이 될 무엇을 얻기는커녕 몹쓸 버릇, 마음의 병만 들어 가지고 간다면 개인적으로도 국가적으로도 엄청난 손해다.

말짱한 정신으로 다녀도 모자라는 판에 몽롱한 정신으로 무엇을 제대로 보고 느끼겠는가? 누구를 제대로 만나고 사귀겠는가? 여행을 떠나기 전에 단단히 새겨두고 여행 중에도 끊임없는 유혹에 대처할 '소신 있는 생각과 행동'이 필요하다.

예상치 않은 사건이 벌어지긴 했으나 여기서 일주일 동안 쉴 만큼 쉬었으니 다시 또 길을 떠나야지. '나그네는 길에서도 쉬지 않는다'고 했던가.

그래서 방콕을 거쳐 미얀마로 넘어간다.

: 어지러운 경제, 눈 돌아가는 돈 단위

방콕의 미얀마 대사관에서 '무지무지' 친절한 영사에게 단 10분 만에 한 달짜리 비자를 받았다. 시작이 순조롭다. 한동안은 아예 외국인 관광객을 받지 않았고, 최근까지만 해도 겨우 2주일간의 관광 비자를 받을 수 있었던 나라다. 비자를 손에 넣고 보니 마음은 이미 미얀마로 향한다.

한 가지 아쉬운 점이 있다면 미얀마는 육로로는 절대로 들어갈 수 없고 반드시 비행기로 들어갔다 나와야 한다는 거다. 어느 여행자에게 물어보아도, 어느 게스트 북이나 가이드북을 뒤져보아도 절대로 안 된다는 거다. 이번에는 말 그대로 '절·대·로'다.

그래서 방콕에서 미얀마의 양곤을 경유해서 인접국인 방글라데시의 다카까지 가는 제일 싼 비행편인 비만에어를 타려고 기다리다가 미얀마에서 방금 돌아오는 배낭족 아이들을 몇 명 만났다.

미얀마가 어떻더냐고 물으니 사람들이 '믿을 수 없이' 친절하고 유순하며, 물가는 '믿을 수 없이' 싸고, 날씨는 '믿을 수 없이' 덥다는 거다. 물가가 싸고 사람들이 친절하다? 그렇다면 용광로에 들어간다 해도 즐거운 여행이 될 게 틀림없다.

이제 미얀마로 간다. 향기로운 불심이 피어난다는 미얀마. 옥과 사파이어가 지천이라는 보석의 나라, 우아하고 신비한 미소의 나라. 그러나 군사 독재 철권 정치로도 유명한 나라. 내게는 인도차이나의 마지막 여행지다.

장마 직전의 양곤은 듣던 대로 무지막지하게 덥다. 북위 17도쯤이므로 적도와는 꽤 멀리 떨어져 있는데도 무엇 때문인지 말 그대로 찜통더위다. 자다가 몇 번씩 일어나 샤워를 하지만 그래도 더워서 잠을 이룰 수 없다.

오후에 샤워를 하면 튀긴 닭이 될 만큼 뜨거운 물만 나온다. 낮 동안 물탱크에 있던 물이 태양열에 데워졌기 때문이다. 시내에는 아스팔트가 녹아서 인절미처럼 말랑말랑하다.

이런 더위에 구경은 무슨 구경이며 여행은 어떻게 다닌담. 한낮에 햇볕 아래 나가면 10분도 안 되어 저절로 혀가 쑥 빠지는데. 가볼 곳에 도착하기도 전에 먼저 병원으로 실려 갈 판이다. 이럴 때는 조금이라도 시원한 북쪽으로 올라가는 게 상책. 그러니 일단 북으로 향하고 보자.

이런 심정으로 양곤에 도착한 다음 날 밤 버스를 타고 이 나라 마지막 왕국의 수도였던 만달레이로 떠났다.

방콕에서 귀동냥으로 들은 얘기와 공항에서 여행을 마치고 돌아가는 배낭족에게서 얻은 귀한 미얀마 가이드북과 평소에 관심 있던 것을 종합해 대충의 계획을 세운다.

우선 수천 개의 사원과 탑이 밀집해 있는 파간과 인레 호수를 가자. 마침 5월 보름이 '부처님 오신 날'이라니 이날을 파간에서 보내고, 외국인이 갈 수 있는 곳까지 최대한 북쪽으로 가보자.

국경의 산악 지방으로 쫓겨난 소수민족들과 중앙정부의 갈등이 만만치 않아서 북쪽 오지는 외국인 통행금지 구역이 많다지만 가능하다면 아편왕 쿤사의 활동 무대였던 와 지방과 민주화 운동의 본거지 샨 지방도 깊숙이까지 가보도록 하자. 베트남처럼 이곳도 치안을 핑계로 외국인의 민박이 금지되어 있지만 산악 지역 산골 마을에서까지 어떻게 불법 민박을 단속하겠나.

아참, 미얀마 여행을 시작하기 전에 한 가지 꼭 얘기해두어야 할 게 있다. 바로 이 나라의 웃기는 돈 단위다.

양곤에 도착해서 숙소를 잡자마자 마실 물을 사러 나갔다. 200차트짜리 지폐를 내고 물과 과자를 조금 사자 거스름돈을 한 무더기 건네준다. 미얀마 현지 돈은 처음이기도 하고 여기는 아라비아 숫자 대신 고유의 숫자를 쓰기 때문에 제대로 거슬러 받았는지 살펴보다가 깜짝 놀랐다. 거스름돈은 15차트짜리 두 장에, 90차트짜리 한 장, 5차트짜리 넉 장, 1차트짜리 넉 장이다.

'15차트짜리에 90차트짜리라니!'

세상에 무슨 이런 우스꽝스러운 돈 단위가 있단 말인가. 장난감 돈을 거슬러 받은 건 아닐까? 그래서 15차트짜리와 90차트짜리를 주인에게 되돌려주며 '노 굿'이라고 하니까 주인은 고개와 손을 절레절레 흔든다.

"케사 무시부(상관없어요)."

주인아저씨 말대로 이건 진짜 돈이다. 이 신기한 지폐들은 1987년에 발행했다가 1988년부터 발행을 중지했으나 지금까지 회수가 안 되고 그대로 쓰이고 있다. 도대체 무엇 때문에 이렇게 이상한 돈 단위를 만들어냈단 말인가. '믿거나 말거나' 여기에는 상당히 흥미로운 뒷얘기가 있다.

1987년, 절대 권력을 잡고 있던 독재자 네윈 장군은 미신을 굳게 믿었는데, 전속 점쟁이가 그의 운수에 액운이 끼었으니 액운을 행운으로 바꾸는 '야다야치'를 해야 한다고 했단다.

네윈은 국민들의 기(氣)가 자기보다 세어서는 안 된다는 점쟁이의 말에 따라 자기가 행운으로 여기는 수인 15를 돈 단위로 사용하게 했다. 그래서 15차트짜리와 45차트(15×3), 90차트(15×6)짜리를 만들었는데, 국민들이 이 속셈을 눈치 채지 못하게 25, 75차트짜리들을 엉뚱하게 끼워 넣었다.

네윈 장군을 비롯한 많은 치정자들은 이렇게 점성술과 행운의 숫자에 집착해 모든 국정의 중대사를 점쟁이와 의논하고 그 의견을 따랐단다. 독립 일시도 점쟁이의 의견에 따라 1948년 1월 4일 오전 4시 20분으로 정했다.

네윈은 또 하나의 행운 숫자가 9라고 생각해 쿠데타를 일으킨 날을 1988년 9월 18일(9+9=18)로 절묘하게 잡았단다. 일설에는 아까 말한 돈의 단위도 15의 배수가 아니라 9의 배수라고 해서, 45차트는 9×5, 90차트는 9×10이라는 말도 있다.

어쨌든 이 돈 단위가 시행된 지 1년도 지나지 않아 정부는 25, 45, 75차트짜리는 더 이상 돈으로 통용하지 않는다고 발표했다. 그러나 은행에서는 그 돈을 다른 돈으로 바꾸어주지 않았다고 한다.

미얀마 사람들은 은행을 이용하기보다 현금으로 지니고 있는 걸 더 좋아하는데, 현금을 하루아침에 휴지조각으로 만들어버리니 국민들은 혼란에 빠질 수밖에. 어느 나라에서나 독재 정권은 참으로 어처구니 없는 짓들을 하게 마련인가 보다.

지금은 다른 나라처럼 500, 200, 100, 50, 20, 10, 5, 1 단위로 통일시키려고 하지만 워낙 은행을 불신하는 국민 정서 탓에 정부의 노력에도 불구하고 돈들이 잘 회수되지 않는다고 한다. 그래서 시중에는 수십 가지 단위의 돈들이 뒤섞여 통용되고 있다.

1989년 나라 이름 버마를 미얀마로 바꾸면서 '미얀마중앙은행'이 발행한 크기가 작고 색상이 선명한 돈과 그전 나라 이름이 버마일 때 '버마중앙은행'이 발행한 아웅산 장군의 초상이 그려진 옛날 돈이 함께 쓰이고 있다. 여기에 외국인 전용 화폐인 FEC와 미국 달러까지 쓰이니, 시중에 돌고 있는 지폐의 종류만 무려 스물일곱 가지나 된다.

게다가 동전까지 있으니 처음 며칠 동안은 돈을 낼 때나 거슬러 받을 때 어찌나 헷갈리는지 가뜩이나 숫자에 어두운 나는 크게 애를 먹었다.

돈 때문에 헷갈리는 게 또 있다. 하루가 다르게 변하는 환율이다. 처음 도착했을 때는 달러 당 167차트였는데 일주일이 지나자 200차트가 되고 다시 그다음 주에는 170차트 선으로 떨어졌다. 물론 은행이 아니라 암달러상의 환율이다(은행의 공식 환율은 1달러당 6차트 정도). 그러니 돈을 바꾸려면 양곤 시내를 한 바퀴 돌아야 한다.

길거리에서 파는 국수 한 그릇이 40차트, 콜라 한 병이 20차트, 12시간을 타고 가는 시외버스 요금이 350차트이니 1차트라도 좋은 환율로 바꾸는 게 '생계'에 얼마나 큰 도움이 되겠는가.

암시장의 환율을 결정짓는 가장 큰 요인은 놀랍게도, 소위 '드러그 머니' 곧 아편 무역으로 벌어들이는 돈이라고 한다. 미얀마를 조금만 알면 그리 놀라운 것도 아니지만.

그래서 계절에 따라 변화가 심하다. 12월부터 3, 4월까지는 미얀마 북부와 지방에서 아편이 생산되는 시기. 아편과 헤로인은 중국의 윈난성과 홍콩, 방콕을 거쳐 미국으로 건너가게 되는데, 이 무렵에는 달러가 미얀마로 엄청나게 유입되어 달러 값이 떨어진다고 한다.

내가 갔을 때가 바로 달러가 똥값이 되어야 하는 계절인데, 전설적인 마약왕 쿤사가 올해 초 정부군에 항복을 하고 아편으로부터 손을 씻는 바람에 드러그 머니가 차단되어 달러 값이 폭등하고 있다는 거다.

이 아편도 타이, 라오스, 미얀마로 이어지는 소위 골든트라이앵글이라고 불리는 지역에서 재배된다. 평균 표고 1000미터 이상의 아열대 밀림 산악 지대에서 다양한 소수민족들이 양귀비를 길러 전 세계 마약 수요의 3분의 2를 공급한다.

그중에서도 미얀마는 생산량이 단연 톱이다. 조금 오래된 통계지만 1988년과 1989년에 골든트라이앵글 추정 아편 양 2400톤 중 2000톤이 미얀마에서 생산되는 것이고, 350톤이 라오스 그리고 나머지 50톤이 타이산이라는 것만 보아도 잘 알 수 있다.

라오스처럼 이곳에서도 정작 양귀비를 재배하는 산악 민족들은 대량으로 팔아 한몫 챙긴다는 생각보다는 학질과 배앓이가 나면 약으로 쓰고, 양귀비 씨를 그냥 먹거나 기름을 짜서 식용으로 쓰고, 신경안정제로 자급자족하며 살았다.

이 지역의 아편 재배가 문제가 되기 시작한 것은 재배 농민들이 아편의 막대한 시장성과 돈에 눈을 떠서가 아니라 강대국 간의 농간 때문이다. 이 얘기는 조금 뒤에 다시 하기로 하자.

: 부처님은 내세를 위해, 나트신은 오늘을 위해

미얀마 여행 초반부터 더위에 지쳐 허우적거리지 않기 위해 만달레이까지는 최고급 버스를 타기로 했다.

일반 버스보다 세 배 비싼 이 버스는 일본제 중고차지만 아쉬운 대로 에어컨도 나오고, 비디오도 틀어주고, 저녁 식사는 물론 밤 12시에는 밤참도 나오고, 새벽에는 종이 물수건과 함께 아침 식사까지 제공된다. 이 모든 것을 합한 요금이 1500차트, 우리 돈 8000원도 안 된다.

만달레이에 와도 덥기는 마찬가지지만 그런대로 정신은 들었는지 새로운 나라 미얀마가 조금씩 눈에 들어오며 더위를 잊게 한다. 우선 남녀노소 모두 롱지라는 통치마를 입고 있고, 여자들과 아이들은 얼굴에 탄나카라는 나무껍질을 맷돌에 갈아 만든 노란 천연 화장품을 바르고 있는 게 눈에 띈다.

인도나 캄보디아에서도 볼 수 있는 롱지는 두 겹으로 된 면 천을 둘러 허리에 질끈 묶어 입는, 발끝까지 내려오는 전통 의상인데, 성인 남자들은 거의 예외 없이 롱지를 입고 있다. 지갑이나 작은 수첩, 빗 등을 등허리에 꽂고 다니는 것도 인상적이다. 가난하든 돈이 많든, 길거리의 거지나 대학교수나 모두 이 통치마를 입고 있는 게 좋아 보인다.

남자들이 파란색이나 약간 어두운 체크무늬의 롱지를 선호한다면 여자들은 화려한 색깔의 여러 가지 무늬가 그려진 롱지를 입는다. 짧은 블라우스에 엉덩이 선이 드러나는 긴 롱지를 입고 천천히 걷는 긴 머리의 여자들 뒷모습이 대단히 매력적이다.

거의 모든 여자와 어린이들이 바르고 있는 탄나카는 미얀마에서만 볼 수 있는 특이한 화장품이다. 맨 처음 공항에서 옷을 잘 차려입은 공항 여직원의 얼굴에 노란 파운데이션이 덕지덕지 발라져 있어서 '저 여자 옷은 잘 입었는데 화장은 참 못했군.' 하고 생각했다. 그런데 이게 웬걸. 전송 나온 사람들을 보니 모두가 얼굴에 노란색 파운데이션으로 떡칠을 하고 있는 게 아닌가.

어떤 사람은 얼굴뿐만 아니라 목이며 귀, 팔 전체가 노랗다. 이게 바로 미얀마 최대의 화장품인 탄나카인데, 탄나카라는 나무의 껍질을 작은 맷돌에 먹같이 갈고 향기가 좋은 향나무를 넣어 손으로 펴 바른다. 이 천연 화장품은 미용 효과는 물론 선탠과 보습 효과까지 있다고 한다.

나도 미얀마에 있는 동안 탄나카를 바르고 다녔는데, 처음에는 얼굴이 밀가루를 바른 듯 당기지만 저녁에 세수를 하면 피부가 부드러워진 것 같고 로션을 바르지 않아도 얼굴이 뻣뻣하지 않았다. 미얀마 사람들은 탄나카를 바르고 롱지를 입고 다니는 '현지화 된' 나를 보면 입을 모아 "까옹데(예뻐요)." 하며 기특해

했다.

미얀마에는 스님들이 많다는 것도 곧 느낄 수 있다. 특히 이른 아침 길에 다니는 사람들은 '스님 반, 사람 반'이라고 해도 과언이 아니다. 새벽에 맨발로 줄을 지어 걸어가며 탁발하는 수십 명의 스님들과 길거리에 역시 줄을 지어 서서 소쿠리에 담긴 밥이나 음식을 시주하는 사람들을 매일 볼 수 있다.

여기 미얀마의 소승불교에서는 이승에서 공덕을 쌓는 것 중에서 제일 좋은 것이 탑이나 사원을 짓는 것 그리고 아침마다 공양하는 것이라고 여긴단다.

밝은 오렌지색의 동자승들은 아직 꼬마여서인지 눈이 마주치면 웃을까 말까 하다가 몇 번 더 눈이 마주치면 결국 장난스럽게 웃는 모습이 천진하다. 핑크색 승복을 입은 여승들의 해맑은 피부와 반듯한 이마가 처연하게 느껴지기까지 한다.

장거리 버스를 타고 가다 보면 곳곳에서 불사(佛事)를 한다고 한 줄로 늘어서서 양푼이나 깃발을 흔들며 모금을 하는 신자들이 자주 눈에 띈다. 승객들은 달리는 차창으로 돈을 뭉쳐 던져서 시주를 하는데, 내 옆에 앉은 아줌마는 단 한 군데도 그냥 지나치지 않고 일일이 돈을 냈다.

양곤에서 700킬로미터 이상 북쪽에 있는 미얀마 제2의 도시 만달레이는 이 나라 마지막 왕국의 수도였다. 미얀마 여행자에게는 여행의 요충이라 할 수 있는 곳이다. 동쪽으로는 수중 정원으로 유명한 인레 호수가, 서쪽으로는 전설적인 파고다의 도시 파간이, 북쪽으로는 샨 지방의 정취를 물씬 느낄 수 있는 삔올린과 히시포가 있기 때문이다.

만달레이를 거쳐 인레 호수로 가기 전에 잘 익은 망고를 한 바구니 샀다. 지난 3월 캄보디아를 여행할 때는 아직 익지 않은 아이 주먹만 한 초록색 망고가 주렁주렁 달려 있었는데, 어느덧 노랗게 잘 익은 망고 철이 된 거다.

노랗고 단단한 망고는 새콤달콤한 맛이 정말 일품이다. 망고를 먹으려면 손은 물론 얼굴 전체가 망고 즙 범벅이 되지만 그런 불편은 문제가 안 된다. 맛도 좋지만 물도 많고 영양도 풍부해서 매일 어른 손바닥만 한 걸 두세 개씩 먹었다. 미얀마 여행에서는 빼놓을 수 없는 중요한 간식거리였다.

만달레이에서 새벽에 10시간 정도 미니버스를 타고 인레 호수로 갔다. 이곳은 미얀마에 오는 외국인 관광객은 반드시 거쳐 가는 코스다. 유명한 곳은 다 이유가 있는 법, 인레 호수도 그렇게 이름이 날 만한 요소가 몇 가지 있다.

우선은 길이 22킬로미터, 너비 11킬로미터 되는 호수 안에서 살고 있는 사람들이 흥미롭다. 호수에 떠 있는 작은 배의 사공들은 배 뒤에 한 발로 서서 나머지 한 발에 삿앗대를 감아 노를 젓는다. 이런 기술은 이곳밖에 없다는데 직접 와서 보니 왜 그렇게 노를 저어야 하는지 알 것 같다. 호수에 수초가 무성하게 나 있어서 그 수초들을 헤쳐 나가려면 서서 보아야 잘 보이기 때문이다.

모터보트를 타고 호수 안으로 들어가면 이곳을 유명하게 만든 초록색 수중 정원이 시원하게 펼쳐진다. 수중 정원은 호수에서 나는 워터히아신스라는 풀을 흙과 물이끼와 섞어 물 위에 띄워놓고 거기에 채소를 재배하는 수중 경작지, 곧 '물 위의 밭'이다. 이 밭에서는 양파, 토마토, 가지 등의 채소는 물론 파파야와 바나나 등의 과일까지 많이 생산된다고 한다.

대나무로 떠 있는 밭을 고정시켜놓았는데, 농부들은 조각배를 타고 밭 사이를 떠다니며 농사를 짓는다. 밭이 하도 넓어서 모터보트를 타고 30분 이상을 달려도 끝나지 않는 곳도 있다. 호수에는 '떠다니는 밭'만 있는 게 아니라 그 밭에 대나무로 집을 지은 '떠 있는 집'도 있다. 떠 있는 집 옆에는 '떠 있는 화장실'이 있고 가까운 공터에는 재배한 것을 내다 파는 '떠 있는 시장'까지 있다.

여기도 미얀마 안에 있는 지역인 만큼 사원과 탑이 없을 리 없다. 호수 위에 '떠 있는 절'을 겸한 수도원이 백여 개나 되고 '떠 있는 탑'이 천여 개나 있다고 한다. 제일 큰 '떠 있는 수도원'에서는 스님 한 분이 고양이를 훈련시켜 고리 사이로 뛰어넘는 묘기를 보여주기도 한다.

호수 근처 마을 냥슈에라는 곳에서는 부처님 오신 날 준비를 성대하게 하고 있었다. 사흘 전부터 1차트짜리 돈을 주렁주렁 단 나무를 앞세우고 북이나 꽹과리 같은 악기를 들고 춤을 추며 행진을 한다. 그 행렬 뒤를 곱게 차려입고 화장까지 한 어린 여자 아이들이 따라간다. 그 뒤로는 정성스레 마련한 과일이며 과자며 음식을 싣고 가는 수많은 사람들이 따르는데, 부처님 오신 날까지 매일 이런 행렬이 이어진다고 한다.

이와는 대조적으로 내가 묵었던 숙소 바로 앞 큰 나무 밑에서는 이 동네 수호신(쉬운 말로 동네 귀신)에게 드리는 의식이 한창이다. 나무 주위에는 동네 사람들이 구름처럼 모여 있다.

북과 징 등 악기 소리가 하도 요란해 무슨 일이 벌어지나 나가 보니 우리나라에서 굿을 할 때처럼 만신들 그림 앞에 상을 크게 차려 놓고 여자 옷을 입고 울긋불긋 화장까지 한 박수무당 여럿이 신들린 듯 춤을 추고 있었다.

그 춤추는 가락과 모습과 흥이 우리네 굿판과 어찌 그리 비슷한지.

차이가 있다면 우리나라에서는 통돼지나 돼지 머리를 쓰는데 비해 여기서는 생닭을 쓰는 것 정도다. 이곳에서는 돼지고기 안에 나쁜 정령이 들어 있다가 그걸 먹는 사람에게 옮겨간다고 믿어 돼지를 쓰지 않는다고 한다.

두 손 모아 열심히 비는 사람들이 돈을 치마 춤이나 가슴 안에 넣어주면 무당들은 그 돈을 제단에 바치면서 엉덩이와 손을 몹시 흔들며 더 격렬하게 춤을 춘다. 한쪽에서는 전통 악기를 든 악사들이 따로 앉아 흥이 나서 강한 박자의 곡을 연주하고 있다.

무당들이 덩더쿵 춤을 추면서도 사람들이 바치는 담배를 연신 피워대고 술을 연거푸 마시는 게 재미있고도 우습다. 무당들이 술을 마시다가 주위에 있는 사람들에게 권하기도 하고, 중앙으로 끌어들여 같이 춤을 추기도 한다. 맨 앞에서 구경하던 나도 '뽑혀서' 독한 술도 마시고 남의 나라 굿판에서 발을 구르며 하늘로 뛰어오르는 한국식 덩더쿵 춤도 추었다.

의식은 1년에 단 한 번, 사흘 밤낮 계속되는데 그동안 쉬지 않고 춤을 춘다는 무당들은 정말 체력도 대단하다. 그들이 믿는 대로 신이 들려서 그렇게 할 수 있는지도 모르겠고. 한편으로는 불심 깊기로 유명한 미얀마 사람들이 이런 귀신을 믿는다는 게 흥미롭다.

묵고 있는 숙소 주인에게 얘기를 했더니 부처님은 내세를 위해 열심히 믿는 것이고, '나트'라는 정령 수호신은 현세의 일상생활을 보호하기 위해 모신다고 한다. 불교가 들어오기 전에 있었던 토속신앙이 이런 방식으로 면면히 전해오는 것이다.

이들의 토속신앙에 의하면 인간은 물론 동물, 식물 등의 모든 피조물 안에는 정령이 깃들어 있는데, 치성을 드리면 그 정령들이 재앙을 없애고 복을 가져다준다고 믿는단다.

이 나트 신앙은 원래 나무나 산 등 자연을 신앙의 대상으로 삼았으나 점차 죽은 영혼, 특히 역사상의 실제 인물로 비운의 죽음을 맞아 귀신이 된 사람을 신앙의 대상으로 삼게 되었다. 우리나라 만신들 중에도 연개소문이나 남이 장군, 임경업 장군 등 대장 신을 모시는 이들이 있으니 그것과 맥을 같이한다고 볼 수 있겠다.

미얀마의 큰 도시에서는 어떤 장군의 신체를 여러 등분으로 나누어 갖가지 색깔로 칠해놓고 파는 복권이 많이 눈에 띄는데, 이건 사람의 신체는 36부위로 나뉘고 각 부위마다 특별한 색깔과 신이 있다고 믿기 때문이란다. 이런 나트 정령 신앙 의식은 미얀마 전역에서 얼마든지 볼 수 있다.

나트 신앙의 본거지인 파간 근처 뽀빠 산 꼭대기에는 나트 신전이 있고, 그 산 밑에는 36정령과 마을 수호신을 모셔놓았다. 또 산악 지방 하이파 근처 마을을 돌다 보면 곳곳에 흰 깃발로 신당을 표시하고 조그만 탑에 동네 신이 모셔져 있었다. 산악 지방 남자들의 몸에 새긴 문신에서도 이런 신들이 많이 보인다.

어린아이 장난처럼 보일 수도 있는 굿판에서, 기도하는 사람이나 굿을 벌이는 사람이나 모두 그렇게 진지할 수가 없다. 21세기를 사는 현대인들의 눈에는 저렇게 한 치 의심 없이 자연과 역사적 인물들의 음덕을 믿으며 정성스레 비는 모습이 어쩌면 유치한 미신으로 보일 수도 있을 것이다. 하지만 나는 그 모습이 눈물 나도록 아름답게 느껴진다.

미신이란 무엇인가. 비과학적이라는 뜻인가. 그렇다면 지구상의 어떤 종교를 과학으로 설명할 수 있단 말인가. 종교란 곧 믿음이 아니던가. 그리고 믿는다는 것은 바로 이런 것이 아닐까. 무언가를 위해 순수하게 염원하는 마음. 누군가를 위해 정성을 다해 비는 마음!

: 부처님 오신 날 파간은 조용했다

인레 호수의 배낭여행자 숙소에서 한 가지 수확이 있었다. 캐시라는 캐나다 여자와 다 읽은 책을 서로 바꾸었는데, 내가 받은 책은 영국의 런던대학교 교수로 있는 중국 여성 장융의 가족사를 다룬 《와일드 스완(Wild Swans)》이다.

중국의 공산화와 문화대혁명 등의 격동기를 살아온 할머니, 어머니, 딸에 걸친 여인 3대의 얘기인데, 책을 손에 넣자마자 거의 식음도 전폐하다시피 하고 며칠간 밤새워 읽었다. 700쪽이나 되는 두꺼운 책이 조금씩 줄어드는 것을 몹시 안타까워하면서.

긴 여행을 하면서 이렇게 읽고 싶었던 책을 얻게 되는 것은 큰 행운이다. 여행자들은 항상 다 읽은 책을 돌려보는데, 다음에 어떤 책이 걸릴지 모르는 일이다. 하기야 여행 자체가 언제나 불확실성의 연속이 아닌가.

거의 매일 새로운 곳에서 자고, 새로운 사람을 만나고, 새로운 경험을 하게 되는 떠돌이 생활. 항상 새로운 환경에 부딪치면서 이번에는 또 어떤 것이 나를 기다리고 있을지 전혀 예측도 하지 못한 채 새로운 곳으로 들어가야 하는 것이 여행자의 삶이다.

나는 어떻게 타고났는지 이 불확실성과 낯섦을 대단히 즐기는 편이다. 미지의 세계에 대한 두려움보다는 호기심이 한 발쯤 앞선다고나 할까. 그러나 새로운 것에 끌리는 만큼 오래된 것에 대한 소중함이 커지는 것도 사실이다.

매일 사용하며 손때 묻은 것, 만 5년간 꼬박 가지고 다녀서 거의 천수(天壽)를 다해가는 낡은 배낭, 역시 여행을 시작할 때부터 입어서 빛이 바래고 여기저기 꿰맨 파란 바지, 아프리카에서 산 법랑 컵, 면으로 된 커다란 다목적 보자기, 계산기로도 쓰이는 자명종 시계, 앞 뒷장이 다 찢긴 세계지도와 일기장. 이런 가족과 같은 보물들이 새로움과 낯섦 속에서 나를 지켜주는 나만의 세계를 만든다.

파간은 캄보디아의 앙코르와트와 더불어 인도차이나 최고의 볼거리로 알려져 있으며, 세계 3대 불교 유적지 중의 하나다. 서로 다른 점이 있다면 앙코르 유적지는 건물들의 거대한 크기로, 파간은 건물의 숫자로 사람을 압도한다는 거다. 전성기에는 무려 4400개 이상의 불탑이 있었다는데, 사방 40킬로미터의 평원에 널려져 있는 사원과 수도원, 탑들은 멀리서 보면 마치 여러 사이즈의 키세스 초콜릿이 흩어져 있는 것 같다.

왜 이렇게 많은 불탑이 생겼을까? 이런 의문은 미얀마의 소승불교를 조금만 알면 쉽게 이해할 수 있다. 900여 년 전 스리랑카에서 건너온 소승불교의 교리에 따르면 현세란 내세를 준비하기 위한 시간이며, 현세에 공덕을 많이 쌓아야 내세에 복을 누릴 수 있다고 한다. 공덕을 쌓는 것 중에서 제일 최고로 치는 것이 바로 탑을 건립하는 일이다.

파간에 불교 건축물을 세우기 시작한 왕은 힌두교에서 불교로 개종한 아나우라타였다. 이때부터 왕이면 왕, 신하면 신하, 부자면 부자, 가난하면 가난한 사람대로 각기 자기 처지와 재력에 맞는 사원을 짓기 시작해, 1050년경부터 건축 붐이 일어났다고 한다.

그렇게 해서 수많은 아름다운 건축물과 불교 문화재를 남겼으나 1287년 몽골 침입 이후 왕국은 돌이킬 수 없는 나락으로 빠지게 된다. 그러다가 1600년경에는 무역을 빌미로 들어온 포르투갈이 지금의 인도인 고아의 지원을 받아 이 나라를 가톨릭 국가로 만들겠다면서 탑을 부수고 사원과 탑 속에 있는 금은보화를 갈취했으며, 종을 녹여 총을 만들었다.

이렇게 해서 피폐해진 파간에 1975년에는 또 큰 지진이 발생했고, 그 이전부터 계속된 도굴로 인해 폐허가 되어버렸다. 지금 우리가 보고 있는 것은 옛 영화(榮華)의 한 조각이라는데, 이런 모든 고난 속에서도 지금까지 남아 있는 탑의 수가 2217개나 된다니 이것만으로도 화려했던 옛날을 쉽게 짐작할 수 있겠다. 정말 대단한 신앙의 산물이다.

개수가 많다 보니 그 크기나 모양새도 가지각색이다. 올드 파간에는 붉은색이 아름다운 아난다 사원도 있고, 멕시코에서 본 테오티우아칸과 흡사한 모양의 다마양지 사원도 있다. 또 언뜻 보면 서양 고대 건축물처럼 생긴 가우다우팔린 사원도 있다.

탑들은 흰색을 칠하거나 금박을 입혀 화려하기 그지없다. 크고 멋있는 건물 사이사이에는 덩그렇게 부처님만 혼자 모셔져 있는 좁고 초라한 탑도 있다. 이들 탑은 아무도 거들떠보지 않아 안쓰러운 마음까지 든다.

부처님이 여럿 모셔져 있는 사원에는 앉아 계신 부처님, 서 계신 부처님, 누워 계신 부처님 등 여러 자세의 부처님이 있다. 또 눈초리가 위로 올라간 날카로운 부처님, 무심히 졸고 계신 듯한 부처님, 입술 끝을 완전히 올려 활짝 웃고 계신 부처님 등 얼굴 표정도

가지가지다.

　생김새도 미얀마 사람들처럼 코가 길고 납작한 부처님에 우리나라 부처님처럼 귀가 길고 얼굴이 통통하고 입술선이 뚜렷한 부처님도 있다. 가끔은 중국 사람처럼 둥글납작하게 생긴 부처님도 보인다. 어떤 부처님은 멀리서 보면 기분이 언짢으신 듯 무엇엔가 몹시 화가 난 듯한 표정이지만 바로 앞에 가서 무릎을 꿇고 앉아 올려다보면 너무나 인자하고 온화한 모습이다.

　처음 이틀간은 자전거를 빌려 타고 하루 종일 이리저리 다니면서 마음에 드는 건축물이 있으면 안에 들어가고, 건물 꼭대기에 올라갈 수 있으면 올라가 앉아 있거나, 그도 저도 할 수 없으면 그저 바깥에서 어슬렁거렸다.

　가끔 루비 등 보석을 사라고 다가오는 사람이 있긴 하지만 앙코르 유적지처럼 음료수나 그림엽서, 티셔츠 같은 것을 사라고 끈질기게 따라붙는 장사꾼들은 전혀 없다. 여기만 해도 아직 무공해 지역인 셈이다.

　부처님이 계신 사원 안에는 거의 예외 없이 전국에서 성지순례를 온 사람들이 경건하게 향을 피우고 절을 하며 시주하는 모습이 보인다. 사원 안에서든 길에서든 눈이 마주치는 사람들에게 "밍글라바(안녕하세요)." 하고 인사를 하면, 당장 "밍글라바." 합창이 순진한 미소와 함께 건너온다.

　날씨가 지독하게 덥다고 해서 걱정을 했는데, 내가 간 때는 마침 구름이 잔뜩 끼고 오후에 한 차례씩 비가 온 덕분에 유적 구경하기에는 최상의 날씨였다.

　숙소에서 영화 제작자라는 40대 초반의 일본인을 만났다. 이름이 가조라는 이 사람은 다음 영화를 찍을 장소를 물색하러 왔다가 잠시 머리를 식히려고 미얀마에 왔다는데, 처음부터 별로 호감이 가는 사람이 아니었다.

숙소 거실에 모여 있는 종업원들에게 당신들이 마실 수 있을 만큼 얼마든지 맥주를 사겠다고 큰소리를 치는가 하면, 미얀마는 돈 쓰는 맛이 있어서 여행이 즐겁다며 객기와 허세를 부리는 게 영 마음에 들지 않는다. 그래서 나한테 어디서 왔느냐, 뭐하는 사람이냐, 꼬치꼬치 물을 때도 책에 열중한 척하면서 건성으로 대답하며 무시했다.

그런데도 그는 전혀 신경 쓰지 않고 계속 말을 붙여온다. 올드 파간을 돌면서 아주 멋진 사원을 봐두었는데, 그 건물은 지난 1975년 지진으로 심하게 손상되어 일반에 공개되지 않지만 사원지기에게 뇌물을 톡톡히 주어놓았으니 사원 꼭대기에 올라가 파간의 전경을 싫도록 감상할 수 있다고 자랑한다.

그 소리에 귀가 솔깃해졌다. 자기 말에 관심을 보이자 우쭐해진 그가 더욱 큰소리를 친다.

"내일 같이 갑시다. 마차도 벌써 하루 전세를 냈고 점심, 저녁 식사는 물론 다른 비용도 다 내가 낼 테니까요."

병신 같은 놈, 나는 세상에서 돈 자랑하는 놈이 제일 꼴 보기 싫더라. 그와 다닌다는 게 영 마음 내키지 않는 일이지만 사원 꼭대기에서 보는 파간 경치가 그만이라는 숙소 종업원들의 이구동성에 못 이기는 체 동의했다.

"식사는 그만두고 그 사원에만 같이 갈게요. 나는 어디 한군데서 오랫동안 앉아 감상하는 걸 좋아하거든요. 가조 씨는 여기 관광을 오셨으니 여러 군데 좋은 곳을 많이 가보셔야죠."

한마디 토를 달고 같이 가기로 약속했다. 이튿날 아침 일찍 마차를 타고 간 그 사원의 이름은 나가욘이다. 얼마를 뇌물로 주었는지 모르지만 사원지기가 우리를 보자 반색을 하며 얼른 2층으로 올라가는 좁은 문을 열어준다.

들은 대로 사원 건물은 지진 때문에 많이 부서졌고, 큰 부처님상이 있는 1층도 안전 문제로 일반 사람들의 출입을 금하고 있었다. 무너질 듯 좁고 가파른 계단을 올라가니 갑자기 시야가 탁 트이면서 구름이 낀 낮은 하늘 아래 파간의 아름다운 모습이 한눈에 들어온다. 수백 개의 크고 작은 사원과 탑들, 그 기기묘묘한 모양들. 바둑판처럼 평평한 붉은 평원이 멀리 보이는 강의 푸른 물줄기와 멋진 조화를 이룬다.

최근 새로 단장한 아난다 사원, 탓피인니우 사원 등의 불교 건물들이 세월의 풍상 속에 무너져가는 이름 없는 건물들과 대조를 이루며 신비감을 더한다.

사원 꼭대기를 한 바퀴 돌아보는데 평원에서 불어오는 바람이 어찌나 센지 잠시 균형을 잃고 떨어질 뻔했다. 가조가 얼른 손을 내밀었지만 어쩐지 그 손을 잡기가 싫어 뒤뚱거리다 지붕에서 약간 미끄러졌다. 이곳에서 오전 내내 파간의 전경을 감상하며 그동안 밀렸던 일기를 써야겠다고 생각했다.

그래서 가조에게 먼저 가라고 권했다.

"가조 씨, 난 여기서 점심때까지 있고 싶으니까 제 걱정 말고 다른 데 구경하러 가세요."

"아이고, 저도 간밤에 술을 많이 마셔서 여기서 그냥 한숨 자는 게 좋겠어요. 비야 씨가 가고 싶을 때 깨워주세요."

가조는 한술 더 떠서 윙크까지 한다. 하는 꼴로 봐서 오늘 하루 종일 꼼짝없이 이 화상과 함께 다니게 생겼다. 사원 꼭대기에서 실컷 파간의 파노라마를 감상하고 해가 머리 꼭대기에 올 때쯤 사원을 내려왔다.

마차꾼은 파간에 와서 아침 내내 사원 한군데서만 시간을 보내는 사람들은 처음 봤다며 고개를 젓는다.

올드 파간의 백미라는 아난다 사원 앞에 있는 미얀마 식당으로 점심을 먹으러 가잔다. 전라도 한정식 집처럼 수십 가지 반찬이 한꺼번에 차려져 나오는 곳이다. 생선조림에 닭조림, 쌉쌀한 겨자잎국에 죽순무침과 가지볶음, 마른 새우와 고춧가루 섞은 것에 양배추와 오이 등 채소, 여러 종류의 된장 같은 소스가 커다란 테이블이 모자랄 정도로 자꾸만 나온다.

먹는 입은 나와 가조, 마차꾼 세 명인데 열 명이 먹어도 남을 양이다. 반찬은 기름기가 많은 것만 빼고는 아주 맛있다. 가조가 밥맛 떨어지게 하지만 않았어도 끝까지 잘 먹었을 거다.

가조는 떡 벌어진 상을 보며 일본에서 이렇게 먹으려면 어마어마하게 비싼데, 여기서는 값이 100분의 1도 안 된다는 둥, 그래서 돈 쓰는 재미가 있다는 둥 듣기 싫은 소리를 해대면서 다 먹지도 못할 음식을 자꾸만 시킨다.

그러면서 10년 전만 해도 한국에서도 이곳처럼 돈 쓰는 맛이 있었다면서 예전에 한국에 여자 친구도 두 명이나 있었다고 꼴불견 주책을 떤다. 말하는 것이 듣기 싫어 미얀마 가이드북을 건성으로 들여다보고 있자니 또 알은체를 한다.

"그거 영어 책이네요. 내가 만난 한국 사람들은 거의 일본의 여행 책을 베낀 한국어 책을 가지고 다니던데. 내용뿐만 아니라 껍데기 색깔까지 똑같아요. 그것도 일본에서는 다 지난 옛날 판을."

애초부터 마음에 들지 않았는데, 우리나라를 비하하는 듯한 말투에 기분이 상했다.

"여보세요, 가조 씨. 많은 한국인 여행자들이 그 노란 책을 가지고 다니는 건 사실이에요. 그렇지만 무단으로 베낀 것처럼 말씀하시는데 절대 그런 건 아니에요. 상당한 금액을 인세로 주고 정식으로 계약을 해서 번역한 것이니까 일본에 도움이 되면 됐지 해가 되진 않아요."

이렇게 항변을 하고 나서도 속이 시원하지 않다.

"그런데 가조 씨, 베끼는 얘기가 나와서 말인데 일본의 국보 제1호가 뭐죠? 교토에 있는 목조미륵보살반가사유상 맞죠? 그게 우리나라 금동미륵보살반가사유상을 그대로 복사했다는 사실을 알고 계시나요? 일본에서는 이렇게 중요한 걸 베꼈으면서도 로열티는커녕 베낀 사실까지 쉬쉬하고 있는데, 그 사실을 알고나 계시는지 모르겠네요. 돈도 안 내고 남의 것을 무단으로 베끼는 건 도둑질과 같죠. 안 그래요, 가조 씨?"

여기까지 나가자 가조의 얼굴이 점점 굳어진다.

"아, 소데스카. 와다시와 젠젠 시라나카단데스(아, 그렇습니까? 저는 전혀 몰랐습니다)."

얼떨떨한 얼굴로 가조는 맥없이 대답한다. 그래도 화가 덜 풀려서 좀 더 퍼부어줄까 하다가 덕분에 아침 내내 멋진 구경도 하고 공짜 마차에 점심까지 잘 얻어먹었으니 이쯤에서 그만두는 게 좋겠다.

"하기야 그건 가조 씨 개인의 잘못이 아니지요. 알리고 싶지 않은 역사는 아예 가르치지 않는 일본의 역사 교육이 문제겠지요."

이쯤에서 끝냈더니 가조는 소태를 씹은 듯 씁쓸한 표정을 짓는다. 제 생각으로는 돈을 펑펑 쓰면 내가 자기를 좋아라 따라다닐 줄 알았나 보다. 그래서 기분 좋게 점심까지 샀는데, 내가 이런 소리를 하고 있으니 대단히 실망한 얼굴이다(이 책을 쓰는 도중 홍윤기 님의 《한국인이 만든 일본 국보》라는 책을 보니, 내가 그저 단순한 카피라고만 알고 있었던 그 불상이 사실은 신라 불상을 그대로 가져간 거다. 이것을 일본 국보 제1호로 지정하고 국가적인 보물로 떠받들면서도 일본 교과서나 자료 어디에도 그 사실을 밝히지 않는다고 한다. 그때 알았더라면 더 강력한 말발이 서는 건데 분하다).

그래서인지 밥을 먹고 나서는 같이 구경하자고 건성으로 한번 권해보고는 내가 여기서 좀 쉬어가겠다고 하자 그럼 저녁때 숙소에서 보자며 가조는 굳은 표정으로 마차를 타고 떠났다.

가조가 떠난 후 나는 식당 주인 가족들과 아주 즐거운 한때를 보냈다. 이곳은 80대 증조할머니와 50대 할머니, 30대 초반 엄마와 7살 난 딸이 한 지붕 밑에서 오순도순 살아가는 '여인 4대' 집안이다. 이들에게 둘러싸여 '질문 집중 공격'과 '친절 집중 공격'을 받는다.

내가 일본 사람인 줄 알았던 30대 초반의 엄마는 한국 사람이라니까 당장 한국말로 '석가모니불'이라고 하면서 반가워한다. 이곳에 한국 스님들과 불교 신자들이 많이 온다는 거다.

7살짜리 예쁘장한 딸도 "헬로, 이름이 뭐예요?" 등등 눈동자를 이리저리 굴리면서 제가 아는 영어를 총동원한다.

긴 여행 중이라니까 50대 중반의 할머니는 자신이 끼고 있던 반지를 내 손가락에 끼워주며 영어로 "굿 럭(행운을 빌어요)." 한다. 이 지방 행운의 상징이라는 코끼리 꼬리털로 만든 반지다. 80대 증조할머니도 질세라 중국차를 권하며 종업원들에게 계속 망고와 과자 등 군것질거리를 내오라고 재촉한다. 가조 안 따라가기를 정말 잘했다.

그런데 파간에서 맞는 부처님 오신 날에 대한 특별한 기대는 무참히 깨졌다. 나는 미얀마의 모든 여정을 이날에 맞춰 짤 정도로 부처님 오신 날에 큰 기대를 하고 있었다.

인구의 90퍼센트 이상이 불교 신자라는 불교 국가인 만큼 부처님 오신 날을 상당히 거창하고 화려하게 지낼 것으로 생각했다. 그리고 이 행사는 아무래도 수천 개의 사원과 탑이 운집해 있는 파간에서 하이라이트를 이룰 거라고 지레짐작한 거다. 이런 기대를 부추긴 것은 인레 호숫가 마을에서 본 부처님 오신 날 전야제의 화려한 행사였다.

그런데 이게 웬걸, 정작 부처님 오신 날은 축하 행사 하나 없이 파간 전체가 쥐 죽은 듯 조용하다. 우리나라에서도 볼 수 있는 연등 행렬은 물론 다른 이웃 불교 나라에서 흔히 볼 수 있는 꽃이나 음식물 바치는 사람들도 없다. 그저 조용히 보리수나무 아래 서 있는 작은 부처상에 물을 뿌리는 의식이 있을 뿐이다.

세계에서 가장 불심이 깊다는 미얀마에서 이처럼 고요하고도 조용하게 부처님 오신 날을 맞다니. 모르긴 몰라도 여기에는 무언가 숨은 뜻이 있을 것이다.

: 향긋한 망고 향기로운 사람 둘

만달레이에서 버스를 타고 중국 국경을 향해 서쪽으로 12시간쯤 가면 히시포라는 소도시가 나온다. 샨 왕국 시절의 왕궁이 있는 이곳은 산골 마을로 가는 길목이라는 소문을 익히 들었던 터다.

이 길이 바로 중국과 육로로 통하는 밀수 루트라는데, 정말로 무슨 물건인지를 잔뜩 실은 대형 트럭들 때문에 조그만 시골 마을 길에 교통 체증이 생길 지경이다.

배낭족들에게 소문이 자자한 찰리의 게스트 하우스를 찾았다. 친절한 주인 미스터 찰리는 언제나 고개를 왼쪽으로 약간 기울이고 있어서, 내가 즉석에서 '12시 5분 전'이란 별명을 붙여주었다.

내가 묵게 된 방은 2층 베란다 바로 옆에 있는 6호 방이다. 사방으로 창이 나서 바람이 불지 않아도 창밖의 재스민 나무에서 나는 꽃향기가 방 안에 진동한다.

나는 여기 히시포에서 이 재스민보다 향기로운 사람 둘을 만났다. 그중 한 사람은 낸시, 숙소 바로 앞에서 조그만 국수 가게를 하는 45세의 통통한 샨족 아줌마다. 히시포에 도착한 첫날 중국 식당이 있다는 시장까지 가기가 귀찮아서 적당히 때우려고 근처를 두리번거리는데 첫 번째로 눈에 띈 가게가 그곳이다.

낸시는 어렸을 때 선교사가 운영하는 학교에 다닌 덕분에 영어를 배웠는데, 20년 만에 처음으로 영어를 써본다며 약간 흥분한다. 그동안 외국인 관광객이 집 앞을 지나가면 말을 붙여보고 싶었지만 워낙 부끄러움을 타는 성격이라 쑥스러워서 아무 말도 못했다나.

쌀로 만든 납작한 국수를 기름기가 약간 많은 뼈 국물에 말아 고기 고명을 얹어내는 샨 국수는 한 그릇에 30차트, 우리 돈으로 150원이다. 뚝딱 먹고 돈을 내려니까 손을 휘휘 내젓는다. 한국 사람 처음 본 것도 반갑고, 오랜만에 영어를 써본 것도 즐거우니 돈을 안 받겠다는 거다. 어떻게나 강하게 나오는지 돈을 내면 무시한다고 생각할 것 같았다.

"낸시, 그럼 다음에는 꼭 받아야 해요. 아니면 내가 부담스러워 못 오잖아요. 알았지요?"

이렇게 다짐을 받는데도 건성으로 고개를 끄덕이며 연신 대나무 부채를 부쳐준다. 후식으로 망고를 먹는데, 우리나라에는 망고가 안 난다니까 망고가 없으면 무슨 반찬으로 밥을 먹느냐고 눈을 동그랗게 뜨고 깜짝 놀란다.

이렇게 놀라는 것도 무리가 아닌 것이 미얀마에서는 없어서는 안 될 기본 반찬이 잘게 채 썬 파란 망고를 생선젓국과 곱게 간 고춧가루로 버무린 거다. 우리로 치자면 김치라고나 할까. 이것 없이는 밥을 못 먹는다고 생각한다.

국수도 맛있거니와 낸시의 친절에 이끌려 히시포에 있는 동안 하루도 빼지 않고 그 집에 가서 놀았다.

"비야는 간도 크네. 어떻게 그렇게 혼자서 몇 년씩 여행을 다닐 수 있지? 나는 무서워서 혼자 만달레이에도 못 가는데."

내 여행 경력을 듣고는 이렇게 말하는 낸시이지만 실상 그녀의 살아온 얘기를 들으면 그녀가 인생을 얼마나 적극적이고 당당하게 대하고 있는지 알 수 있다.

그녀는 어렸을 때 가족이 뿔뿔이 흩어져 남의 집에서 눈칫밥을 먹고 자랐는데, 재작년에는 그러지 않아도 힘든 자신의 인생에 최악의 일이 벌어졌다는 거다. 1월에 동네에 불이 나서 대나무로 만든 자기 집이 몽땅 타버린 것을 시작으로 봄에는 우리네 '계주'라고 할 사람이 돈을 떼어먹고 도망을 가는 바람에 있던 돈을 다 날렸다. 가을에는 또 12살 난 큰아들이 강물에 빠져 죽는 불행을 겪었단다.

"집에 불이 나고 돈을 떼인 건 속은 상하지만 그래도 괜찮아요. 아직 신체 건강하니까 얼마든지 다시 시작할 수 있어요. 그러나 죽은 아들은 다시 돌아올 수 없겠지요. 그렇지만 내 아들이 그렇게 일찍 죽은 것도 다 무언가 이유가 있을 거예요. 지금은 이해할 수 없지만 말이에요."

이런 걸 두고 달관했다고 해야 하나. 아들이 죽은 것도 다 부처님의 뜻으로 받아들이고 묵묵히 자기 생을 살고 있는 것이다. 내가 갈 때마다 가게에는 손님이 한두 명 있을까 말까 할 정도로 한가하다. 수다 떨기는 좋지만 장사가 너무 안 되는 것 같아 은근히 걱정된다.

"그래도 여기는 한 달에 한 번씩 대목이 있어서 괜찮아요. 보름을 전후해서 사람들이 절에 오는데, 그때는 하루에 사오십 그릇도 파니까."

어떻든 자기는 괜찮다며 대범하고도 태평한 웃음을 짓는다. 이틀째 국수로 저녁을 먹었더니 어떻게 그렇게 국수만 먹고 사느냐며, 그러니까 이렇게 빼빼 말랐다고 혀를 끌끌 찬다. 바깥세상에서는 마른 사람을 더 쳐주는 줄도 모르고서.

그다음 날 저녁 가게에 들어가니까 낸시와 수양딸 애니가 반가워하며 무언가 주섬주섬 내온다. 호박국과 돼지고기볶음에 생선 튀겨서 다시 조린 것, 설익은 망고 무침까지 반찬이 한 상 가득이다. 맨날 국수만 먹는 나를 위한 특별식이다.

놀란 눈으로 두 사람의 얼굴을 번갈아 쳐다보았더니 "제주 템바레(고마워요)."를 연발하며 이를 다 드러내고 웃고만 있다. 친구가 되어주고 영어를 함께 해줘서 고맙다는 거다.

실은 그날은 시내에서 중국식 고기만두를 발견하고 반가워서 배 터지게 먹고 온 뒤였지만 낸시가 퍼주는 대로 밥을 몇 그릇이고 비웠다.

여기는 북쪽의 산간 지방이라 만달레이나 양곤보다는 시원하지만 한낮에 내리쬐는 햇볕이 따갑기는 매한가지다. 아침에는 중국계 미얀마인 찰리(이 동네는 중국계가 10퍼센트 이상이다)와 함께 동네를 한 바퀴 돌면서 이 집 저 집 방문해 차도 마시고 시골길을 걷기도 하는데, 햇볕이 어찌나 뜨거운지 팔뚝에 또 땀띠가 돋기 시작한다.

무엇 때문인지 모르지만 지난 2월 베트남에서부터 땀띠가 계속 도진다. 햇볕에 노출되면 다음 날 팔뚝 전체가 벌겋게 부어오르면서 좁쌀 같은 물집이 곳곳에 생긴다.

가려워서 물집이 터질 때까지 긁기가 일쑤인데, 그러면 물에 닿기만 해도 벌에 쏘인 것처럼 따가워 샤워를 할 때마다 곤욕을 치르는 데다 흉터가 남아 오래 간다. 무좀과 더불어 오랜 여행에서 얻은 반갑지 않은 보너스다.

땀띠가 햇볕에 노출되지 않으려면 아무리 더워도 긴팔을 입어야 한다. 마침 시장에서 구제품 옷이 눈에 띄어 350원을 주고 긴팔 셔츠를 샀는데, 소매가 너무 길어 너덜거린다. 낸시에게 이 동네 재봉틀집이 어디 있냐니까 옷을 한번 보더니 거기 놓아두고 가란다. 저녁에 가보니 글쎄, 낸시가 소매 단을 자르고 손수 꿰매놓았다.

"재봉틀집에 물어보니까 20차트 달라잖아. 내가 잠깐 꿰매면 그만인데 20차트나 왜 줘."

마음씨 고운 낸시. 양곤도 인레 호수도 말만 들었지 아직 가본 적이 없다는 이 시골 아줌마는 자기 나라 얘기만 해줘도 입이 벌어진다. 다른 나라를 여행한 신기한 얘기를 해주면 너무나 흥미 있게 듣는 모습이 마치 소녀 같다.

위험한 얘기를 해주면 숨을 들이마신 채 입을 다물지 못하고, 우스운 얘기를 하면 손뼉을 쳐가며 깔깔거린다. 딱한 얘기를 하면 금방 얼굴이 일그러지며 혀를 찬다. 그 사이사이에 "집의 엄마가 얼마나 걱정하겠어!"라는 후렴을 잊지 않는다.

그러나 아무리 재미있는 얘기를 하고 있더라도 저녁 8시가 되면 낸시가 반드시 하는 일이 있다. 라디오로 영어 방송 뉴스를 듣는 일이다. 달리 영어 공부를 할 방법이 없는 그녀는 지난 십 몇 년간을 꾸준히 이 방송을 들어왔단다. 여러모로 대단한 국숫집 아줌마다.

어느 날은 해 지기 전에 꼭 오라고 신신당부해서 오후 5시쯤 갔더니 어린 딸에게 가게를 맡겨놓고 자전거를 끌고 나온다. 그러고는 자전거 뒤에 나를 싣고 동네를 한 바퀴 돌더니 근처 언덕으로 가서 멋진 일몰을 구경시켜주었다. 해가 진 후에는 마을로 내려와서는 동네 절에 들어가 아주 경건하게 절을 하고 꽃을 바치며 내 여행길의 무사함을 빌어주었다.

오며 가며 만나는 사람에게 나를 소개할 때마다 몹시 뻐기는 듯한 낸시 아줌마의 모습이 사랑스럽다.

히시포를 떠나기 전날 낸시에게 뭔가 정표를 남기고 싶은데 큰 배낭을 샅샅이 뒤져보아도 마땅한 게 없다. 한국에서 가지고 간 열쇠고리는 떨어진 지 이미 오래고 그림엽서도 동이 났다.

그런데 기적적으로 옛날 고릿적에 세계지도 사이에 끼워놓은 학이 그려진 연하장 한 장을 발견했다. 거기에 비자용으로 가지고 다

나를 편한 친구로 대해준 미얀마 국숫집 아줌마와 수양딸.
딸이 얼굴에 허옇게 바른 것은 자외선에서 보호하기 위해 나무껍질 추출액으로 만든 타나카이다. 아줌마는 어렸을 때 선교사가 운영하는 학교에서 영어를 배웠는데 20년 만에 처음으로 영어를 써본다며 나를 날마다 반갑게 맞아주었다.

니던 내 사진을 붙이고 한국 주소와 함께 이렇게 적어주었다.

'히시포에서 새로 사귄 좋은 친구. 우리 평생 연락하면서 지내요. 사랑을 담아서, 비야가.'

낸시도 한참 부스럭거리더니 뭔가 꺼내 놓으며 정표니까 받아두라고 한다. 하얀 물결무늬가 있는 미얀마식 붉은색 롱지다.

"비야는 롱지가 참 잘 어울리더라. 이건 내가 막냇동생 결혼식 때 딱 한 번 입었던 거예요. 마음에 들었으면 좋겠어."

히시포에 있는 동안 낸시의 롱지를 빌려 입고 다녔더니 그것을 마음에 두었다가 롱지 한 벌을 준 거다. 그러면서 하는 말이 다시 한 번 고맙다는 거다.

"나같이 무식한 국수 가게 아줌마랑 친구해줘서 정말 고마웠어요."

누가 누구에게 고마워해야 하는지도 모르고 거꾸로 내가 할 말을 가로챘다.

'그건 내가 할 말'이라는 뜻으로 "당신이 내 말을 훔쳤어요(You stole my words)."라고 했더니 "훔쳐요?" 하면서 깜짝 놀란다.

"아니, 아니에요. 내 말은, 내가 더 고맙다는 뜻이에요."

극구 부인했더니 그제야 안심이 된 듯한 표정이다. 낸시의 표정이 너무 순진하고 귀여워 주위 사람들을 아랑곳하지 않고 한 번 껴안아주었다.

다음 날 새벽 5시 30분에 버스를 타려고 정거장에 나갔더니 낸시가 비를 맞으며 나를 기다리고 있었다. 손에는 커다란 망고 두 개와 재스민 꽃으로 엮어 만든 꽃목걸이 두 개가 들려 있다.

"어저께 주려고 준비했던 망고를 얘기하느라 깜빡 잊었지 뭐야."

"제주 템바레."

정말 고마워요, 낸시 아줌마. 훌륭하고 사랑스런 미얀마 친구.

: 전쟁을 부르는 아편

히시포에서 만난 또 다른 소중한 사람은 '뻥캉'이라는 산골 마을의 여선생님과 마을 사람들이다. 28살의 '남모모라인'이라는 초등학교 여선생님은 깡촌 동네에서 영어를 할 수 있는 유일한 사람이다. 나는 미얀마 북부 지방으로 올 때부터 이 산악 소수민족들에게 특별한 관심이 있었다.

미얀마는 인구의 70퍼센트가 버마족이고 나머지 30퍼센트는 분리 독립을 주장하며 무장투쟁을 벌이고 있는 카렌족과 마약 산지로 유명한 산 고원의 샨족을 비롯한 50여 족의 소수민족으로 이루어져 있다. 이들 소수민족은 산악 지방을 중심으로 독립적인 생활을 하고 있는데, 기회가 있다면 꼭 한 번 산골 마을에서 민박을 하고 싶었다.

특히 샨족은 마약왕 쿤사를 배출한 종족이다. 쿤사 얘기가 나온 김에 이곳 아편의 역사에 대해 좀 알아보자.

고혹적인 꽃 양귀비에서 추출되는 아편은 그 시작이 그리스까지 거슬러 올라간다. 이것이 아랍 상인들에 의해 13세기 초 중국으로 들어왔는데, 중국의 소수민족들은 아편을 약으로 사용하고, 국가에 낼 세금이나 필요한 물건을 사기 위한 집안 살림용 환금작물로 재배하기 시작했다.

그런데 1940년대쯤 중국 남쪽 지방에서 아편을 재배하며 살던 사람들(물론 대부분 화전민)이 정치적 불안으로 타이나 라오스로 옮기게 되었고, 그때 이 '돈 되는 작물'도 함께 가져갔다. 이때만 해도 생산되는 아편의 양은 재배하는 사람들이 자급자족하고 최소한의 생활비를 조달할 정도였다.

그러던 것이 미얀마와 타이 북부를 장악한 중국 국민당이 아편을 군자금 확보 수단으로 사용하면서 대량으로 재배하기 시작했다. 여기에는 당시 공산주의의 급속한 확산에 두려움을 느낀 미국이 공산당을 막는 일이면 어떤 일도 묵인해주던 분위기가 결정적인 요인으로 작용했다. 국민당을 지원하던 미국이 아편의 대량생산을 묵인한 거다. 어떤 책에는 보호했다고도 되어 있다.

게다가 미얀마 반정부 게릴라들도 군자금 조달을 위해 아편을 재배하기 시작했다. 1960년대 이후에는 인도차이나에 여러 명목으로 미군들이 주둔하면서 아편의 수요가 급증하게 되었고, 곧 미군들의 입소문에 의해 아편 생산의 중심이 중동에서 이 지역으로 넘어오게 된 것이다.

그 이후 미국 CIA가 아편의 재배와 유통에 직접적, 간접적으로 관여하여 여기에서 얻는 수익으로 인도차이나에서 수행되는 군사 행동의 작전 비용으로 사용했다고도 한다.

지금 이 지역의 마약 생산을 국제 문제화하며 마약 퇴치를 위해 막대한 인력과 자금을 퍼붓고 있는 미국이 실은 문제의 원인 제공자이자 확산 유도자였다는 사실이 아이러니컬하다.

미얀마에서 마약 재배가 급격히 늘어난 데에는 복잡한 국내 문제도 얽혀 있다. 1960년대에 정부군은 자기들을 대신해서 북부 지역의 반정부 게릴라와 싸워주는 세력에게 그 대가로 마약 거래를 묵인해주어 재배가 크게 확산되었던 것이다.

이런 세력 중 대표적인 것이 '샨 연합군'이고, 그 핵심 인물이 자체 무기 공장과 병기창, 항공기, 미사일까지 갖추고 막강한 군사력을 보유한 마약왕 쿤사다.

: 누가 봐도 틀림없는 식모살이

게스트 하우스 주인인 '12시 5분 전' 찰리에게 이 근처 산골 마을에서 며칠간 민박을 하고 싶다고 조심스럽게 말했더니, 싱거울 정도로 쉽게 벵캉 마을에 있는 여선생을 소개해주었다.

그 마을은 히시포에서 걸어서 4~5시간 산으로 들어가는데, 샨족은 아니고 블라운족이라는 소수민족 마을이란다.

그 마을 사람들이 가끔씩 찻잎이나 땔감을 팔러 히시포로 내려오는데 그들과 함께 가면 될 거라는 설명이다.

게다가 이 시골은 마약과는 전혀 무관한 마을로 주 산업이 찻잎이어서 무장 군인이나 총기 사고 따위는 전혀 걱정하지 않아도 좋다는 거다. 나는 아이들에게 줄 공책과 볼펜 등을 잔뜩 사놓고 사람이 내려오기를 기다리는데 마침 다음 날 그 마을로 돌아가는 사람들이 있었다.

네 명의 마부가 열두 마리의 말에 찻잎과 땔감을 싣고 와 팔고, 쌀과 감자 등 식량을 사서 싣고 돌아가는 길이라고 한다. 꼬불꼬불 산길에 5시간이나 급경사 언덕배기를 올라 마을에 도착했다. 미스터 찰리가 마부들에게 어떻게 얘기했는지 마부들은 마을에 들어서자마자 두말 않고 여선생 집으로 나를 안내한다.

여선생에게 간단히 내 소개를 하고 며칠 묵어갈 수 있냐니까 처음 듣는 소리에 놀라면서도 선선히 그러라고 한다. 그러면서 미안하지만 자기는 지금 볼일이 있어 잠깐 어딜 다녀와야 한다며 2층에 있는 할머니를 가리킨다. 할머니에게 가보라는 뜻인 것 같다.

2층으로 올라가자 내가 오는 것을 내려다보고 계시던 할머니가 아주 반갑게 맞아주신다. 70대 중반의 할머니는 이가 다 빠졌지만 한창때는 꽤 고우셨을 얼굴이다. 그런데 할머니가 처음 보는 나를 이렇게 반가워하시는 이유가 따로 있었다.

마을로 오는 도중에 소나기를 만나서 옷과 신발, 배낭이 흠뻑 젖었기 때문에 2층에 배낭만 얼른 놓고 내려와 불가에 앉아 몸을 말리고 있었다. 그런데 바로 그 할머니가 따라오셔서 모닥불가에 어지럽게 널려 있는 찻잔들을 가리키시며 거두어 씻어오라는 시늉을 하신다.

할머니가 내게 차 대접을 하고 싶은데 이곳 풍습은 자기가 마실 찻잔은 자기가 씻어 와야 하는가 보다 생각하고 시키는 대로 했다. 끓여 나온 차는 요즘 새로 따서 말린 것을 즉석에서 살짝 볶아서인지 아주 구수하다. 연거푸 몇 잔을 마시면서 다리를 펴고 느긋하게 불가에 앉아 머리를 말렸다. 몇 시간 동안 비에 젖은 등산화를 신고 있어서 발가락이 쪼글쪼글 오이지가 되어버렸다.

역시 이가 다 빠진 할아버지는 얼굴에 표정이 전혀 없이 계속 차를 권하신다. 할머니 할아버지는 차에 설탕 대신 소금을 넣어 드신다. 그러나 그렇게 한가하게 앉아 있는 것도 잠시뿐, 할머니가 방 바깥으로 나오라고 손짓을 하신다. 나가보니 납작한 소쿠리에 쌀이 담겨 있는데, 오늘 저녁 지을 쌀이니 뉘와 돌을 고르라는 표현을 하며 시범을 딱 한 번 보여주고는 방으로 들어가 다른 일을 하신다.

바깥에서 10여 분간에 걸쳐 뉘를 다 골라내고 방으로 들어가 불가에 앉으니 할머니가 나를 부엌으로 다시 부르신다. 이번에는 커다란 호박을 내놓으면서 잘게 썰어 국거리를 만들어놓으라는 시늉을 하신다. 일을 시키는 품이 어쩌나 자연스러운지 필시 집안일 돌봐주러 온 가정부로 생각하시는 것 같다.

그도 그럴 것이 이 집에는 손자인 장정 여섯 명을 포함해 가족이 아홉 명이나 되는데 여자는 할머니와 여선생 딱 둘뿐이니 집안일이 넘치는 거다.

호박 국을 만들고, 가지를 썰어 양파와 함께 볶고, 마늘과 토마토와 양파와 고춧가루를 작은 절구에 넣고 빻아 미얀마식 고추장을 만들었다. 이것을 밥과 함께 먹는다. 밥은 우리처럼 물을 붓고 짓는 게 아니라 김을 쐬어 찌는 식이다. 밥을 짓는 방 한 켠 부엌에는 작은 생쥐가 한 마리 바쁘게 들락거리고 있다.

그런데 놀라운 것은 할머니가 저녁을 준비하시면서 밥을 제외한 모든 음식에 화학조미료를 한 숟가락씩 푹푹 넣는 거다. 처음에는 소금인 줄 알았는데 할머니가 자진해서 발음도 정확하게 '아지노모토'라고 가르쳐주신다.

미얀마 북부의 밀림 속 깡촌 마을에서, 이렇게 나이 드신 할머니가 음식마다 반드시 넣어야만 한다고 생각하는 것이 화학조미료라니!

한때 우리에게도 이런 시절이 있었다. 화학조미료는 '맛을 낼 뿐 아니라 머리가 좋아진다'는 믿지 못할 풍설이 널리 퍼졌던 적이 있다.

다시 한 번 일본 사람들의 마케팅 기술에 혀를 내두르지 않을 수 없다. 베트남, 캄보디아, 타이 등에서 이 화학조미료가 막강한 인기를 누리고 있다는 건 알고 있었지만, 이런 산골에까지 영향이 미친 것을 보면 그들이 얼마나 치열한 판촉전을 벌였을까 가히 짐작이 간다.

어디 일본의 '아지노모토'뿐이겠는가? 20세기 문명의 상징처럼 군림하는 '코카콜라'는 또 어떻고. 아프리카나 남미를 여행할 때 영양 부족으로 아이들이 말라비틀어졌는데도 엄마가 콜라를 사서 아이와 같이 마시고 있는 것을 보고 안타깝게 생각했던 것이 기억에 새롭다.

'콜라 살 돈으로 아이들에게 영양 많은 달걀을 사 주어야 하는데.'

오지의 오지, 깡촌 사람들까지 그 까만 설탕물을 안 마시면 안 되는 것으로 여기고 있다는 사실이 놀랍다기보다 차라리 무섭다. 없어도 되는 물건을 마치 없어서는 절대 안 되는 물건처럼 팔고 있으니 얼마나 무섭고 엄청난 마케팅인가.

저녁 준비를 끝내고 할머니와 나는 다른 가족들이 차 밭에서 돌아오기를 기다렸다. 이 집도 벵캉 마을의 다른 집들처럼 찻잎을 따다 말려 히시포에 내다 파는 것이 주업이다.

4월부터 9월까지가 찻잎이 나는 시기이고, 특히 지금 장마 직전에 따서 하루 만에 햇볕에 말린 차를 최상품으로 치기 때문에 요즘 온 가족이 차 수확에 전력투구를 하고 있다는 게 여선생님 남모모라인의 설명이다. 사람 키만 한 차나무에서 새로 난 이파리만을 하나씩 손으로 따서 한 바구니를 채우는 데 하루 종일 걸린다고 한다.

조금 있으니 커다란 바구니를 이마에 걸치고 몇 사람이 마당에 들어선다. 2층에 함께 앉아 있던 할머니가 나더러 같이 내려가자는 시늉을 하신다. 그러고는 바구니를 받자마자 즉석에서 찻잎을 손질하신다.

찻잎을 손질하는 순서는 이렇다. 따온 찻잎을 우선 한 번 데친다. 살짝 데친 찻잎을 대나무로 만든 긴 테이블에 널어놓고 가족들이 양쪽으로 늘어서서 빨래를 짜듯 물기를 빼낸다. 그러고는 돗자리에 널어 햇볕에 하루나 이틀 말려서 내다 파는데, 당시 시세가 킬로그램 당 85차트(약 425원) 정도란다.

거기 머문 5일 동안 나는 하루도 거르지 않고 저녁마다 물기 빼는 작업을 했다. 데친 찻잎은 몹시 뜨거워 일이 여간 힘든 게 아니다.

찻잎을 따온 가족들이 찻잎 손질을 얼추 끝낸 후 받아놓은 빗물로 샤워를 하고 둥근 저녁상에 둘러앉는다. 납작한 접시에 밥을 가득 담아 손으로 반찬과 섞어 맛있게 먹는데, 장정들이라서 먹는 밥의 양이 어마어마하다. 할머니는 조그만 상에 따로 밥을 차려 나가서 드신다. 부부 간에 밥을 한 상에 차려 먹지 않는 것이 또한 이곳 풍습인가 보다.

그러고 보니 이곳에서도 남녀유별이 대단하다. 불가에도 할아버지 자리, 남자 자리가 따로 있다. 한번은 모르고 불가의 할아버지 오른쪽에 앉았다가 할머니에게 혼이 났다. 그쪽은 남자들만 앉는 자리라는 거다. 잠자리에도 물론 성차별이 있는 것이다. 남자들은 따뜻한 불가에서 잠을 자고 여자들은 불기 하나 없는 부엌을 중심으로 잔다.

나도 예외가 아니어서 부엌 옆에 대나무 돗자리를 깔고 거친 담요를 덮고 잤다. 하루 종일 쉬지 않고 집안일 하지, 찻잎 손질하지, 잠은 부엌 구석에서 자지, 누가 보든 틀림없는 식모살이다.

할머니는 저녁이 되자 오후 내내 쓰고 계시던 하얀 스카프를 벗는데, 글쎄 까까머리를 하고 계신 게 아닌가. 게다가 할아버지는 파란 무늬가 있는 긴소매 내복을 입은 듯 전신에 문신이 잔뜩 새겨져 있다. 결혼한 여자의 까까머리와 남자의 전신 문신은 블라운족의 독특한 풍습이라고 한다.

저녁을 먹고 다시 불가에 둘러앉았다. 차를 마시면서 그제야 할머니가 여선생을 통해 여러 가지 궁금했던 질문을 하신다. 이름이 뭐냐, 어디서 왔느냐, 이 산골까지 왜 왔느냐……. 내가 대답할 때마다 '오~' 하는 감탄사를 연발하면서 기특하다는 듯 내 등을 쓰다듬으신다.

그런데 어찌 된 일인지 자기 손녀딸이 바로 옆에 있는데도 나한테만 일을 시킨다. 주전자에 물을 더 부어오라, 찻잔을 다시 씻어오라, 여간 부려 먹는 게 아니다. 이제는 마치 시어머니가 새 며느리 부리듯 당당하시다. 그래서인지 하룻밤도 지나지 않아 이 집 가족이 된 기분이다.

이곳의 가옥은 2층집인데, 티크와 대나무를 섞어 만든 아래층에는 물소 여섯 마리, 말 세 마리가 살고 있다. 사람들이 주로 생활하는 위층은 침실과 거실, 부엌이 따로 있는 게 아니라 완전히 원룸 시스템이다. 50평도 더 되는 넓은 공간 한쪽에 화덕 겸 난로인 장작불 지피는 곳이 있다. 여기서 차도 끓이고 음식도 만들고 가족들이 모여 얘기도 한다.

저녁 8시 반도 못되어 다른 가족들은 모두 잠자리에 들고 나는 남모모라인과 불가에 앉아 이 집 가족들과 동네에 대한 얘기를 들었다. 100여 가구가 모여 사는 이 마을은 지금은 1000여 명밖에 남지 않은 블라운족의 가장 큰 마을이란다.

1년 내내 허리가 휘도록 찻잎을 따도 겨우 먹고살기 바쁜 게 이 동네 경제 수준이지만 교육열은 높아서 초등학교와 중학교 과정을 겸하는 학교에는 구십팔 명의 학생이 다닌다고 한다.

사람들이 친절하고 순진해서 못 살아도 항상 웃고, 없으면 없는 대로 있으면 있는 대로 나누며 사는 정직하고 정이 넘치는 동네란다. 남모모라인은 그 맛에 여기서 6년째 아이들을 가르친다고 한다.

내가 학교 어린이들을 만날 수 있겠느냐고 물으니 마침 다음 날 아이들이 모두 학교 마당에 모여 잔디 뽑기를 하기로 되어 있으니 같이 가자고 한다.

: 등록금 1달러에 우는 아이들

다음 날 아침 동도 트기 전에 일어났다. 그래도 내가 이 집 가족 중에서 제일 늦게 일어난 거다.

할머니는 내가 일어난 것을 보자마자 빨리 세수하고 이 닦으라고 재촉을 하신다. 시키는 대로 하고 다시 방에 들어가자 어디를 같이 가자는 듯 나를 끌고 앞장을 서신다.

따라나선 곳은 집 근처에 있는 절이다. 할머니는 새벽 일찍 일어나 정성스럽게 밥을 해서 만든 동글동글한 주먹밥 열 개와 집 안의 꽃나무에서 꺾은 꽃을 절에 바치러 가시는 거다. 1년 365일 하루도 빠지지 않는 경배 의식이란다.

학교는 마을이 한눈에 내려다보이는 언덕 위에 있다. 덩그러니 길쭉한 건물에 책상과 걸상이 한데 붙은 긴 나무 의자 그리고 칠판 다섯 개가 학교 시설의 전부다. 양철 지붕은 지난해 유니세프가 기증한 것이라고 한다.

학교 운동장에는 10살 미만의 꼬마 여자 아이들이 스무 명 정도 삽과 곡괭이를 들고 모여 있다. 좀 더 큰 아이들은 어른들을 따라 찻잎을 따러갔음이 분명하다.

생각했던 것과는 달리 아이들은 아주 붙임성이 있다. 안녕하세요, 이름이 뭐예요? 내 이름은 누구예요, 어디서 오셨어요? 거의 모든 학생들이 돌아가면서 영어로 질문을 한다. 행색은 초라하지만 천부적으로 밝게 웃을 줄 아는 아이들이다. 아침 내내 아이들과 함께 학교 마당에서 잡초를 뽑았다.

일손을 잠깐 멈추고 그늘에 앉아 쉬는데, 7살 정도의 꼬마 아이가 찰싹 달라붙어 떠나지 않는다. 아까 구슬땀을 흘리며 열심히 삽질을 하던 아이다. 귀여워서 가지고 다니는 네 가지 색 볼펜으로 손가락에 초록, 빨강, 파란색으로 꽃반지를 그려주니 어찌나 좋아하는지 입이 찢어진다.

그것을 보고 거기 있던 아이들이 너도나도 손을 들이대며 반지를 그려달란다. 온갖 솜씨를 발휘해서 하트 모양, 별 모양, 태극 모양의 반지를 그려주었다. 흐뭇한 웃음을 지으며 그 광경을 바라보고 있던 남모모라인 선생의 손가락에도 꽃반지를 그려주었다.

반지가 동네 아이들의 마음을 끌었는지 다음 날부터 내가 집 밖에만 나서면 아이들이 "비야, 비야." 하고 따라오며 서로 손을 잡으려고 야단이다. 아이들 손을 잡고 걸어가다 다른 아이들이 나타나면 손을 잡은 아이들은 더 힘을 주어 꼭 잡으며 손을 놓지 않으려고 한다.

어떤 아이들은 내가 자기 집 앞을 지나가면 "헬로, 헬로, 비야."라고 소리를 질러, 그 소리에 아기를 업은 엄마까지 덩달아 집 밖으로 뛰쳐나와 손을 흔들기도 했다. 마을에 온 지 이틀도 지나지 않았는데, 벌써 마을의 일원이 된 듯 온 동네 사람들과 친해졌다.

마을에서의 내 생활은 나름대로 바쁘다. 새벽에 절에 가서 공양을 바치고 와서 아침 준비하는 것을 거든다. 가족들이 다 일하러 나가면 뒷동산으로 아침 산책을 가거나 동네를 한 바퀴 돌기도 한다. 점심때 밥을 먹고 설거지를 하고 나면 집 뒤뜰에 있는 채소밭의 풀을 뽑는다.

비가 오면 집 안을 치우고 남모모라인과 얘기를 하거나 밀린 글을 쓴다. 오후에는 저녁 준비를 하고 가족들이 따온 찻잎 손질을 돕고, 저녁을 먹고 난 후에는 자기 전까지 할머니의 차 시중을 든다.

할머니는 대단히 재미있는 분으로 나를 정말 가족처럼 생각하신다. 내가 떠나는 날에도 인사가 딱 한마디, "그럼 조심해서 갔다 와."였다. 마치 내일모레면 다시 집으로 돌아올 사람이라도 되는 것처럼. 어쩌면 할머니는 내가 금방 자기 집으로 돌아오리라고 생각하셨는지도 모르겠다.

밤에는 동네 사람들이 가끔씩 남모모라인을 만나러 왔다. 5월 말까지가 다음 학기 등록금 마감이라 아이들 학비를 내러 오는 사람들이다. 미얀마의 의무교육은 국가에서 학교와 선생을 제공하고, 학용품과 교과서는 각자 가정에서 준비해야 한다.

다른 지방에서는 초록색 교복도 의무적으로 갖춰야 하지만 이 동네는 교복은 제외되었다. 교복까지 사야 한다면 학교에 못 다닐 아이들이 많기 때문이다.

마을에 더 있고 싶지만 남모모라인이 5월 말까지 히시포에 가서

교사 회의에 참석해야 한다기에 아쉬움을 뒤로하고 마을에 온 지 닷새째 되는 날 히시포로 돌아가기로 했다.

떠나기 전날 저녁 12살쯤 되어 보이는 남자 아이가 남모모라인을 찾아와서 뭐라고, 뭐라고 하더니 어깨를 들썩이며 우는 것이다. 그러자 남모모라인은 아이를 달래며 한참 얘기를 하고, 아이는 가만히 듣고 있더니 고개를 깊이 숙여 인사하고 간다. 무슨 일이냐고 물어보았다.

"저 아이 부모가 등록금을 낼 수 없어서 그래요. 오늘까지 돈을 내지 않으면 학교에 다닐 수 없거든요. 저 아이는 정말 공부를 더 하고 싶은데 돈이 전혀 없다는 거예요."

'싸이싼떼이'라는 이름의 그 아이는 5형제 중 둘째인데, 1년 내내 티셔츠와 롱지 한 벌로 지내는 가난한 집 아들이지만 아주 똘똘하고 열심히 공부하는 학생이라고 한다.

"그래서 내가 걱정 말라고 했어요. 돈을 안 내도 학교에 와서 수업을 듣게 해주겠다고요. 그렇지만 그 아이는 교과서 없이 공부해야 해요."

그 말을 들으니 갑자기 내 학창 시절이 머릿속을 스친다. 나도 고등학교 다닐 때 등록금을 제때 낸 적이 없었다. 등록금 납입 마감 시간이 지나면 종례 시간에 이름이 불리기 일쑤였고, 어느 때는 다음 등록금 고지서가 나올 때까지도 지난 등록금을 내지 못해 중간고사 시험을 치르지 못하면 어쩌나 걱정한 적도 있었다. 이렇게 여러 학기의 등록금을 밀리다간 제적을 당할지도 모른다는 불안감으로 늘 마음 한구석이 조마조마했었다.

그런 경험 때문인지 어두운 호롱불 밑에서 울고 있던 그 아이가 가깝게 느껴지며 돕고 싶은 생각이 들었다. 사실 그때 내 수중에는 미얀마 돈이 충분치 못했다. 히시포에는 암달러 거래가 활발하지 않아 수도 양곤과는 환율 차이가 매우 크기 때문에 겨우 양곤까지 갈 차비 정도만 가지고 있었다.

그렇지만 물어보지 않을 수 없었다.

"그 아이 등록금이 얼마예요?"

"140차트예요. 제가 내주고 싶어도 다른 아이들이 있어서 쉽지 않아요. 저도 겨우 한 달에 1000차트(약 5500원)를 받으니 마음은 굴뚝같아도 여러 아이를 도와줄 수가 없어요."

"아니, 140차트면 1달러도 안 되는 돈 아니에요?"

나는 귀를 의심하며 깜짝 놀랐다. 1400차트가 아니라 140차트가 분명하냐고 되물으니, 한숨을 쉬며 그렇다고 한다. 그렇게 적은 등록금을 내지 못해 우는 아이가 있다니. 이번 학기에만도 등록하지 못한 아이들이 열 명이나 된다고 한다.

"오, 남모모라인. 내가 그 아이 1년치 등록금을 낼게요. 그 아이뿐 아니라 여태까지 돈 못 낸 열 명 아이들 것도 다 내줄게요."

호롱불 불빛 아래 고개를 들고 나를 쳐다보는 남모모라인의 놀란 눈동자가 반짝인다.

"진심이에요. 진심으로 내주고 싶어요."

고개를 끄덕이며 다짐하자 그제야 남모모라인은 얼굴에 차분한 미소를 떠올리며 고개를 숙인다.

"비야, 정말 고맙습니다. 아이들과 그 부모들이 정말 기뻐할 거예요."

깊이 고개를 숙이는 인사를 맞받아 나도 같이 고개를 숙였다.

"내일 아침 히시포로 가기 전에 학생들 집에 들러요. 비야가 아이들 등록금을 내주었다고 내가 말해주겠어요."

"아니, 아니, 그럴 필요 없어요. 정말 그러고 싶지 않아요. 딱 한 사람, 아까 울고 있던 아이가 마음에 걸리니까 그 학생 집에만 들렀다 가요. 좋아하는 모습도 보고 싶고 격려도 해주고 싶어요."

다음 날 아침 일찍 히시포로 가는 길에 그 집에 들렀으나 대문에 나무 빗장이 걸려 있었다. 이미 가족들이 모두 차 밭으로 나간 뒤였던 거다.

: 황금 사원에는 재물이 넘쳐나는데

복을 지으면 그 복이 반드시 돌아온다더니, 돈이 모자라 만달레이에서 양곤으로 올 때 에어컨이 있는 고급 버스 대신 찜통 현지인 버스를 타는 바람에 또 다른 수확이 있었다. 내 옆 자리에 앉은 학생을 통해 겉으로는 알 수 없는 미얀마의 '진짜 속사정'을 엿볼 수 있었던 거다.

그 학생은 만달레이에서 대학에 다니고 있는데, 구멍가게를 하는 집에 1년 세금이 무려 5만 차트나 나왔단다. 겨우 먹고사는 집안 형편으로는 도저히 낼 수 없는 너무 무거운 세금이라 세무서로 찾아가 담당 세무원에게 뒷돈으로 1만 차트를 내기로 하고, 2만 차트로 깎았는데, 그에게 줄 돈 1만 차트를 빌리려고 양곤에 사는 친척을 찾아가는 길이라는 거다.

"미얀마에서는 돈만 있으면 무엇이든지 가능해요. 돈만 있으면 대학 졸업장도 살 수 있고, 죽은 사람도 살아 있다고 말할 수 있어요."

그 학생은 아주 냉소적으로 말했다. 며칠 전 자전거를 타고 가던 막냇동생이 큰 트럭과 부딪치는 사고가 났단다. 누가 보아도 트럭 잘못이라 집에서는 트럭 운전사에게 자전거 수리비와 병원비를 달라고 했더니, 막무가내로 거절하더란다.

그래서 근처 경찰서에 신고를 했더니 경찰들은 사정도 알아보지 않고 무조건 동생이 잘못한 거라며 빨리 나가라고 오히려 호통을 치더라는 거다. 알고 보니 트럭 운전사가 이미 경찰들에게 뇌물을 먹인 거였다. 자기네처럼 돈 없는 사람은 이렇게 억울하게 당하기만 한다며 그 학생은 무겁게 한숨을 쉬었다.

"지금 학기 중일 텐데 이렇게 학교를 빼먹어도 괜찮아요?"

"휴교 중이에요. 몇 달 전 양곤과 만달레이에서 대학생들의 대규모 반정부 시위가 있었는데, 이것이 확산될까 두려워서 정부가 아예 유치원을 비롯한 모든 학교의 문을 닫아버렸어요. 참 웃기는 나라지요."

"앞으로 이 나라가 어떻게 될까요?"

"글쎄요. 끝내는 정권에만 눈이 어두워 국민들을 못살게 구는 현 정부가 무너지겠지요. 그러나 그때까지 불쌍한 우리 국민들이 얼마나 더 당해야 할지 모르겠어요."

그의 어두운 목소리에 내 마음도 무거워진다. 이 학생은 내가 아직 미얀마 최대의 불교 성지인 슈웨다곤 파고다를 안 봤다니까 자기도 양곤에 갈 때마다 반드시 들러서 기도하는 곳이라며 기꺼이 안내를 해주겠다고 한다.

다음 날 우리는 아름다운 불교 사원에서 다시 만났다. 아침 내내 내린 장대비에도 불구하고 사원에는 전국에서 몰려든 순례자들이 가득하다. 사원의 외벽은 몽땅 역대 왕과 불교 신자들이 기증한 금판으로 덮여 있다.

이 같은 금 기증의 전통은 이 사원이 얼개를 갖추기 시작했을 때인 1450년경 불심이 깊은 한 여왕이 자기 몸무게에 해당하는 금을 기증한 것으로부터 시작되었다고 한다. 그때 기증한 금을 금판으로 만들어 외벽에 붙였는데, 현재 이 사원 경내의 크고 작은 불탑을 덮고 있는 금을 모두 합하면 무려 7톤이나 된다는 거다. 한때는 슈웨다곤 파고다의 금이 영국중앙은행이 보유하고 있는 금궤보다 많다는 말이 있을 정도였단다.

금뿐만 아니라 보석의 숫자도 어마어마하다. 불탑의 꼭대기 부분은 5000여 개의 다이아몬드에 루비, 사파이어 등 2000여 개의 각종 보석이 붙어 있다고 한다. 아무리 보석이 많이 나는 나라라고 해도 한 사원이 가지고 있기에는 참으로 대단한 양의 재물이다.

금과 보석만 있는 게 아니다. 사원 내의 수십 개 되는 절마다 시주함에는 직원들이 하루에도 몇 번씩 자루로 담아내야 할 만큼 돈이 넘친다. 미얀마 최대의 불교 사원에 와서 부처님이 보이는 게 아니라 금과 보석과 산처럼 쌓여 있는 돈이 먼저 눈에 들어오는 내 세속성이 우습다.

그러나 산골 아이는 단돈 1달러의 등록금이 없어서 우는데 사원에는 이렇게 재물이 넘쳐나고 있다니, 뭔가 불공평해도 단단히 불공평한 거 아닌가?

나와 함께 간 학생은 사원을 한 바퀴 돌면서 건물마다 들어가 준비해 온 1차트짜리 새 돈을 보시함마다 바치고 경건하게 수십 배의 절을 올린다. 나도 시주 통에 일일이 돈을 넣고 학생을 따라 열심히 합장 기도를 했다.

'이 어진 백성들의 간절한 소망이 하늘에 닿게 하옵소서. 그리하

여 부처님의 자비가 바깥에 내리는 비처럼 이 나라에 내리게 하옵소서. 주룩주룩 쏟아져 내리게 하옵소서.'

방글라데시

방글라데시 최남단 '외로운 코코넛 섬'에서
외국인인 나를 보고 모여든 사랑스런 아이들. 내가 손을
흔들어주니까 더 신이 나서 깡충깡충 뛰며 손을 흔들었다.

비운의 방글라데시, 그 처절한 인간 참상

: 쓰레기 더미 뒤지는 아이들

방글라데시의 수도 다카에 오니 정신이 하나도 없다. 모든 것이 눈이 돌아갈 정도로 바삐 움직인다.

광기에 가까운 활기라고 해야 할까. 마그마가 끓을 대로 끓어올라 당장이라도 터져버릴 것 같은 활화산의 에너지가 감지된다. 인체로 치면 대동맥에 있는 뜨거운 피의 격류 속으로 뛰어든 듯한 느낌이다. 도저히 따라잡을 수 없는 속도감과 어지러울 정도의 현란함의 근원은 바로 다카의 교통수단인 자전거 릭샤와 오토바이 릭샤다.

40만 대 정도로 추산되는 릭샤는 시내 어디에서든지 사람과 소, 차와 다른 인력거에 부딪히고 엉키며 전속력으로 질주한다. 신발도 신지 않은 깡마른 자전거 릭샤꾼들이 어디서 그런 힘이 나올까, 모두 설사 난 사람들이 화장실로 돌진하는 속도로 날아다닌다.

그것뿐이라면 왜 정신을 못 차리겠는가. 온갖 방향으로 달리는 릭샤들은 백이면 백 모두 알록달록한 장식을 하고 있다. 자전거 릭샤와 오토바이 릭샤(이름 하여 베이비 택시, 예쁜 이름과는 전혀 딴판으로 천하무적 마징가 제트다) 차체에는 보통은 인도 영화의 남녀 주인공이 그려져 있는데, 이 밖에도 화려한 꽃이나 기하학적 패턴, 모슬렘 사원이나 모슬렘 경전 속 얘기가 형형색색으로 한 치의 빈틈도 없이 그려져 있다. 어쩌다 육교 위에서 보면 릭샤의 물결은 마치 화려한 페르시아 카펫처럼 아름답기까지 하다.

그리고 사람들! 세계에서 가장 인구밀도가 높다는 피상적인 말로는 도저히 상상할 수 없는 사람들의 파도다. 다카 어디를 가나 한국의 추석 귀성객들로 들끓는 여객 터미널이나 기차 대합실을 무색케 한다.

그 많은 사람들은 거리를 걸을 때나, 밥을 먹을 때나 물건을 살 때나 언제, 어디서를 막론하고 시야에서 사라질 때까지 나를 쳐다본다. 표정도 없이 뚫어지게 쳐다보는 눈만 커다란 얼굴들은 느긋하고도 담백한 분위기의 미얀마에서 방금 도착한 여행객의 혼을 쏙 빼놓는다.

베이비 택시를 타고 꼬불꼬불한 구시가지를 돌아 가이드북에 소개된 호텔을 찾아갔다. 멀리서 회교 사원의 기도 시간을 알리는 소리와 남자들이 쓰고 다니는 하얀 회교 모자에서 회교 문화권으로 들어왔다는 걸 느낄 수 있다.

구시가지라 그런지 복개하지 않은 하수구에서 그리고 골목마다 산처럼 쌓인 쓰레기 더미에서 썩는 냄새가 진동한다. 남자들은 그 옆에 쪼그리고 앉아 소변을 보고 있다. 거리에는 하얀 모자에 승마복을 입은 교통경찰이 눈에 띈다. 보기만 해도 덥고 땀띠가 도질 지경이다.

미얀마 더위도 살인적이지만 방글라데시의 더위는 온도와 습도에서 차원이 다르다. 습도 110퍼센트의 압력밥솥 안에 들어앉은 기분이라고 할까. 이런 날씨에는 찬물로 샤워를 하고 차가운 맥주를 마시며 더위를 식혀야 하는데, 여기는 모슬렘 국가라 맥주를 비롯한 모든 알코올 함유 음료가 판매 금지다.

겨우겨우 호텔을 찾아 들었는데 방은 곤충의 왕국이다. 워낙 싸구려 방이니 오죽할까마는 화장실에는 구렁이만 한 지렁이가 있고 침대 위로는 박쥐만 한 바퀴벌레들이 날아다닌다.

내가 정말 방글라데시에 온 거다. 어렸을 때 깡마른 아이들을 보면, "너 비아프라에서 왔니?" 혹은 "네 고향이 방글라데시지?" 하고 놀렸던 기억이 난다. 그렇게 방글라데시는 굶주림과 가난의 대명사였고, 지금까지도 그 빈곤에서 벗어나지 못하고 있다.

최신 유엔 자료에 따르면 1시간에 이십팔 명의 어린이가 죽고, 극빈과 굶주림 속에서도 매일 3000명의 신생아가 태어난다고 한다.

인구 1억 3000만, 세계 여덟 번째의 인구 대국인 이 나라가 앞으로 25년 뒤에는 지금 인구의 두 배가 된다고 하는데, 전 국민의 60퍼센트가 영양실조 상태라고 한다.

전 국토가 퇴적층으로 토지가 비옥하고 물이 많아 국토의 3분의 2를 경지로 이용할 수 있고, 1년에 삼모작도 가능한 기후 조건을 가지고 있다는데 왜 이렇게 가난할까? 과연 게을러서일까?

물론 식량 생산이 인구 증가를 따르지 못하기 때문이겠지만 그보다 결정적인 이유는 한 해도 거르지 않고 발생하는 홍수와 사이클론의 피해 때문이다. 무슨 이유에서인지 성스러운 강 갠지스는 이곳에 오면 심술을 부린다. 지형적으로 해발 1미터도 안 되는 낮은 지역이고 모든 강물이 벵골 만으로 흘러드는데, 우기가 되면 갠지스 강과 브라마푸트라 강, 자무나 강이 넘쳐 정성 들여 지은 농사를 고스란히 삼켜버린다.

게다가 계절풍이 불면 히말라야의 눈 녹은 물이 강으로 흘러들어 매초 14톤 이상 막대한 양의 물을 쏟아낸다. 이 엄청난 물은 인간이 만든 구조물로는 도저히 감당할 수 없는 양이다.

그래서 우기 때는 전국의 40퍼센트가 물에 잠기고, 1987년에는 전국의 75퍼센트가 물에 잠기기도 했다.

홍수가 나면 또 무서운 것이 수인성 전염병이다. 이곳이 아직까지도 전 세계에서 사람을 제일 많이 죽이는 병인 콜레라의 발원지라니 상상할 만하다.

물만 치명적인 게 아니라 바람도 목숨을 앗아간다. 해마다 소낙비에 강풍을 동반한 사이클론으로 수천 명씩 죽는 것은 흔한 일이라 국제 뉴스의 1단짜리 기삿거리도 되지 않는다. 1974년 사이클론 때는 수십만 명이 한꺼번에 떼죽음을 당하기도 했다.

자연환경이 이렇게 열악한 데다가 엎친 데 덮친 격으로 정치 환경도 대단히 불안하다. 방글라데시는 1971년에 세워진 신생국인데 대부분의 신생국과 마찬가지로 식민 통치의 잔재, 일반 국민의 지지가 부족한 정부와 정당, 함량 미달인 지도자의 좁은 안목 등에 따르는 사회 혼란과 빈부 차가 극심하다. 내가 다카에 있는 동안에도 무슨 선거를 치르는지 현수막이 여기저기 붙어 있어 어수선한데, 한편에서는 연일 반정부 데모가 한창이다.

이곳 방글라데시의 가난이란 버스 타는 대신 걸어가고, 밥 대신 수제비를 먹는 그런 상대적인 가난이 아니라 생존 자체를 위협하고 인간이기를 포기해야 하는 처절하고 절대적인 가난이다.

시내에 갔다가 골이 보일 정도로 눈알 빠진 자리가 깊숙이 들어간 거지 아이를 보았다. 구걸을 시키기 위해 갓난아기일 때 부모가 일부러 그렇게 했을 거란다. 그게 굶어 죽는 것보다는 나으니까.

한번은 우연히 크고 작은 시궁창에 둘러싸인 다카의 일용 노동자 천막 합숙소를 가보게 되었다. 보통 잡역부들의 하루 벌이가 40~50타카(약 900원), 아이들은 10타카라는데, 이곳 숙박료 얘기를 들으니 우스우면서도 가슴 아프다.

옆으로 칼잠이나 새우잠을 자는 데는 1타카, 바로 누워서 자는 데는 2타카, 팔다리를 펴고 큰 대(大)자로 자는 데는 5타카다. 그나마 일을 할 수 있을 만큼 큰 아이들만 여기에서 잘 수 있다고 한다. 그래 봤자 10살 미만이다.

내가 묵고 있는 호텔 앞 쓰레기 옆에서도 2살쯤 되어 보이는 아기와 돌도 지나지 않은 갓난아기가 맨바닥에서 세상모르고 자고 있는 것을 보았다. 다음 날 보니 그 아이들은 소, 개와 같이 쓰레기 더미를 뒤지며 먹을 것을 찾고 있었다.

나와 눈이 마주치자 세상 근심 없다는 듯한 표정으로 하얀 이를 드러내며 웃어 보이던 그 아이가 가엾다는 생각보다 분노가 앞선다.

지난번 미얀마에서는 모든 인간에게는 신성(神性)과 불성(佛性)이 있다고 가르쳤다. 신이 될 수도 있다는 인간이 집에서 기르는 짐승보다 훨씬 못한 환경에서 그저 목숨을 연명하며 나뒹굴고 있는 모습이 끔찍하다.

땀 흘리며 전력 질주하고 있는 앙상한 릭샤꾼들에게서 건전한 노동의 정직함과 신성함이 물씬 느껴진다. 그러나 그렇게 하루 종일 뼈가 으스러지게 일해보았자 저녁에 팔다리도 제대로 펴지 못하고 자야 한다니. 이 사회구조의 불공평성에 진저리가 쳐진다. 그런데도 내가 이들을 위해 아무것도 할 수 없다는 무력함에 더 몸서리가 난다.

아! 머리가 터질 것 같다. 가슴도 터질 것 같다. 이 날씨, 이 복잡함, 이 현란함, 이 냄새, 이 가난, 이 불공평 그리고 이 무력함. 눈에 보이고 코로 맡아지고 피부로 느껴지고 가슴속으로 파고드는 이 모든 것을 감당하고 소화해낼 능력이 지금 내게는 없다.

이들을 객관적으로 바라보고 주관적으로 생각할 수가 없다. 안 되겠다. 어디 가서 머리를 식히고 와야겠다. 이렇게 과열된 머리로는 이토록 감상적인 마음으로는 내 판단도 믿을 수 없고, 이곳이 제대로 보일 리도 없다.

그래서 인도 비자와 육로 통행증을 신청해놓고 다카를 떠나 바닷가로 일주일 정도 피정(避靜)을 가기로 했다. 여행 중의 여행을 떠난 거다.

: 피범벅 된 얼굴로 하나 둘 셋, 찰칵!

가이드북을 참고로 해서 콕스바자르를 거쳐 이 나라 최남단의 섬 세인트마틴에 가기로 했다. 콕스바자르는 120킬로미터나 되는 세계에서 제일 긴 해변의 중심지이고 조용한 휴양도시라고 한다.

그런데 예상치 않게 윌리엄이 따라가겠단다. 윌리엄은 다카의 숙소에서 만난 싱가포르 주재 영국인 기자다. 직장을 호주로 옮기는데 3개월 동안 공백이 있어 여행을 한다는 거다.

방글라데시는 아직 배낭여행자가 별로 없는 곳이라 윌리엄 같은 배낭족이 웬만하면 반가울 텐데, 현지인들을 너무 얕보고 함부로 대하는 게 영 마음에 들지 않아 같이 다니기가 피곤하다. 구제 불능 국민이라느니, 신이 버린 나라라느니, 여기서 사람으로 태어나느니 영국에서 애완견으로 태어나는 게 낫겠다느니 하는 말들이 들을수록 가관이다.

쓰레기를 뒤져 썩은 망고를 찾아 먹는 아이를 보면서 우리와 같은 인간이라는 존재가 어떻게 저 지경으로 살아가야 하나, 지구라는 행성에서 같은 하늘을 이고 사는 사람의 삶이 이다지도 다를 수가 있나 하는 생각에 나는 눈물이 날 지경인데, 윌리엄은 호주에 가면 아파트 전체 색을 파랑과 흰색으로 할 것인지, 진한 자주색과 회색으로 할 것인지 신이 나서 얘기한다.

"윌리엄, 좀 조용히 해줄래요?"

그제야 그는 내가 왜 그러는 줄 알고는 머쓱해한다.

"저것 때문에 그래요? 저런 건 여기서 벌써 많이 보았잖아요."

그래, 네 말이 맞을지도 모르겠다. 내가 너무 과민한 건지도 모르겠다. 그렇지만 너같이 '논리적이고 합리적인 것'에만 빠져서 손발과 정서가 안 맞는 '서양 촌놈'과 여행을 같이 하기는 싫다.

그런데도 그는 남의 속도 모르고 자기도 해변에서 며칠 쉬어가고 싶었는데 혼자서 하는 여행이 처음이라 엄두가 안 났다고 반색을 하며 매달린다.

"마침 비야 씨를 만나서 같이 갈 수 있으니 정말 잘되었어요."

잘되긴 너나 잘되었지. 나는 같이 가고 싶은 마음이 조금도 없는걸.

하지만 방글라데시에 도착한 다음부터 물갈이를 하는지 심하게 설사를 해대며 잘 먹지도 못하는 사람을 매정하게 뿌리칠 수가 없다. 아무튼 한국 사람은 오나가나 그놈의 정 때문에.

콕스바자르는 다카에서 버스로 10시간 정도의 거리인데, 윌리엄은 버스를 타자마자 차멀미로 얼굴이 새하얘지고 자꾸 토한다. 푹푹 찌는 차 안에서 바로 옆자리에서 풍기는 시큼한 냄새를 맡고 있자니 나까지 덩달아 헛구역질이 난다.

게다가 버스 운전사의 운전하는 모양새를 보면 멀미가 나는 것도 당연하다. 길은 그런대로 괜찮은데 왕복 2차선 도로를 버스와 승용차 네 대가 차선을 완전히 무시하고 중앙선을 넘어 전속력으로 나란히 질주하는 거다.

그러다가 앞에서 차 한 대가 마주 오면 나란히 달리던 네 대의 차들이 바싹 붙어 간신히 한 대가 지나갈 공간을 마련해준다. 마주 오는 차가 부딪칠 듯하면서 간신히 스치고 지나갈 때는 꼭 충돌할 것만 같아 가슴이 철렁 내려앉는다.

산악 지방을 지나갈 때 산사태나 낭떠러지 때문에 위험을 느끼는 것과는 차원이 다르다. 마치 곡예 경주 자동차를 타고 달리는 것같이 머리가 쭈뼛 서는 스릴이다.

경치 구경 제대로 해보겠답시고 운전사 바로 뒷좌석에 앉았는데 그 덕분에 '짜릿함'을 보너스로 몇 배 만끽해야 했다. 그래도 운전사가 태연자약하게 운전하는 걸 보면 여기서는 이렇게 달리는 게 정상인가 보다.

그러나 아무리 접어 생각해보아도 이 운전사의 난폭 운전은 너무하다. 핸들을 이리저리 꺾고, 브레이크도 너무 급하게 밟고, 클랙슨도 너무 자주 누르고, 전방에 10미터만 길이 트여도 전속력으로 달려 나가며 마주 오는 차들을 요리조리 피한다.

그렇게 달리기를 2시간쯤 했을까? 갑자기 앞바퀴에서 바람 빠지는 소리가 나면서 '어어어' 할 시간도 없이 버스 앞머리가 길옆 진흙 밭에 처박히고 말았다.

운전사 바로 뒷자리에 앉은 나는 용수철 팅기듯 튀어 올라 의자 등받이에 얼굴을 정면으로 들이받았다. 그 순간 코를 둔기로 얻어맞은 것처럼 얼얼해지며 정신이 몽롱해진다.

'사고다! 빨리 빠져나가야 한다.'

본능적으로 탈출할 생각이 뇌리를 스쳤다. 앞으로 잔뜩 기울어진 버스 속에서는 사람과 짐이 뒤엉켜 한순간에 아비규환이 벌어진다. 서로 먼저 문을 빠져나가려고 악을 쓰는 사람들, 놀라서 빽빽 울어대는 아이들.

"앞사람들 빨리 비켜요, 알라."

"조금만 비켜요. 아이가 짐 사이에 끼었잖아요, 알라."

"유리 깨고 뒷문으로 나가자, 알라."

비명과 악다구니가 오가는 순간에도 거의 후렴처럼 그들은 자기들의 신 알라를 찾는다.

정말로 알라 때문인지 불행 중 다행으로 크게 다친 사람은 없는 것 같다. 버스가 길가 쪽으로 가다가 일어난 사고라서 요행히 다른 차와 부딪치지 않고 진흙탕에 처박힌 거다.

윌리엄과 나는 카메라와 일기장이 들어 있는 작은 배낭을 챙겨서 밀고 당기던 끝에 가까스로 버스 앞문을 빠져나왔다.

일단 위험한 순간은 넘겼다는 안도감에 잠깐 숨을 돌리는데, 들고 있는 배낭 위로 선홍색 피가 뚝뚝 떨어지는 게 아닌가. 놀라서 얼굴을 만져보니 아까 부딪친 코 주위가 부어오르고 코피가 펑펑 쏟아지는 중이었다.

얼른 거울을 꺼내보니 소복 입고 긴 머리를 풀어헤치지만 않았지 영락없는 《월하의 공동묘지》 여주인공 몰골이다. 코피 나는 줄도 모르고 버스를 빠져나오면서 얼굴을 어떻게 만졌는지 얼굴 전체는 물론 목까지 피범벅이 되어 있다. 코피가 주르르 흘러 티셔츠를 흥건히 적신다. 휴지로 막으려다가 좋은 생각이 떠올라 눈으로 윌리엄을 찾았다.

버스를 빠져나온 승객들은 화가 나서 '드라이버, 드라이버'를 외치며 운전사를 찾는데 운전사는 이미 삼십육계 줄행랑을 놓은 후다. 나중에 알고 보니 이런 때 사고를 낸 운전사가 도망가지 않고 있다가는 몰매를 맞는다는 거다.

피범벅이 된 내 얼굴을 보고 놀라서 윌리엄이 비명을 지른다.

"으악, 비야 씨 얼굴에 피가 나요."

"알아요. 기념으로 사진이나 한 장 찍어주세요."

윌리엄에게 카메라를 내밀었더니 도저히 믿지 못하겠다는 표정으로 눈만 껌벅인다. 좋은 일만 기념인가, 나쁜 일도 기념은 기념이니까. 자, 멋있게 찍어줘. 하나, 둘, 셋, 김치이이!

우리는 외국인이라고 특별히 자기 회사 소속도 아닌 다음 버스를 타게 해주어서 해 지기 전에 콕스바자르에 도착할 수 있었다.

모처럼 날씨가 좋았기 때문에 숙소를 잡자마자 일몰을 보려고 서둘러 바닷가로 나갔다. 바람이 모래를 일정한 방향으로 날려가는 것이 사막을 여행하는 기분이다. 해변 군데군데 그물을 말리는 모습이 마치 대형 그물 침대를 걸어놓은 것 같다.

기대했던 멋진 붉은 노을은 없었지만 대신 진한 비둘기색 구름이 지평선에 닿을 만큼 낮게 내려앉아 음울하고도 원시적인 독특한 분위기의 바다를 맛볼 수 있었다.

 이곳 바닷가는 해변이 길고 관광객용 시설물이 적어 그런대로 마음에 들기는 한데 수영복을 입고 해수욕을 즐기거나 선탠을 할 분위기는 전혀 아니다. 남자들은 트렁크형은 물론 그보다 더 야한 삼각팬티 모양의 수영복도 입고 다니지만 여자들은 옷을 모두 입은 채 물속에 들어간다.

 외국인인 나도 숙소나 바닷가 어디에서도 반바지조차 입을 수 없다. 반바지는커녕 치마가 좀 짧아 종아리만 보여도 동네 남자들에겐 큰 구경거리가 된다.

 그렇다고 조용히 그늘에 앉아 책을 읽거나 한가로이 해변을 거닐며 생각에 잠길 수 있는 곳은 더욱 아니다. 바닷가에 혼자 앉아 있으면 1분도 안 되어 무엇을 사라는 장사꾼을 비롯해 호기심 많은 청소년들의 좋은 표적이 된다.

 어떻게든 피해보려 해도 그들에 비해 살결도 하얗고 얼굴 모양이 달라 선글라스를 쓰건 모자를 푹 눌러쓰건 변장이 불가능하다. 여기서도 '조용히 머리 식히기'는 그른 모양이다. 하기야 세계에서 인구밀도가 제일 높은 나라에 와서 조용한 곳을 찾는다는 게 애당초 무리가 아니었던가.

 윌리엄은 바닷바람을 심하게 쐬어서인지 이번에는 감기가 든 것 같다고 엄살이다. 골치가 아프다느니 목구멍이 따갑다느니 계속 징징대는 소리가 번거로워 한국 감기약을 꺼내주며 위로의 말을 몇 마디 해주니까 조용해진다.

 윌리엄의 몸은 '불량품'인지 '정비 불량'인지 안 아픈 데가 없다. 아프면 엄살과 짜증이 많아지는 게 당연하다고 생각해서 싫은 내색 안 하고 꾹꾹 참아주고는 있지만 아무래도 더 이상은 같이 못

다니겠다. 나도 지금 폭발 일보 직전인데 어쩌란 말이냐.

: 외로운 코코넛 섬의 끈질긴 장맛비

　방글라데시 국토의 최남단은 섬이다. 이름은 세인트마틴 섬. 현지인들은 나라켈진지라, '외로운 코코넛 섬'이라고 부른다. 콕스바자르에서 버스로 3시간, 거기서 다시 배를 타고 2시간 정도 가는 거리다.
　이 섬에는 선착장도 접안 시설도 없다. 사람들은 사다리를 타고 배를 내려가 물이 허리까지 오는 바다를 걸어 섬으로 들어간다. 나도 배낭이 물에 젖지 않게 머리에 이고 가슴까지 들이치는 파도를 가르며 해변으로 가야 했다.
　배에 탄 어린아이와 모슬렘 여자들은 남자들의 등에 업혀 건너간다. 얼굴은 물론 온몸을 검은 천으로 가리고 평소에는 눈길도 마주치지 않는 여자들이 아무렇지도 않게 외간 남자에게 업히는 게 신기하다.
　해변에 도착하니 외국인을 본 동네 아이들이 소리를 지르며 겹겹이 모여든다. 손을 흔들어주니까 더 신이 나서 깡충깡충 뛰면서 "헬로, 헬로."를 연발한다.
　운 좋게 마침 그때 해변에 나와 있던 영어를 할 줄 아는 해군 중위가 자신이 묵고 있는 숙소를 소개해주었다.
　정부가 운영하는 하룻밤 30타카(약 600원)짜리 게스트 하우스는 황송할 정도로 시설이 좋았다. 원래는 공무원들이나 군인 장교들이 출장 때 묵는 숙소인데 사람이 없으면 일반인도 몰래 받아 부수

입을 올리고 있단다.

이 섬은 산호가 만든 섬으로 150년 전 사람이 처음으로 이주해 올 때는 열세 가구에 오십오 명뿐이었는데, 지금은 약 500가구에 5000명 정도가 살고 있다고 한다.

아직 전화나 자동차도 없고 그 흔한 릭샤 한 대 없다. 거기다 지난 달 태풍으로 전기까지 끊긴 상태다.

코코넛 나무를 스치는 바람소리와 하루 종일 짖어대는 개소리, 떠들며 노는 아이들 소리, 예배 시간임을 알리는 사원의 기도 소리가 전부인 곳. 식당도 없고 거지도 없는 현대 속의 원시 섬. 마을 전체가 쭉쭉 뻗은 코코넛 나무로 둘러싸여 아름답고도 이국적인 분위기다.

그런데 푹 쉬려고 찾아온 이 섬에서도 편히 쉬기는 틀린 것 같다. 우선은 '초강력 인간 접착제' 윌리엄이 따라붙었기 때문이다. 내가 섬 주인이 아닌 다음에야 자기 발로 오겠다는데 못 오게 할 수는 없는 일이니까.

그렇지만 아무리 감추려 했어도 이쯤이면 내가 자기와 다니기 싫어한다는 걸 알아차렸을 만도 한데. 눈치가 없는 건지, 도저히 혼자 다닐 엄두가 안 나서 '모진 구박'도 감수하는 건지 알 수가 없다.

둘째는 우리를 구경하는 동네 아이들 때문이다. 적을 때는 대여섯 명, 많을 때는 서른 명 정도가 밥을 먹으러 갈 때나 해변을 걸을 때나, 심지어 숙소 베란다에 앉아 있을 때조차 대문 밖에 몰려와 "헬로, 헬로."를 연발한다. 숙소 매니저가 대문을 닫으면 문 밑 좁은 빈틈으로 얼굴들을 디밀고 끈질기게 '헬로'를 외친다.

하기야 이 아이들에게는 우리가 얼마나 신기한 구경거리겠는가.

한 사람은 허연 피부에 파란 눈이지, 또 한 사람은 노란 피부에 동글 넙적한 얼굴이니 말이다. 진드기처럼 따라붙는 아이들이 귀엽다고 생각하면 귀여울 수도 있지만, 지금의 심리 상태로는 솔직히 짜증이 앞선다.

동네 개가 밤낮없이 짖어대는 것도 귀에 거슬린다. 이곳에는 이상하게 기형 개들이 많다. 등뼈가 잘못되어 하반신이 마비된 개, 다리를 저는 개, 아예 다리가 하나 없는 개, 눈이 하나 없는 개, 항문으로 장이 빠져나온 개. 이 개들은 하루 종일 서로 싸우느라 으르렁댄다. 깨갱깨갱 하는 소리가 빗소리를 뚫고 한시도 쉬지 않고 들리니 조용히 쉴 수가 있나.

더 큰 문제는 날씨다. 방글라데시가 지금 장마철인 줄은 알고 있었지만 이렇게 끈질기게 비가 올 줄은 정말 몰랐다. 매일같이 하루 종일 비가 내린다. 장교 말로는 요즘이 보름이 가까운 때라 날씨가 나쁘고 비가 더 많이 오는 거란다.

지난 달 사이클론이 시속 200킬로미터로 이 섬을 강타해 500여 가구 중 100여 가구의 집이 부서지거나 날아갔다는데 그때도 보름이었다고 한다. 이 해군 중위는 그때 생겨난 이재민을 구호하기 위해 출장 온 것이란다. 직접 겪지는 않았지만 해변 곳곳에 아름드리 코코넛 나무가 허연 뿌리를 드러낸 채 쓰러져 있는 걸 보면 그 위력을 짐작할 수 있다.

보름달이 몰고 오는 강풍과 장대비는 내 기대와 예상이 완전히 빗나간 얘기다. 나는 이 '외로운 코코넛 섬'의 조용한 바닷가에서 야자수를 배경으로 보름달 빛을 받으며 한없이 거닐고 싶었다. 그러면 몇 달 동안 쌓였던 여독도 풀리고, 이 터질 것 같은 머리도 식을 것이라고 자못 낭만적인 기대를 했는데 말이다.

비도 비지만 제일 괴로운 건 습기다. 침대가 너무 축축해서 그 위에 비옷을 깔아야 할 정도다. 숙소에서 주는 홑이불을 덮고 있으면 마치 뱀 껍질인 양 축축하게 휘감겨 기분이 나쁘다. 옷은 말려서 입는 게 불가능하니 대충 털어 입고, 체온으로 말리는 게 더 빠르다. 그러니 옷마다 불쾌하기 그지없는 썩은 걸레 냄새가 난다.

어쩌다가 배낭 안의 긴 바지를 꺼내보니 푸른빛이 도는 허연 곰팡이가 슬었다. 비닐봉지에 든 과자들도 물에 한 번 빠뜨렸다 건진 것처럼 눅진눅진하다. 일기장도 눅눅해지고 심지어 지갑이며 돈까지 축축할 정도다. 이 습기에 카메라와 필름이 걱정이다.

그래도 이삼 일 동안 비에 갇혀서 밀린 일기도 쓰고, 편지도 쓰고 했는데 무료해지기 시작한다. 언제 비가 그칠지 모르니 더 그렇다. 그러나 장마철에 여행 다니면서 짜증을 내고 해 나기를 기다리다가는 아무것도 못한다. 그보다는 주어진 조건 속에서 최대한 즐겁게 보낼 궁리를 해야 한다. 어디 장마뿐이겠는가. 이게 여행지에서 살아가는 지혜다.

설사가 그친 윌리엄은 그래도 힘이 없는지 이삼 일 동안 제 방에서 잠만 퍼 잔다. 아무래도 걱정이 되어 불러보았다.

"좀 어때요? 웬만하면 운동 삼아 섬 구경이나 할까요?"

"비가 오는데요. 비 맞으면 또 감기 들어요."

"어이구, 윌리엄은 종이로 만든 사람인가 봐요. 그렇게 몸이 약하면서 여행은 왜……."

짜증이 났지만 그 뒷말은 차마 하지 못했다. 이렇게 말하고 나니 좀 안됐다는 생각이 든다. '또 설사할까 봐' 또는 '도저히 입맛에 맞지를 않아서' 같은 말을 하면서 현지 음식을 전혀 먹지 못하고,

과자와 과일로 연명하는 걸 생각하니 꼴 보기 싫다가도 가엽다. 이 사람 지지리 복도 없지, 여행에 지쳐 아무에게도 친절하게 대해지지 않을 때 나를 만나 같이 다니다니. 그는 내가 원래 히스테리가 심한 사람인 줄 알 거다.

"그럼 난 한 바퀴 돌고 올게요."

우산도 없이 숙소를 나섰다. 비는 장대비에서 가랑비로 변했지만 밖에 나간 지 20분도 안돼 생쥐 꼴이 된다. 꼬마 아이들은 빗속에서 벌거벗고 축구를 하고 있다가 내가 지나가니 얼씨구나 하고 따라붙는다. 조금 더 가니 어린 동생들을 업은 여자 아이들이 모여서 놀고 있다가 또 따라온다. 어떤 여자 아이들은 윗도리를 입지 않고 치마만 두르고 있다. 이런 보수적인 모슬렘 동네에서 참 희한한 일이다.

원래 모슬렘 법대로라면 여자의 얼굴은 결혼 가능한 모든 남자들에게 보여서는 안 된다. 사촌들과도 결혼을 할 수 있으니 얼굴을 보일 수 있는 남자는 아버지와 형제들뿐이다.

'조금만 더 크면 이 천진난만한 아이들도 검은 베일 속으로 사라지고 말겠지.'

초경이 시작되고부터는 죽을 때까지 얼굴과 온몸을 가리고 사는 것을 세계 모든 여자들의 운명이라고 알고 있는 마을 사람들에게 두 명의 남자를 대동하고 다니면서 뻔뻔스럽게 얼굴도 가리지 않은 38살의 여자가 어떻게 보일까.

당연히 품행이 단정치 못한 여자로 보이겠지. 그래서일까? 여기 남자들은 내가 지나가면 애써 못 본 척한다. 가게에서 필요한 일상 용품을 살 때도 주인은 눈을 마주치지 않으려고 무진 애를 쓴다. 나는 나름대로 모슬렘 동네의 예의를 갖추느라 이 더위에도 아주 헐렁한 바지에 긴팔 티셔츠를 입고 다니는데 좀 너무하다.

이 섬에서는 여자 어른들을 볼 수 없다. 섬 주민의 65퍼센트 이상이 여자지만 바깥출입을 하지 않으니 없는 것처럼 느껴진다. 그래도 내가 섬을 돌다가 집 앞을 지나가면 호기심을 이기지 못한 여자들이 집으로 들어오라고 손짓을 한다. 내가 보고 싶어도 집 밖으로 나오지 못하는 모슬렘 여자들이 딱하다.

집으로 들어가면 그렇게 좋아할 수가 없다. 얼른 차도 한 잔 내오고, 즉석에서 딴 야자의 꼭지를 따서 마시라고 준다. 대부분 얼굴이 동그랗고 눈도 동그랗고 가지런한 하얀 이에 이목구비가 뚜렷한 미인들이다.

: 강간범은 고추를 따버려야 해

모처럼 만의 외출에서 돌아와 보니 숙소에는 영국에서 왔다는 에드워드라는 다른 여행객이 와 있다가 오래전부터 알던 사람인 양 반갑게 인사를 한다. 나도 새로운 멤버가 생겨 몹시 반가웠다.

그날 밤에는 날이 맑아져 1시간 정도 노랗고 동그란 보름달을 볼 수 있었다. 집 안에서 달구경을 하다 보니 야자수 사이로 보이는 달이 감질난다. 5분만 걸어 나가면 바닷가인데 말이다. 그러나 윌리엄한테 나가자고 해보아야 대답이 뻔하다.

'깜깜한데 나갔다가 불한당이라도 만나면 어떡하게요.'

혼자라도 나갈 셈으로 에드워드를 쳐다보니 그가 먼저 말한다.

"우리 바닷가에 나가볼까요?"

어쩐 일인지 윌리엄도 아무 소리 안 하고 따라나선다. 같은 남자

앞이라고 자존심이 동한 건가. 그날은 해군 중위까지 넷이서 '외로운 코코넛 섬'에서 처음으로 무진장 신나는 시간을 보냈다.

모래사장을 걸어 섬 반대쪽까지 갔다가 돌아올 때는 장딴지까지 오는 바닷물 속에 들어가 파도랑 장난을 쳤다. 옷을 버린 김에 나중에는 아예 바다로 들어가 잠수도 하고 수영도 했다. 그야말로 '달밤의 체조'다.

술 한 방울 마시지 않았으면서 우리 넷은 술 취한 사람처럼 함께 노래도 부르고, 어깨동무를 하고 춤도 추고, 고래고래 소리도 질렀다. 아무도 없는 무인도에 우리 넷만 떨어진 기분이었다.

다음 날 섬이 발칵 뒤집히는 사건이 벌어졌다. 그 사건의 발생지가 다름 아닌 내가 묵고 있는 방이다. 새벽 2~3시경, 누군가가 방문을 마구 두드리는 소리에 잠을 깼다.

깜짝 놀라서 사방을 두리번거려보니 내 방 유리창이 손전등의 집중 세례를 받고 있다. 밖에서는 누군지도 모르는 사람들이 문을 계속 두드리며 발로 찬다.

이건 또 무슨 날벼락인가. 2층 맞은편 끝 방에서 윌리엄과 에드워드가 자고 있다는 게 그 순간 얼마나 위로가 되었는지 모른다. 대충 옷을 입고 문에다 대고 소리를 질렀다.

"당신들 도대체 누구야?"

"폴리스!"

"폴리스? 아니, 이 밤중에 경찰이 도대체 무슨 볼일이에요?"

"뭐라뭐라 아리푸, 중얼중얼 아리푸."

벵골어로 하는데 알아들을 수가 있나.

"난 모르는 일이니 귀찮게 하지 말아요. 알아들었어요?"

"주저리주저리 아리푸, 궁시렁궁시렁 아리푸."

이 사람들도 지지 않고 문이 부서져라 두드린다. 같은 층에서 자고 있던 해군 중위가 깨어 문밖으로 나온 모양이다. 한동안 경찰들과 조용히 얘기를 주고받더니 내 방문을 두드린다.
"비야 씨, 문 잠깐만 열어봐요."
윌리엄과 에드워드도 밖에 있는지 한마디 거든다.
"비야 씨 괜찮으니까 문 열어요."
알고 보니 원래 내가 쓰고 있던 방은 이 게스트 하우스 관리인인 19살짜리 아리푸라는 청년이 쓰던 방이란다. 순진하게 생기고 나이도 어린놈이 글쎄 몇 달째 친구들과 몰려다니며 동네 처녀 몇 명을 겁탈했다는 거다. 그것도 바로 내가 묵고 있는 이 방에서.
그날 밤 경찰은 내가 그 방에 임시로 묵고 있는 줄도 모르고 놈을 잡으려고 그렇게 방문을 두드린 거다.
겁탈당한 것을 숨기고 있던 동네 처녀 하나가 임신을 하자 부모가 알게 되었고, 용감하게도 강간범을 고발한 거다. 딸이 강간당했다는 것이 세상에 알려지는 것을 그 부모가 두려워했더라면 아직도 그놈은 버젓이 나다녔을 것이고 몹쓸 짓을 계속했을 거다.
경찰이 들이닥치자 낌새를 챈 아리푸는 옥상에 숨어 있다가 잡혀나갔다. 고개를 푹 숙이고 내려오는 꼴을 보니 당장이라도 뛰어나가 따귀를 한 대 올려붙이고 싶은 마음이 든다.
개자식! 한순간의 정욕을 참지 못해, 또는 순전히 장난으로 한 여자의 일생을 망치는 더러운 인간 말종 강간범. 그것도 상습범. 저게 사람의 탈만 썼지, 짐승만도 못한 놈 아닌가. 더러운 놈, 인간 쓰레기!
나는 세계 어느 나라든 강간범에 대한 처벌이 너무 미미하다고 생각하는 사람이다. 한 인간에게 끼친 그 어마어마한 피해에 비하면 몇 년 징역살이는 얼마나 가벼운 벌인가. 이런 불공평한 법을 만든 사람들이 대부분 남자이기 때문에 강간범에게 관대할 거라는 의혹을 떨쳐버릴 수가 없다.

초범이고 충동적이었다면, 그래서 개전(改悛)의 여지가 있다면 모를까(이 경우에도 10년 이상 형은 되어야 한다) 재범 이상이라면 분명히 구제 불능의 정신병자들이다. 자신을 제어할 능력이 없는 이들은 범죄예방과 사회 안녕의 차원에서 아예 거세를 해야 마땅하다는 게 내 의견이다. 이런 말을 하면 강간범에게도 인권이 있다고 할지 모르겠다. 그러나 스스로 인간이기를 포기한 사람, '인간의 의무'를 지키지 않는 사람에게 왜 '인간의 권리'를 주어야 하느냔 말인가.

좌우지간 엄격한 모슬렘 법에 따르면 도둑질을 하다가 들킨 사람은 손목을 자른다는데 이곳 강간범은 고추를 따버리는지 두고 보겠다.

장마, 습기, 개소리에 강간범까지 합세해 조용히 쉬러 온 나를 괴롭혔지만 떠나오기 전 들은 이 섬의 전설은 이곳을 아름다운 기억으로 남겨주기에 충분했다.

수호신에 관한 얘기인데, 모처럼 노을이 아름다운 저녁에 뿌리째 뽑혀 누운 야자수에 함께 걸터앉은 해군 중위가 들려준 얘기다.

25년 전인가. 동네 사람들이 바다 위에 떠 있는 아름다운 회교 사원을 보았다고 한다. 신심 깊은 동네 어른들은 무슨 일인가 하여 회당에 모여 며칠간 기도를 드렸다. 그 기도가 끝나는 날 많은 사람들이 하늘을 나는 큰 천사가 섬 주변을 맴도는 것을 보았단다. 섬사람들은 무언지는 모르지만 좋은 징조일 거라고 믿었다.

이상하게도 천사가 나타난 후부터 배가 뒤집혀 많은 사람이 죽는

다거나 하는 나쁜 일이 없어졌다. 사이클론의 피해가 커서 집이 부서지기는 해도 사람들이 죽는 경우는 드물어졌다. 사람들은 그 천사를 알라신이 보낸 수호신이라고 굳게 믿으며 '뽀리'라고 부르게 되었다. 지금도 이 천사가 자주 나타난다는데, 특히 어린이들에게 잘 보인다는 거다.

많은 동네 꼬마들에게 뽀리를 본 적 있냐고 물으면 그렇다고 대답했다. 어떻게 생겼냐니까 모래사장에 손가락으로 제각기 다른 모습을 그리지만 날개가 달리고 흰색이라는 것만은 공통이다. 그러면서 자랑스러운 미소를 띠면서 엄지손가락을 세운다.

"뽀리, 쿳 팔로(뽀리가 아주 좋아요)."

하얀 날개로 푸른 바다 위를 날아다니는 좋은 천사 뽀리. 섬에 올 때도 배가 뒤집힐 뻔한 위기를 여러 번 넘겼는데, 제발 뽀리가 우리까지 지켜줘 무사히 육지로 돌아가게 해주었으면 좋겠다. 또 물고기를 잡아 어렵게 살아가는 섬사람들에게 뽀리가 고기 풍년을 들게 해주었으면 좋겠다. 특별히 어린이와 여자들을 잘 보살펴주었으면 좋겠다.

그렇게 구박했던 윌리엄도 헤어지려니 시원하긴 하지만 미안하고 섭섭하다. 윌리엄이 무사히 여행을 마칠 수 있도록 그리고 좋은 여자를 만나 건강하고 즐거운 인생을 살 수 있도록 역시 뽀리가 돌보아주었으면 정말 좋겠다.

: 엉엉 울어버린 39살 생일

방글라데시 여행이 이렇게 버거운 데는 그만한 이유가 있다.

앞에서도 말한 육체적인 괴로움보다는 정신적인 에너지 탱크가 바닥난 게 더 큰 문제다. 언제나 메가톤급 에너지가 넘친다고 얻은 별명 '원자폭탄'이 무색하다. 요즘의 나는 원자폭탄은커녕 다 닳은 1.5볼트 탁상시계용 건전지만도 못하다.

정월 초하루 아침, 서울을 떠나면서 늦잠을 자는 바람에 급하게 나오느라 여행길에 꼭 챙겨가는 가족들 사진을 그만 잊고 나왔다. 나는 여행을 다니면서 가족들의 사진을 보는 것으로 힘을 얻는데, 그 힘의 원천을 잊고 떠나왔으니 힘이 없는 것은 당연한 일이다.

그래서 지난 3월 베트남에서 만나기로 한 친구에게 가족들 사진과 친구들 편지를 챙겨 와달라고 했는데, 올 수 없게 되어버렸다. 다시 5월에 다른 친구와 미얀마에서 만나기로 했으나 그녀 역시 막판에 사정이 생겨 허사가 되었다.

약속만 아니었어도 타이나 미얀마에 있는 한국 대사관을 통해 편지와 사진이 든 소포를 받았을 텐데. 여행 6개월이 넘도록 가족들 사진 한 장 없이, 편지 한 통 없이 다녔으니 무슨 에너지가 남아 있겠는가.

짜증을 가중시키는 것은 쓸데없이 까다로운 인도 비자 받는 일과 지독히 불친절한 방글라데시 출입국관리소에서 육로 통행 허가증을 받는 일이었다.

이곳의 공무원 근무 시간이 9시부터 5시인데 접수하러 갈 때는 9시 30분인데도 문을 열지 않아 기다리게 하더니 받으러 갈 때는 2분 늦게 도착했다고 내일 오란다. 나쁜 놈. 책상 위에 있는 도장 몇 개만 찍어주면 그만인걸, 그 먼 길을 다시 오라니. 아이고, 분해라. 병신 같은 놈, 진짜 나쁜 놈이다.

뿔이 나서 씩씩거리며 문 앞에 나와 인력거를 찾고 있는데 12살쯤 된 아이가 외국인에게 으레 하는 질문을 건넨다.

"안녕하세요, 마담. 우리나라가 어디에요?"

이 나라 사람들은 질문을 할 때면 자주 '당신'을 '나'라고 바꾸어 말하는 버릇이 있다. 당신 어느 나라 사람이냐고 묻는 거다. 뜻을 뻔히 알면서도 퉁명스럽게 "방글라데시." 하고 잘라 말했더니 눈을 휘둥그렇게 뜨면서 또 묻는다.

"내 이름은 뭐예요?"

물론 아이는 자기가 아니라 내 이름을 묻는 거다. 그런데 공연히 짜증이 나서 소리를 꽥 질렀다.

"너는 자기 이름도 모르니? 네 이름을 왜 나한테 묻는 거야, 앙?"

말을 붙여보려고 친근하게 묻던 아이는 내 히스테릭한 반응에 깜짝 놀라서 황급히 가버린다. 돌아서고 나니 몹시 미안하다.

몸과 마음이 지치니 가까운 사람들이 더욱 그립다. 그래서인지 계속 가족들 꿈을 꾼다. 그저께는 미국에 사는 조카 형석이와 슬기가 문 앞에 앉아 있다가 나를 보더니, "야! 꼬미야 왔다아아." 하고 왜가리처럼 소리를 지르며 내게 뛰어들더니, 어제는 모르고 산 세월보다 알고 산 세월이 훨씬 긴 수녀 친구 테레사와 도서관 친구 순옥이가 함께 나타났다. 꿈이 미처 깨지도 않은 비몽사몽간에 혼잣말이 나온다.

"아, 집에 가고 싶다."

애초에 방글라데시에서는 인도 비자만 받아 곧바로 떠날 생각이었지만 이런 상태로는 여행을 계속할 수 없다는 생각이 들었다. 몸이 피곤할 때는 며칠 잘 먹고 푹 쉬면 곧 회복되지만 정신적인 에너지가 고갈되었으니 이를 해소하는 데는 다른 방법이 없다.

그래서 한국에 긴급 구호 신호를 보냈다. 출판사로 팩스를 넣은 거다. 가족들 사진 왕창, 가족들과 친한 친구들의 긴 편지 한 통씩, 독자들에게서 온 편지까지 모두 모아 국제 속달로 보내달라고 한 거다.

그야말로 손가락을 꼽아가며 소포가 도착하기를 기다렸다. 일주일이면 온다니까 적어도 내 생일에는 받아볼 수 있을 거라는 기대에 부풀어 있었다.

그러나 결국 생일날까지 기다리던 소포를 받지 못했다. 도착한 소포 안에 잔뜩 들어 있는 선물용 열쇠고리가 문제가 되어 세관 통과가 안 된다는 거다. 세금이 얼마가 되든 돈을 내고 당장 찾아가겠다는데도 받는 주소가 유엔개발기구로 되어 있으니 그 사무실 직원이 와야 한단다.

마침 아는 사람이 유엔개발기구에 있어 거기 주소를 이용한 게 화근이었다. 속도 상하고 애가 달아서 얼굴이 붉으락푸르락, 아무나 잡고 고래고래 소리 지르며 화풀이하고 싶은 심정이다.

그렇다고 이런 낯선 나라에서 외롭게 생일을 맞기는 싫었다. 그래서 이번 세계 여행 중 처음으로 '내 돈 주고' 한국 음식을 사먹기 위해 다카에 있는 한 한국 식당을 찾았다. 한국 음식을 먹는 것도 목적이지만 그곳에 가면 한국 신문도 있고, 얘기할 한국 사람들도 있을 것 같아서다.

식당 문을 열고 들어서자마자 한국인 아줌마가 있기에 "어머, 안녕하세요?" 하고 반갑게 인사를 했더니 "어서 오세요." 친절하지만 사무적인 말만 건너온다. 괜히 머쓱해진다.

나야 그동안 한국 사람을 못 보았으니까 그립고 반가웠겠지만 이분이야 매일 보는 한국 사람이 뭐 그리 반가울까. 이해는 되지만 그래도 야속하고 섭섭하다.

식당에서는 한국 남자들 몇 패가 떠들썩하게 저녁을 먹고 있었다. 한두 명이 앉은 자리라면 염치불구하고 어떻게 끼어볼 수도 있겠는데 너무 여럿이라 어렵다. 하는 수 없이 혼자 앉아 김치찌개, 파전, 양념 두부, 군만두 등 한 5인분을 시켜 위가 아플 정도로 먹었다. 배는 부르지만 마음은 여전히 허전하다.

밖으로 나오니 장대비가 내리고 있다. 다카 시내가 온통 물바다가 되어 타고 가던 릭샤 바퀴가 반은 물에 잠긴다.

문제는 그날 저녁이었다. 숙소로 돌아와 소화제를 먹고 물에 젖은 옷을 대충 빨아서 목욕탕을 나오다가 그만 미끄러지고 말았다. 넘어지면서 방에 걸어놓은 빨랫줄을 잡았는데, 줄이 힘없이 풀어지면서 빨랫줄 고리에 왼쪽 손목이 조금 찢겨 피가 난다. 다친 곳이 그리 아픈 것은 아닌데도 갑자기 서러운 마음이 들었다.

뚜욱, 나도 모르는 사이에 금방 굵은 눈물방울이 무릎에 떨어진다. 상처에 소독약을 바르고 일회용 반창고를 붙이면서도 계속 눈물이 난다. 방에 널린 축축한 빨래를 정리하면서도 눈물은 그치지 않는다. 에라, 모르겠다. 이렇게 찔찔 우는 것만으로는 성이 안 차서 아예 침대에 엎드려 본격적으로 엉엉 소리를 내며 실컷 울었다. 외롭고 쓸쓸하게 보낸 서른아홉 번째 생일이다.

열흘 만에 드디어 소포를 찾았다. 흥분이 되어 소포를 뜯는 손이 떨리기까지 한다. 와, 있다, 있어! 그 안에는 가족들 사진과 조카들, 큰 언니, 올케, 친한 친구들이 쓴 편지들이 들어 있다. 독자들이 보낸 편지들도 같이 왔고, 문제의 열쇠고리와 그림엽서 등 필요한 여행 물자도 충분히 들어 있다.

늘 걱정이 되었던 엄마는 사진으로 보기에 건강한 모습이다. 사랑하는 조카들은 개구쟁이 표정을 짓고 있고, 언니들, 형부들, 올케, 남동생도 활짝 웃고 있다.

그리고 기다리고 기다리던 편지들. 사랑하는 동생아, 사랑하는 꼬미야, 그리운 언니, 보고 싶은 비야, 이렇게 시작되는 편지들! 읽고, 읽고, 또 읽었다. 읽을수록 힘이 나고 기운이 솟는다. 사진은 볼수록 기분이 좋고 웃음이 나고 가슴이 뻐근하다. 아, 에너지가 충전되는 걸 온몸으로 느낀다. 정말로 느껴진다.

알고 보니 나는 스스로 에너지를 내는 '원자폭탄'이 아니라 태양의 열을 받아 충전되는 태양열 전지였던 거다. 내가 메가톤급 폭탄이 되는 것은 태양열을 충분히 받았을 때인데, 그 태양은 다름 아닌 사랑이다. 가족과 친구들의 사랑이 바로 내 힘의 원천이라는 것을 이번에 확실하게 깨달았다.

: 쇠똥 묻은 손으로 만든 짜빠티

만수르는 힘겨운 방글라데시 여행에서 오아시스를 제공해준 사람이다. 이 친구는 다카에 있는 유엔개발기구 직원으로 한국 유엔개발기구에서 일하는 이현신의 소개로 알게 되었다.

현신이는 내가 아주 좋아하고 아끼는 대학 후배다. 유엔에 직장을 구할 때 내가 다리를 놓아주었는데, 세상일은 돌고 돈다고 이번 세계 여행 때 현신이의 '유엔 커넥션' 덕을 톡톡히 본다.

만수르는 내가 시내 중심가에 있는 고급 호텔에 묵고 있는 줄 알고 자기 집에 묵으라는 소리를 못했는데, 어쩌다가 구시가지 싸구려 여관에 있다는 것을 알고는 회유 반, 협박 반으로 당장 숙소를 자기 집으로 옮기라고 윽박지른 고마운 친구다.

만수르 집은 에어컨, 샤워 시설 등 현대 시설이 갖추어져 있고 넓고 쾌적하다. 그곳에서 시원한 찬물로 샤워하고 찬바람이 쌩쌩 나오는 에어컨 아래서 《잉글리시 페이션트》 등 최신 비디오도 보고, 글도 쓰면서 며칠간 여독을 풀었다.

게다가 고급 공무원 출신인 아버지를 비롯한 가족들이 모두 영어를 유창하게 해서 그동안 방글라데시에 대해 궁금했던 사항들에 속 시원한 대답을 들을 수 있었던 것도 금상첨화다.

며칠이 지나자 심신이 지쳐 엄두가 안 나던 시골집 민박 생각이 난다. 심신의 에너지가 제대로 충전되었다는 명백한 증거다.

그래서 만수르에게 부탁했다.

"나, 시골 좀 보내줘요."

내가 하도 깡촌 타령을 해대니까 만수르의 동료가 자기 사무실에서 심부름하는 총각네 집을 소개해주었다. 깔롱이라는 이 총각은 그 사무실 안에서 가장 깡촌 출신이란다. 그래서 찾아간 곳이 인도가 빤히 건너다보이는 비야푸르 마을이다.

다카에서 밤 버스로 10시간 그리고 그곳 라사히에서도 또 1시간을 오토바이로 달렸다. 끝없이 펼쳐지는 넓은 벌판은 모내기가 거의 끝나 온통 연한 초록색이다. 탁 트인 공간을 보니 눈도 시원하고 마음도 저절로 시원해진다.

군데군데 작은 연못에서는 사람들이 목욕을 하거나 빨래를 하는 모습이 자주 눈에 띈다. 연못마다 분홍색 연꽃이 만발해 있다. 국교가 이슬람교인 이 나라의 국화가 불교의 상징인 연꽃인 이유를 알 것 같다.

길거리에서 만난 사람들은 오토바이 뒤에 타고 가는 나를 보고 믿을 수 없다는 듯 서로 고개를 빼고 눈을 둥그렇게 뜬다. 손을 흔들어 인사를 하면 쳐다보던 사람들이 자동인형처럼 동시에 손을 흔들어 답례한다. 하얀 이를 다 드러내고 활짝 웃으면서.

남자들은 바지를 입은 위에 무릎까지 내려오는 원피스를 입었는데, 옷 빛깔이 회색이나 흰색 등 무채색 계통이다. 그와는 대조적으로 여자들 옷은 꽃분홍, 샛노랑, 진초록 등 원색 계통이어서 옷을 입은 여자들은 한 사람 한 사람 모두 활짝 핀 꽃처럼 화려하다.

묵을 집에 도착하니 가족들이 집 밖에 나와 기다리고 있다가 반갑게 맞아준다. 거수경례하듯 오른손을 눈썹 위에 얹으며 '앗살람 알레이쿰' 하고 먼저 인사를 하니, 가족들이 깜짝 놀라며 '알레이쿰 앗살람' 하며 인사를 받는다. 중동을 여행할 때 단단히 배워둔 회교식 인사다.

이 집에는 아버지, 어머니 그리고 시집갔다가 딸 하나를 낳고 과부가 되어 돌아온 큰딸과 아들 두 명이 살고 있다. 외국인이 왔다는 소문을 듣고 당장 동네 사람들이 구름같이 모여 들었다. 자연히 질문이 쏟아질 수밖에. 나를 데려온 깔롱이 통역을 해줄 때마다 '오~' 하는 탄식이 터지고 서로 쳐다보며 재확인을 한다.

"이분 이름이 비야예요."

깔롱이 말하자 '와!' 하고 웃음이 터진다. 비야는 이곳 벵골어로 '내 사랑' 또는 '꿀물'이라는 뜻이다. 발음은 '비야'와 '피야'의 중간 정도다.

"이분은 코리아에서 왔어요."

깔롱이 말해주자 사람들은 다 같이 듣고도 서로를 쳐다보며 다시

한 번 확인을 한다.
"저 사람 코리아에서 왔대."
사실 이들은 코리아가 어디 붙어 있는 나라인지도 모른다. 꼬마 녀석들은 멋도 모르고 그저 내가 웃기만 하면 좋아한다. 깔롱 말로는 내가 이 동네가 생긴 이후 처음으로 찾아온 외국인이란다.

동네 사람들에게 일차 '집단 심문'을 받고 집 안으로 들어갔다. 그동안 큰딸 사비나가 내 거처를 마련해놓았다. 창을 열면 바로 집 앞 연못이 보이는 제일 시원한 방이다.

동네의 다른 집들처럼 이 집 역시 진흙집인데, 내부가 상당히 깔끔하다. 대문을 들어서면 바로 방이 있고(여기가 내 방) 그 옆에는 진흙으로 만든 평상이 있는데, 거기서 하루에 다섯 번씩 기도를 하고 밤에는 자기도 한다.

좀 더 들어가면 마당이 나오는데 마당 한쪽은 소와 양의 축사다. 진흙으로 만든 여물통이 재미있다. 안채에는 커다란 방 하나와 거실이 있어 거실에서 밥도 먹고 차도 마신다. 그 방에도 역시 진흙으로 만든 곡식 뒤주와 항아리들이 즐비하다. 평상과 여물통, 뒤주 등을 집을 지을 때 아예 같이 만든다는 거다. 우리식으로 하자면 붙박이 여물통이요, 붙박이 뒤주인 셈이다.

마당 끝이 부엌인데 한켠에는 쇠똥 말린 것이 산더미처럼 쌓여 있다. 이곳에서 쇠똥은 없어서는 안 될 귀중한 연료다. 그 화력이 장작보다 훨씬 좋아 취사용으로 아주 훌륭하다고 한다.

만일 인도나 방글라데시에서 쇠똥을 쓰지 않고 나무로 밥을 지었다면 그 어마어마한 인구가 쓰는 나무를 어떻게 감당할 수 있었을까. 이것만 보아도 쇠똥은 매우 쓸모 있는 재활용품이다.

이곳 여자들은 축사와 집 근처의 쇠똥을 손으로 말끔히 긁어 담는 것으로 하루 일과를 시작한다. 그것을 집 앞에 파놓은 웅덩이에 모았다가 마른 짚을 넣고 이겨 말린다. 그래서 이 동네는 집의 벽마다 손으로 찍어 바른 쇠똥이 마르고 있는데, 여기 온 지 이틀이 지나니까 그게 하나도 더럽게 느껴지지 않는다.

쇠똥 긁던 손을 잘 씻지도 않은 여자들이 밀가루 반죽을 해서 중국 호떡같이 넓적한 짜파티라는 빵을 만든다. 분명히 쇠똥 들어간 빵인 줄 알면서도 목구멍으로 넘어가는 걸 보면 내 비위도 어지간한 셈이다.

이 마을에 머무는 동안 비서가 하나 생겼다. 이름은 루나, 나이는 7살. 이 집 큰딸 사비나의 딸인데 내 수행 비서라고 할까, 그림자라고 할까, 이곳에 있는 동안 한시도 내 곁을 떠나지 않았다.

주요 임무는 언제 어디서나 내 주위를 둘러싸고 있는 꼬마들 쫓아주기, 야외 화장실에서 용무 볼 때 망 봐주기, 낮잠 잘 때나 저녁에 부채로 부쳐주기, 자기도 확실히 모르면서 눈치로 때려잡아 내얘기를 어른들에게 통역해주기 등등이다.

어찌나 살갑고 귀엽게 구는지 꼭 우리 조카 같아 마음에 쏙 든다. 자기 딸을 귀여워하니까 사비나는 온갖 정성으로 날 대접해준다. 자기들처럼 손으로 밥을 먹고 벵골어를 열심히 배우자 처음에는 아들 직장 최고 책임자의 친구라고 나를 어려워하던 이 집 부모님도 친근하게 대해주어 마음 편하게 지낼 수 있었다.

이곳의 주식도 역시 쌀밥과 생선. 모든 반찬에는 노란색의 카레 양념이 들어간다. 아침에는 방금 짠 우유를 끓여 마시기도 한다. 동네 사람들은 신기한 손님이 왔다고 손에 손에 먹을 것을 들고 모이는데 마침 이 동네가 망고 철이라 나는 평생 먹을 망고를 여기서 다 먹은 것 같다. 이곳 망고는 크고 달아서 방글라데시에서 최고로 쳐준단다.

동네 아줌마들의 공통된 질문은 두 가지다.

"왜 금붙이 장식이 하나도 없는가?"

"왜 머리는 그렇게 짧은가?"

내게 반지나 귀걸이, 팔찌 등 금붙이가 하나도 없는 게 몹시 이상하다는 거다. 이 마을에서는 아무리 가난한 사람이라도 서너 개의 반지와 코걸이, 귀고리 그리고 대여섯 개의 팔찌를 꼭 차고 있다.

어느 아줌마는 노골적으로, 내가 너무나 가난해서 이런 장신구가 없다고 생각하고 굉장히 불쌍하다는 표정을 짓는다. 나를 한국에서 온 '하리잔(인도 카스트에서 최하급으로 치는, 접촉해서는 안 되는 천민)'으로 여긴 거다. 내가 천주교 신자라고 했으니 더욱 그렇게 생각할 거다. 보통 하리잔들이 카스트의 굴레에서 벗어나려고 기독교로 개종하는 경우가 많다고 하니 말이다.

원래 공짜 밥은 못 먹는 터라 여기서도 집안일을 돕고 싶었다. 무얼 할까 하다가 내가 있는 동안 집 안에 먹을 물이 떨어지지 않게 물 길어오는 일을 한다고 나섰다.

그런데 이 일이 만만치가 않다. 깊이가 20미터나 되는 우물에서 두레박으로 물을 퍼 올리는 것도 그렇지만, 그 물을 담은 커다란 호리병을 허리에 끼고 오는 일이 보통 어려운 게 아니다. 균형이 잡히지 않아 이리저리 비틀거리며 병을 떨어뜨리기 일쑤다.

사기로 만든 호리병은 잘못해서 깰까 봐 구리로 만든 걸 가지고 갔는데 그러길 정말 잘했다. 처음 물 길어오는 날 균형을 잃어 병을 땅에다 냅다 꽂았으니 말이다. 조그만 병을 들고 따라나선 내 비서는 엉덩이를 살짝 옆으로 들어 병을 허리에 끼고 잘도 간다.

동네 아이들은 나만 보면 합창을 한다.
"빠르다시 빠르다시 쟈나나 힌……."
이 노래는 나도 잘 아는 노래다. '외국인이여, 외국인이여, 가지 마세요'라는 내용이다. 인도에서 대히트를 한 《라쟈 힌두스타니》라는 영화의 삽입곡인데, 방글라데시에서는 인도 영화가 금지인데도 어쩐 일인지 시외버스만 타면 예외 없이 틀어대는 게 바로 이 노래다.

오는 첫날 내가 "아미르 빠르다시(난 외국인이에요)."라고 인사를 하고 이 노래를 불렀더니, 동네의 어른 아이 할 것 없이 어찌나 좋아하는지 내가 되레 깜짝 놀랐다.
"쿳 팔로(아주 멋있어요)."
동네 사람들이 환성을 질렀다.

집 앞 연못에서 옷 입은 채 미역도 감고, 동네 사람들에게 그림엽서를 보여주며 우리나라 얘기도 해주고, 사비나의 사리를 빌려 입고 다른 동네로 마실도 가고, 남자들만 가는 시장에도 따라다니면서 시간 가는 줄 모르고 지냈다. 하여간 내가 문밖에만 나가면 순식간에 따라 붙는 애, 어른이 이삼십 명씩이나 되니 꼭 교주가 된 기분이다.

애초 예정보다 이틀이나 더 있었던 건 순전히 비서 루나의 눈물 어린 호소 때문이다.
"안티 비야, 아가메나 깔 자베(비야 이모, 오늘은 안 돼요, 내일 가요)."
이 말을 할 때는 큰 눈에 눈물이 글썽글썽해진다. 내 방 창문 옆에 괴발개발 그린 영어로 '투데이 노'라고 써놓았다. 영어를 조금 할 줄 아는 제 삼촌한테 도움을 청한 거겠지.

우리 조카 지영이는 내가 중국으로 떠날 때쯤 책상이나 공책 등 눈에 띄는 곳마다 삐뚤삐뚤한 글씨로 '꼬미야, 아프리카 가지 마.'라고 적어놓았었다. 지영이에게는 내 긴 여행지의 대명사가 아프리카였다.

'에라, 오라는 데가 있나, 기다리는 사람이 있나. 저 녀석이 저러는데 하루 더 있지 뭐.'

내가 떠나는 날이 되자 루나는 아프다는 핑계로 학교도 가지 않고 아침 내내 내 옆에 딱 붙어 있다. 이것도 내가 저희 집에 가기만 하면 유치원을 땡땡이치는 지영이와 똑같다.

가족들과 한바탕 기념사진을 찍고, 작별 인사를 하고, 오토바이 뒤에 짐을 다 실을 때까지는 괜찮더니, 막상 내가 탄 오토바이에 시동이 걸리자 이 녀석이 소리 내어 울기 시작한다. 그걸 보고 사비나도 울음을 터트린다. 그러자 루나는 아주 목을 놓는다.

코끝이 맵싸해진다. 정든 사람들을 뒤로하고 떠날 때면 언제나 눈앞이 뿌예진다. 순박한 오지의 이별은 언제나 이렇게 힘이 든다.

: "메이드 인 코리아 길이 제일 좋아요"

비야푸르 마을에서 돌아오는 버스 옆자리에 앉은 30대 남자는 사업을 한다는데, 영어가 유창해 많은 얘기를 나눌 수 있었다.

내가 지금 5년째 여행을 하고 있다니까 "당신 참 힘이 좋으시네요." 한다.

"메이드 인 코리아거든요."

내가 농담으로 받아주었더니 그가 고개를 끄덕이며 좋아한다.

"맞아요. 지금 가는 길도 어떤 구간은 중국 사람들이, 어떤 구간은 인도 사람들이, 또 어떤 구간은 한국 사람들이 만들었는데 메이드 인 코리아 길이 제일 좋아요."

그 말을 들으니 나도 기분이 좋다.

"아 참, 여기 올 때 큰 배를 타고 자무나 강을 건너오셨죠? 바로 그 강에 한국 사람들이 다리를 놓고 있어요. 역사상 가장 큰 공사지요. 오래전부터 우리의 숙원 사업이었는데 한국 사람들이 소원을 풀어주고 있으니 얼마나 고마운지 모르겠어요."

놀랍기도 하고 반갑기도 하고 한국인으로서 어깨가 저절로 으쓱해진다. 한편으로는 성수대교처럼 얼렁뚱땅 만들어 나라 망신을 시키면 어쩌나 하는 걱정도 지울 수 없다.

그런데 우연찮게 이 공사 현장에 가볼 기회가 생겼다. 만수르의 소개로 다카 빈민가에서 구제 사업을 하는 여자를 만났는데, 그 남편이 바로 현대건설 공사 현장의 보안을 맡은 회사 사장이었다.

마침 그날 오후에 현대건설 사무실에 갈 일이 있으니 같이 가자는 거다. 그래서 놀러갔다가 건설 현장까지 가보게 되었다. 사실 나는 다음 날 인도의 콜카타로 갈 예정이라 사무실에서 차로 3~4시간이나 떨어진 공사 현장까지 가볼 생각은 없었다. 그런데 사무실 부장님이 부추긴다.

"여기까지 오셔서 현장에 안 가보시면 브이아이피(VIP)가 아닙니다."

나는 분명 중요 인물 축에 낄 수도 없고 끼고 싶은 마음도 없지만, 자랑스러운 한국인이 이 나라의 역사를 만드는 현장을 가보고 싶은 욕심이 없는 것도 아니었다.

　다음 날 아침 사무실에 가니 황공하게도 거창한 봉고차가 날 기다리고 있다. 운전사를 포함해 여섯 명이나 되는 수행원을 거느리고서 말이다. 무장 경호원 두 명에, 사복 경호원 한 명 그리고 무전기를 들고 있는 보안 회사 직원, 가는 길에 심심할 거라며 영어를 잘하는 사장 부인까지 나와 기다리고 있었던 거다.

　여섯 명의 보디가드라니! 이런 대접은 난생처음이고, 아마 이후에도 절대 없을 일이다. 사장이 현대 측에 잘 보이려고 한 일이겠지만 정말로 중요한 인물이 된 것 같았다. 약간 부담스러우면서도 기분은 그만이다. 뒷좌석에 앉은 무장 경호원들은 근엄해 보이려고 그러는지 내가 상냥하게 웃어 보여도 굳은 표정으로 앞만 보고 똑바로 앉아 있는 모습이 귀엽기까지 하다.

　방글라데시는 히말라야에서 시작된 자무나 강이 날라 온 흙이 쌓여 만들어진 땅이다. 강은 내려오면서 점점 넓어져 하류가 폭 10킬로미터에 달하는 바다 같은 규모다. 실제로 내가 페리를 타고 그 강을 건너면서 보니까 시야가 끝나는 수평선까지 아무것도 보이지 않았다.

　강을 건너는 페리를 기다리느라고 2~3시간이나 걸렸는데 이건 아주 양호한 거란다. 명절 때가 되면 강을 건너느라 이삼 일씩 강가에서 밥을 해 먹으며 차례를 기다려야 한다는 거다.

　이 강 때문에 기차가 동서(東西)로 이어지지 않는 등 방글라데시 발전에 큰 장애물이었는데, 우리나라 사람들이 다목적 철교와 통신탑 등을 포함한 다리를 놓고 있는 거다.

　뿌듯한 마음으로 현장에 도착하니 소장님과 임직원들이 반갑게 맞으며 공사 현장을 한 바퀴 구경시켜준다. 그 어마어마한 규모에 입을 다물 수 없다. 세계 유수의 기술자들이 절대로 안 된다는 매우 어려운 공사를 해내고 있으니 정말 자랑스럽고 고마운 분들이다.

"집에 전화한 지 오래되었지요?"

저녁 식사를 마치고 차를 마시면서 소장님이 묻는다.

"예, 저는 집 나오면 전화를 잘 안 해요."

"그러지 말고 여기서 집에 전화 거세요. 요금은 안 받을게요."

소장님은 웃으시며 전화를 가리키신다. 이크, 내가 짠순이가 돼서 집에 전화 잘 안 거는 것을 어떻게 아셨을까. 염치 불구하고 전화를 하니 가족들이 소리를 지르며 난리다. 우리 가족들은 아직도 내가 전화하면 소리를 지른다. 자주 안 걸기 때문이다.

소장님은 이 얘기 저 얘기 나누다가 책상 위에 놓여 있는 누룽지 사탕을 봉지째 집어 주신다.

"아 참, 이거 가지고 다니면 좋겠구먼. 그리고 뭐 필요한 거 있으면 말해요. 우리 창고에 있는 거면 뭐든 줄 수 있으니까."

예정에도 없이 현대건설 현장 숙소에서 하루를 묵으며 그동안 먹고 싶었던 라면에 김치볶음밥까지 얻어먹고 돌아가려는데, 소장님이 커다란 쇼핑백을 건네주신다. 안에는 고추장, 캔 수프, 비누, 치약, 라면 등이 잔뜩 들었다.

이걸 다 어떻게 가지고 다니나. 소장님은 건설 현장에서는 베테랑이지만 배낭여행에 대해서는 전혀 문외한이신 것 같다. 될수록 가볍게 하고 다녀야 한다는 생기초도 모르시니 말이다. 알면서도 주고 싶은 마음이었는지도 모르고. 그 따뜻한 마음이 가슴에 확 와 닿는다.

'아휴, 꼭 외삼촌처럼 챙겨주시네.'

이래저래 에너지가 잘 충전되고 있는 것 같다. 앞으로 갈 파키스탄과 중국에 걸친 카라코람 하이웨이도, 중국 신장의 타클라마칸 사막도, 몽골의 대평원도, 티베트의 고산 지방도 문제없을 것 같다.
 이 정도의 에너지라면.

파키스탄

혼자 마을의 할아버지 할머니와 전통 의상을 입고 사진을 찍었다.
다 찍은 후 옷을 돌려드리려니까 할아버지는 한국에 가서 입으라고 주셨다.
그리고 결혼하면 남편과 함께 입고 다시 오라며 신신당부를 하셨다.

내게 인도는 '아주 못생긴 어머니' 같다

: 떠나오면 반드시 다시 가고 싶은 곳

다카에서 밤을 달려 새벽에 도착한 콜카타는 척 보기에는 1993년에 보던 콜카타가 아니다.

특히 배낭족들이 우글거리는 수데르 거리에는 예전의 빈민촌 천막들은 사라지고 쓰레기 더미들도 보이지 않는다. 보도에는 수도가 설치되어 있을 뿐 아니라 아스팔트 포장까지 되어 있다.

지난번 엉성한 천막 안에서 여자가 아기 낳는 소리가 들리던 곳도 아니고, 일부러 잘라버려 팔 하나가 없는, 한 달도 안 된 갓난아기를 바구니에 넣고 다니며 구걸하는 여자 거지들이 들끓던 곳도 아니다. 아니, 도저히 그런 곳이었다고 느껴지지 않을 정도로 단정하다.

하지만 그대로인 것이 더 많다. 그 냄새가 다시 난다. 뭐라고 해야 할까? 향 냄새, 똥 냄새, 카레 냄새, 시큼한 땀 냄새를 끈적이는 공기에 몽땅 섞은 듯한 냄새. 그리고 근처 시장 싸구려 찻집의 달콤한 차 맛도 여전하다. 그 거리를 오가는 배낭족들도 얼굴만 다르지 그때 그 모습 그대로다.

인도는 정말 이상한 나라다. 가보기 전에는 한없이 거대하고 신비해 보이지만 막상 가보면 밉고 정 떨어진다. 그러나 떠나는 순간부터 또다시 그립고 신비스럽게 보이는 나라다.

책이나 텔레비전 등 온갖 매체에서 성자의 나라라느니, 구도자의 나라라느니 거창한 소리만 듣다가 실제로 오면 우선 피부로 느껴지는 그 세속성과 저속성에 크게 실망을 하게 된다.

이곳 남자들은 아무 데서나 쭈그리고 앉아 소변을 보기도 하고 빤히 내다보이는 기찻길 옆에서 고추를 달랑거리며 똥을 누기도 한다. 길을 가르쳐주거나 물건을 팔다가도 사타구니를 긁는다.

카스트 제도에서 신음하며 사회 최하층을 이루고 사는 사람들의 생활. 그 비참함과 대를 잇는 구걸 행각 그리고 끝도 없이 이어지는 뻔한 거짓말에도 진저리가 쳐진다. 그래도 다녀간 사람들 백이면 백 사람 모두 좋았다고, 꼭 다시 가고 싶다고, 아예 거기서 살고 싶다고 하는 나라가 바로 인도다.

나 역시 여행자의 한 사람으로서 인도를 사랑한다. 내게 해외여행지 딱 한 군데만 추천해달라고 하면 두 번 생각하지 않고 인도를 권한다.

나보다 먼저 인도를 다녀온 몇몇 친구들이 이구동성으로 "인도에 가면 인생이 보인다."라고 할 때, '단지 한 나라를 여행했다고 그럴 리가 없어. 근사하게 보이려고 하는 소리일 거야.'라고 생각했었다. 그런데 지금은 나도 똑같은 소리를 하고 있다.

내게 인도를 한마디로 말해보라면 '아주 못생긴 어머니'라고 하겠다. 겉만 보면 위에서 말한 모든 추악함이 그대로 드러나지만 조금만 자세히 보면 인도가 우리를 키워주고 있다는 걸 알게 된다.

자기를 찾아온 모든 이들에게 빠짐없이 인생이란 무엇인가를 스스로 생각하게 함으로써 성장시키는 내면의 모성을 지녔다는 뜻이다. 지저분함, 느림, 거짓말, 빈곤, 억압, 모순. 이런 불결한 옷을 입고 있는 인도를 자세히 들여다보기 시작하면 곧 나 자신을 돌아보게 하는 힘이 있다는 것을 깨닫게 된다.

'나는 어디로 가고 있는가. 내게 진정으로 중요한 것은 무엇이며, 버려야 할 것들은 무엇인가. 죽을 때까지 부여안고 가야 할 것은 또 무엇인가.'

그렇기 때문에 겉모습의 인도에서는 아주 나쁜 경험을 얻게 되고, 속마음의 인도에서는 최고의 경험을 하게 되는 거다. 경험을 할 때는 그게 무엇인지 미처 몰랐지만 일상으로 돌아와 곰곰이 생각해보면 비로소 그 모습이 드러난다. 그래서 그곳에 머물 때는 떠나고 싶지만 떠나오면 또 가고 싶은 곳인지도 모르겠다.

인도의 어느 지방을 가더라도 마찬가지다. 북쪽 히말라야나 시킴도 좋고, 아그라, 카주라호 등 관광지가 풍부한 지방도 좋고, 이국 냄새 물씬 나는 서쪽 라자스탄도, 해변이 아름다운 남쪽 고아나 코발람도 좋다.

그러나 명심할 것은 이런 지방의 풍광과 문화의 특성들은 인도 여행의 배경음악이나 무대 세트에 불과하다는 거다.

우리가 정말 보아야 할 것은 인도라는 내면이다. 그렇지만 너무 거창하게 생각하지 않아도 좋다. 아니, 그러지 않아야 한다. 다른 사람들은 인도에 와서 이렇게 멋있는 걸 느꼈다는데, 한두 달 여행하고 이렇게 멋진 책도 썼다는데, 자신의 경험은 왜 이렇게 초라한가 한탄하는 것은 말도 안 된다.

누구든 자기가 아는 만큼만 보고, 자기가 소화할 수 있는 만큼만 느끼고 배워 가면 된다. 이번 여행에서 어떻게든 고래 한 마리 잡아가야 한다는 생각에서 벗어나기만 하면 누구라도 인도의 목소리를 들을 수 있다. 자연스럽게 귀를 기울이기만 하면 인도는 반드시 각자에게 맞는 목소리와 경험으로 얘기해줄 거다. 우리의 성숙을 누구보다도 갈망하는 어머니이므로.

내가 이렇게 사모하는 인도를 이번에는 그냥 지나가기로 했다. 방글라데시에 있는 인도 영사관에서 석 달짜리 비자를 받을 수도 있었지만, 그러다 보면 분명히 인도 여행 기간이 길어질 것이고, 그렇게 어영부영하다가는 이미 많이 늦어진 이번 여행에 큰 차질이 있을 것이기 때문이다. 내 욕심을 원천 봉쇄하기 위해 15일짜리 경유 비자를 받아 왔다.

처음에는 콜카타에 오자마자 눈 딱 감고 인도와 파키스탄 국경도시인 암리차르까지 논스톱으로 갈 생각이었다. 그런데 그게 마음대로 되어야 말이지.

중간 경유지인 델리까지 가는 기차표를 사러 가서 예약을 다 끝내고 돈을 내려는 순간 마음이 변했다.

"미안해요, 아저씨. 이거 바라나시 가는 표로 바꿔주실래요?"

: 기차간에서 만난 인도의 두 얼굴

인도를 얘기하려면 빠지지 않고 등장하는 곳이 바라나시다. 인도 여행을 준비하는 사람들은 이곳 얘기를 질리도록 많이 들어서 미처 가보기도 전에 이미 와본 듯 잘 알게 되는 곳이다.

다시 가본 바라나시는 5년 전과 하나도 변함이 없다. 모두 강가로 이어지는 도시의 샛길은 예나 지금이나 인력거, 오토바이, 소,

원숭이, 개, 쓰레기와 오물로 뒤덮여 있다.

　사람들도 여전하다. 전국 방방곡곡에서 몰려든 순례자들, 손발이 없는 불구 거지들, 담요를 덮고 누워 죽음을 기다리는 사람들, 매일 새벽 이 담요들을 들춰보고 밤사이에 죽은 사람들을 화장터로 보내는 경찰관들, 무엇인가를 사라고 끈질기게 따라붙는 아이들과 어른들 그리고 얼굴만 달라졌지 비슷한 모습, 비슷한 호기심으로 바라나시를 메우고 있는 세계 각국의 여행자들.

　전에 왔을 때도 원숭이가 빨아놓은 옷과 바나나를 훔쳐 갔었는데, 이번에도 숙소에 들어서자마자 원숭이가 달려들어 방금 산 바나나 한 송이를 채 간다. 그놈이 5년 전 내 바나나를 빼앗아 간 원숭이의 아들의 아들인지도 모르겠다.

　바라나시를 바라나시답게 만든다는 강가로 나가본다. 경건하게 목욕재계를 하고 있는 힌두교 신자들, 나뭇잎에 작은 초를 놓아 꽃잎과 함께 띄우는 사람들, 엽서를 사라고 막무가내로 조르는 아이들, 부스럼이 온몸을 덮고 있는 개들, 자기 배를 타라고 잡아끄는 사공들. 한쪽에서는 빨래를 해서 말리고, 한쪽에서는 시체를 물에 담그고, 한쪽에서는 시체 태운 가루를 떠내려 보내고, 다른 한쪽에서는 그 물을 마신다.

　여행자에게는 더없이 더러운 물이지만 힌두교 순례자에게는 더없이 성스러운 물이다. 이 강물에서 목욕을 하면 모든 죄업이 씻겨지고, 자신의 몸을 태운 재가 이 강물에 섞여 흘러가면 윤회의 고통에서 벗어난다는 가장 신성한 성지가 바로 바라나시다.

　이곳에 오면 겉으로 드러나는 분주함과 무질서와 함께 보이지 않는 고요함과 질서가 느껴진다. 유럽의 유서 깊은 수도원이나 우리나라 깊은 산속 암자에서 느껴지는 그런 엄숙한 종교의 무게 같은 것 말이다. 긴 세월 동안 수많은 사람들의 기도와 염원이 서린 곳이기 때문이다.

눈앞에 펼쳐지는 일몰이 아름답다. 하루 종일 몇 사람 죽여버릴 것같이 무자비하게 내리쬐던 태양이 저렇게 아름답고도 부드러운 최후를 맞이하고 있다. 천하에 없는 권력이나 명예도 때가 되면 스러지고 만다는 것을 가르쳐주려는 듯.

이렇게 이곳에서는 무엇이든 예사로 보이지 않는다. 무엇인가 내게 중요한 것을 말하려는 듯해서 작은 자연의 움직임에도, 흔히 겪는 일상의 상황에도 귀를 기울이게 된다. 가던 길 잠깐 멈추고 생각하게 된다. 그게 바라나시다.

그러나 나는 바라나시에 오래 머물지 않았다. 앞에서도 말했듯이 발목을 잡힐까 봐서다. 숙소에서 사귄 국제 배낭족 모임 '크레이지 클럽' 아이들과 며칠 재미있게 놀다가 정들기 전에 인도를 떠난다, 파키스탄을 향해.

파키스탄을 육로로 넘어가려면 시크교도들의 황금 사원으로 유명한 암리차르를 거쳐야 한다. 나도 바라나시에서 암리차르로 가는 기차를 탔다. 델리를 지나자 하얀 가운에 오렌지색 터번을 두른 시크교도들이 눈에 띄기 시작한다. 여태껏 보던 비쩍 마르고 눈만 퀭한 인도인들과는 달리 키도 크고 몸집도 좋고 얼굴도 통통하게 아주 잘생겼다.

국경으로 가는 기차 안에서 나는 앞에서 말한 인도의 두 얼굴, 추함과 성스러움을 모두 만날 수 있었다. 마치 그 두 가지가 거기서 나를 기다리고나 있었던 것처럼.

첫 번째 얼굴은 바라나시에서 함께 탄 인도 학생들이다. 같은 침대칸에 탄 20살 남짓의 젊은이 두 사람은 듣기 좋은 영국식 영어로 자신들은 영국에서 살고 있는 사촌 형제인데 방학 동안 고국을 여행하는 중이라고 소개했다. 워크맨, 선글라스, 가방, 캘빈 클라인 청바지 등 지니고 있는 물건이 고급스러워 한눈에도 상류층 자녀임을 알 수 있었다.

이들이 인도의 카스트 제도를 공격하면서 정치 불안과 불확실한 미래에 대해 말할 때는 얼마나 열띠고 진지하던지. 단어의 선택이나 논리의 전개가 더할 나위 없이 지적이고 매력적이다.

기차에서 함께 어울리게 된 일본 대학생 사토가 곧 뭄바이에 간다니까 자신들의 뭄바이 주소를 적어주며 꼭 오라는 친절까지 보였다. 간식거리를 살 때도 한사코 마다하는 우리를 뿌리치고 자기들이 먼저 돈을 냈고, 거지들이 지나가면 좀 많다 싶은 돈을 적선했다.

그런데 다음 날 아침, 큰일이 벌어졌다. 그 학생들이 준 인도 차이를 마신 사토가 잠깐 잠이 든 사이 그들이 사토의 가방과 전대를 몽땅 털어간 거다. 그 유명한 수면제 차이 수법이다.

나는 정말 다행히도 다른 칸에 있는 한국인 일행을 만나 어울리느라 아침 내내 내 자리로 가지 않았기 때문에 화를 면했다. 게다가 큰 배낭은 자전거 열쇠로 좌석 다리에 묶어놓고, 작은 배낭은 가지고 다녔기 때문에 전혀 피해를 입지 않았지만, 만약 나도 그 자리에 있었더라면 다 털려서 이번 여행을 계속하지 못하고 인도에서 발길을 돌려야 했을 거다.

우리를 더욱 기막히게 한 것은 같은 칸에 탄 다른 인도 사람들이다. 10시간 이상 같이 오면서 밥도 나누어 먹고 얘기도 나눈 사람들이 누구도 사토를 도와주지 않은 거다. 이들은 분명히 사기꾼들이 차이에 약을 타는 것도 알았고, 물건을 훔치는 것도 보았을 텐데.

그 상황에서도 한 꼬마 아이는 기차 바닥을 쓸고는 무조건 청소한 값을 내놓으라고 징징거리며 우리 자리를 떠나지 않는다. 방금 기차를 탄 아저씨는 수면제에서 깨어나 혼비백산한 사토에게 어디서 왔느냐, 이름은 무엇이냐를 물으며 자기 호기심만 채우고 있다. 곤궁에 처했을 때는 나 몰라라 하던 한 아저씨는 차이를 사 마시고는 나더러 돈을 대신 내달라고 한다. 이게 바로 인도다.

같은 기차 안에서 나는 인도의 전혀 다른 얼굴도 보았다. 사토가 절망적인 표정으로 델리에서 내리고 나서 바로 그 자리에 앉은 인도 아줌마다. 남부 타밀나두 주에서 왔다는 아줌마는 어린아이 둘을 데리고 탄 지극히 평범한 여인이다.

얼굴이 숯덩이처럼 새카맣고, 허름하기 짝이 없는 차림새로 보아 사회적 지위가 매우 낮은 사람임을 알 수 있겠다.

침대칸에 도둑 승차를 한 건지 검표원만 오면 아이들을 데리고 어디론가 사라졌다가 다시 나타난다. 인도 남부 사람들이 대개 그렇듯 이 아줌마는 일자무식이라도 영어는 잘한다.

역마다 터번을 쓴 시크교도들이 있고 간간이 회교 모자를 쓴 사람들 그리고 이마에 붉은 선을 그은 힌두교 신자들이 기차 안을 왔다 갔다 한다. 그래서 내가 인도에 이렇게 많은 종교가 한데 섞여 있는 것에 대해 어떻게 생각하느냐고 물었더니 아줌마는 한마디로 기가 막힌 명답을 내놓는다.

"모든 종교는 좋은 종교지요."

또 내가 얼굴에 난 뾰루지를 거울에 비추어보면서 짜증을 내고 있으려니까, 아줌마는 나를 한동안 빤히 쳐다보더니 참으로 귀가 번쩍 뜨이는 말을 한다.

"아가씨는 아직도 자기 눈, 코, 입이 어떻게 생겼는지가 신경 쓰이세요? 그 나이라면 내 얼굴이 얼마나 평온해져가고 있는지에 더 관심을 가져야 할 때가 아닌가요?"

지극히 평범한 사람에게서 듣는 인생의 심오한 진리. 이게 바로 인도다.

현대판 실크로드, 카라코람 하이웨이의 꿈길

: 산 때문이야

어릴 때부터 내 주위에는 늘 세계지도가 있었다. 방에는 언제나 세계지도가 붙어 있고, 사무실에도 제법 큰 지구본이 놓여 있었다.

대륙별, 지역별로 나와 있는 세계지도는 항상 가방 속에 넣고 다녔다. 소지품이나 방 안의 소품들도 세계지도가 들어간 것이 많았다. 필통, 티셔츠, 지갑, 탁자 보, 저금통 등.

조카들이나 어린이에게 선물을 할 때 나는 지구본을 자주 선물한다. 그리고 한국이 어디 있나 찾아보게 한다. 한참을 돌리다 '여기다!' 하며 우리나라를 발견한 아이들의 반응은 가지각색이다.

유치원 정도의 어린이들은 "애걔, 겨우 요만해요?" 한다. 이 정직한 아이들은 우리나라를 크기로만 보는 거다.

초등학교 저학년쯤 되면 물리적인 크기보다는 한 차원 높은 반응을 보인다.

"왜 어떤 나라는 크고 어떤 나라는 작아요?"

어린 내 조카의 반응은 참으로 기특하고 고무적이기까지 했다.

"겨우 이게 다야? 나는 훨씬 큰 줄 알았네."

그다음부터는 전 세계의 나라는 몇 개나 되느냐, 지구를 한 바퀴 도는 데는 얼마나 걸리느냐, 어디에서 어떤 사람들이 사느냐는 등, 귀찮을 정도로 물어왔다. 한 장의 세계지도를 통한 세계화 과정이다.

내가 어렸을 때 제일 재미있어하던 놀이도 세계지도를 펴놓고 작은 글씨로 적혀 있는 나라나 도시, 산이나 강 이름을 누가 먼저 찾나 하는 것이었다. 그러면서 허황된 계획도 많이 세웠다.

한국에서 육로로 인도까지 가서, 거기서 배를 타고 아프리카로 갔다가, 아프리카를 한 바퀴 돌아 지브롤터 해협을 거쳐 유럽으로 그리고 다시 대서양을 배로 건너 미국으로 가서 북미, 남미 대륙을 여행하고, 칠레에서 배를 타고 뉴질랜드로 갔다가 집으로 돌아오는 것도 이미 초등학교 시절에 만들어놓은 '실현 불가능한' 세계 일주 루트였다.

그러다 보니 한국 지리와 역사를 포함한 세계지리, 세계사에 저절로 흥미가 생기고, 세계 정치를 좌우하는 힘의 역학 관계와 시사 문제에도 많은 관심을 가지게 되었다. 세계에 대한 관심과 호기심은 국제 홍보학이라는 전공으로 이어졌고, 세계 일주를 하게 된 근원이 되었으니 세계지도 한 장이 내 일생에 막대한 영향을 끼치고 있는 셈이다.

세계 일주 계획을 구체적으로 세우는 동안 처음에 나는 지도를 펴놓고 혼자 지구를 수십 바퀴 돌며 수십 가지의 시나리오를 구상했다.

여러 가지 환상적인 루트가 있는데, 어느 루트든지 동서를 잇는 교차점 역할을 하는 곳은 늘 파키스탄이었다. 지난번 아프리카와 중동 여행이 이란과 아프가니스탄에서 멈추었는데, 이번 여행은 서쪽을 향해 가서 파키스탄에 도착했으니 내 세계 여행에서 끊어졌던 동과 서를 이어준 셈이다.

파키스탄은 세계 고대 문명의 발상지라는 인더스 강을 젖줄로 기원전 수천 년 전부터 문화의 꽃을 피웠다. 모헨조다로와 하이파가 그 좋은 예다. 그 후로는 동서 문화의 십자로에 위치한 때문에 끊임없는 교류가 있었다. 이것은 불교 미술의 백미라고 할 수 있는 간다라미술이 탄생할 수 있었던 배경이기도 하다.

이런 지정학적 위치 때문에 받는 수난도 대단했다. 아리안족의 침입을 비롯해 그리스, 페르시아, 터키 등 숱한 외세의 침략에 시달렸다. 8세기부터 18세기까지 이슬람을 믿는 무굴제국이 이 지방을 지배했고, 19세기에는 영국이 이곳을 식민지로 만들었다.

그 후 영국에서 독립하고 내전을 거쳐 오늘날의 서(西)파키스탄이 된 것이다. 지금도 인도와는 카슈미르 지역을 두고 분쟁 중인데, 그 때문에 지금 인도와 핵실험 경쟁까지 하고 있다.

이런 역사적·문화적·정치적 배경은 모두 차치하고도 나는 파키스탄에 꼭 한 번 가고 싶었다. 산 때문이다. 세계의 지붕이라는 히말라야 산맥, 카라코람 산맥, 힌두쿠시 산맥과 파미르 고원이 각각 해발 6000미터 이상의 당당한 산들을 이끌고 한 방향으로 달려오다가 꽝 부딪혀 솟아오른 곳이 바로 파키스탄 북부 산악 지방이다.

네팔에는 세계 최고봉인 해발 8848미터의 에베레스트와 해발 8000미터 급 산이 여덟 개가 있는데, 이곳 파키스탄에도 세계 제2봉인 K2를 비롯해 해발 8000미터 급이 다섯 개 있다. 얼마나 멋있을까. 생각만 해도 마음이 설렌다.

그 산들 사이사이를 한 줄기 실처럼 끊어질 듯 잇고 있는 현대판 실크로드 카라코람 하이웨이. 파키스탄의 수도 이슬라마바드로부터 중국 신장의 카슈가르까지 이어지는 이 길을 따라 북쪽 끝까지 가서 중국으로 넘어갈 계획이다.

파키스탄 여행은 무굴제국의 수도였으며 현재는 이 나라 제2의 도시인 라호르부터 시작이다. 방글라데시는 자전거와 오토바이가 요란했다면, 여기는 인도의 새색시처럼 한껏 치장한 장거리 트럭이 볼 만하다.

궁전과 사원은 물론 코란에 나오는 역사적인 사건들, 천사들, 꽃, 나뭇잎을 형상화한 패턴, 주렁주렁 목걸이나 귀걸이를 그린 휘장으로 화려하게 치장한 트럭들은 파키스탄의 꽃이라고 해도 과언이 아니다.

라호르의 YWCA 호텔에는 이미 여러 나라에서 온 배낭족들이 진을 치고 있다. 로비에 앉아 이런 얘기 저런 정보를 주고받고 있는데 이탈리아 여자가 정색을 하며 이런 불평을 한다.

"이 동네 남자들은 다 발정 난 수말 같아. 어찌나 만지고 다니는지 노이로제에 걸릴 지경이에요. 여기 남자들은 정말 싫어."

"글쎄, 그렇다면서요. 그러니까 여기서는 헐렁한 옷에, 머리에는 스카프를 쓰는 게 상책이래요. 이 나라 남자들 버릇이 어디 하루아침에 없어지겠어요?"

남부 파키스탄 사람들의 못된 손버릇은 인도의 황금 사원에서 만난 이정희 양에게도 익히 들은 바가 있다. 한번은 정희가 미니버스를 노선버스로 잘못 알고 탔는데, 그 미니버스가 어느 으슥한 골목으로 들어가더니 운전사라는 놈이 정희의 허벅지를 만지려고 하더란다.

이 친구가 놀라서 손을 치며 "만지지 마." 하니까 갑자기 운전사가 자기 셔츠 앞섶을 풀어헤쳐 가슴 털을 드러내며 "그럼 네가 날 만져." 하더란다. 그러면서 게슴츠레 눈을 뜨고는 "내가 너를 만지고, 네가 나를 만지고, 모두 만지자."라고 속삭이더란다.

기가 막혀 차에서 내리려고 하자 이 녀석이 손을 부여잡으며 맞지도 않는 영어로 충고하더란다.

"거리는 위험해요!"

"네놈이 더 위험하다."

소리를 빽 질러주고 골목 밖으로 뛰어나왔다는 얘기였다. 나도 정신 바짝 차려야겠다.

: 이슬라마바드의 꼬리털 클럽

지난번 방글라데시에서 우연히 본 한국 시사 잡지에 해외 취재 특집으로 '약진하는 서남아 4개국'이라는 기사가 실렸다. 그 기사에는 내가 방문했던 방글라데시의 현대건설 현장과 함께 파키스탄에서 공사 중인 대우건설이 소개되어 있었다. 이 회사가 파키스탄 국가 건설에 막중한 영향을 미칠 고속도로를 놓고 있다는 거다.

그걸 잊고 있었는데 YWCA 호텔에서 일하는 아가씨가 내가 한국에서 왔다니까 대우 모터웨이에서 일하느냐고 묻는다. 여기서는 고속도로를 모터웨이라고 부른다. 대우 모터웨이를 어떻게 아느냐고 되물으니, 신문에 매일 나는데 모르는 사람이 어디 있겠느냐며, 그런데 그 공사가 올해 말까지는 틀림없이 끝나는 거냐고 묻는다.

문득 이 회사가 라호르 근처에 본부가 있다는 게 생각났다. 이제 세계 여행이 거의 끝나가는 마당에 세계 오지에서 일하는 자랑스러운 한국인의 건설 현장도 더 이상 볼 기회가 없을 것 같아 한번 연락해보기로 했다.

회사 전화번호는 대한항공 비행기표를 취급하는 파키스탄 여행사에 물어 쉽게 알아냈다. 전화로 짤막하게 내 소개를 했더니 몹시 반가워하는 목소리다. 전화를 받은 상무님은 차까지 보내주셨고, 점심시간이 훨씬 지났는데도 본부장님과 몇몇 임직원이 식사를 같이 하려고 기다리고 계셨다. 아이고, 황송해라.

그 임직원 중에 '다행히' 내 책을 읽으신 분이 계셔서 미리 '백색선전'을 쫙 하셨단다. 나는 이 도로 공사와 파키스탄에 대해 묻고, 그분들은 내 여행에 대해 물으면서 재미있게 식사를 하던 끝에 마음씨 좋게 생기신 조 소장님이 권하신다.

"숙소는 우리 집으로 정하시지요."

"갑자기 모르는 여자를 집에 데리고 가면 사모님이 당황하실 텐데요."

그러자 다른 분들이 오히려 더 권한다.

"염려 마세요. 그 집 사모님은 손님이라면 무조건 좋아하는 분이세요."

이렇게 한 통의 전화가 인연이 되어 나는 이국땅 파키스탄에서 세 분의 귀한 친구를 사귀게 되었다. 한 분은 조 소장님의 부인 이원분 사모님이고, 다른 두 사람은 조성미, 심인재 씨다. 심인재 씨 집은 이슬라마바드인데, 휴가를 이용해 두 아이 태일이와 봄이를 데리고 '가짜 친정'인 조 소장님 집으로 놀러온 것이란다.

이분들은 나를 보자마자 먹고 싶은 한국 음식을 쭉 써보라고 하더니 라호르에 있는 동안 매일같이 리스트를 하나씩 지우면서 정성스레 한국 음식을 해주셨다. 단 3일 만에 2킬로그램을 늘려놓은 고마운 '몸매 파괴범들'이다. 오랜만에 나도 수다 주머니와 얘기 보따리를 풀어놓았다.

내 목소리는 워낙 크고 빠른 데다가 온갖 표정과 손동작까지 써가면서 여행 얘기 중 진짜배기만 뽑아서 해주니 어른이고 아이고 혼을 빼놓고 시간 가는 줄 모른다. 아무리 해주어도 자꾸만 더 해달란다. 나는 그때 잡지 원고 마감일이 임박해 도저히 놀면 안 되는 상황인데도 낮을 밤 삼아, 밤을 낮 삼아 놀기만 했다.

"비야 씨, 이제 8개월만 참으면 돼."

내 여행길의 위험함과 고단함을 걱정해주시는 이원분 사모님은 꼭 내 큰언니 같고 나와 나이가 비슷한 두 사람은 오랜 친구 같다. 심인재 씨와는 중국 비자를 내는 동안 이슬라마바드에 있는 그의 집에서 며칠 더 같이 지내게 되었는데, 많은 얘기를 주고받으면서 여행 중에 잊기 쉬운 중요한 것을 다시 생각하게 되었다.

"이곳 한국 사람들은 모두 한 가족같이 서로 돕고 아끼며 살고 있지요. 그러나 너무 사회가 작기 때문에 항상 조심을 해야 해요. 서로 개성과 배경이 다른 사람끼리 회사라는 공통분모 안에서 살아가는 게 쉽지만은 않은 일이거든요. 그 안에서 안타깝고 속상하고 마음 아픈 일을 겪기도 하지만 그러면서 인간적으로 성숙해지는 게 아닐까 해요. 어차피 우리에게 제일 중요한 건 사람들과 섞여서 조금씩 양보하며 더불어 사는 거잖아요."

구구절절 맞는 말이고 나한테 하는 소리인 것만 같다.

갑자기 고된 시집살이를 하는 친구가 생각났다. 시어머니, 시동생, 시누이들의 직계 층층시하에 시고모, 시삼촌, 시오촌 당숙까지 '시'자 붙은 사람들에게 하도 설설 기고 살아서 시금치 소리만 들어도 긴장된다는 친구다.

듣기만 해도 숨이 막히는 생활을 하는 이 친구가 이제는 부처님이 다 되었는지 지난번 만났을 때 이런 말을 했다.

"생각해보면 15년 시집살이가 헛된 것만은 아닌 것 같아. 이런 시집 만나지 않았으면 아직도 내 생각만 하는 어린아이였을 거야."

그날 밤 일기를 쓰면서 두 사람의 말을 다시 한번 곰곰이 생각해보았다. 혼자 여행을 다니면 빠지기 쉬운 아주 나쁜 버릇이 바로 '달면 삼키고 쓰면 뱉는다'는 식의 인간관계다.

마음에 맞는 사람들하고야 얼마든지 즐겁게 지내지만 조금이라도 마음에 들지 않거나 의견 충돌이 생기면 양보하거나 참으려 하기보다 저 사람과 더 이상 안 다니면 그만이라는 생각이 더 쉽게 든다. 여행 중에는 사실 아쉬울 게 없으니까.

참으로 유치한 생각이고 무서운 생각이다. 세상을 살면서 어떻게 자기 마음에 드는 사람들하고만 지낼 것이며, 좋아하는 사람들 틈 속에서만 살 수 있겠는가. 어떻게 자기 스타일이 아니거나 의견을 달리하는 사람들은 무조건 인간관계 밖으로 생각하며 살겠는가.

그것이 혈연이든 지연이든 학연이든 아니면 다른 어떤 인연으로 만난 관계든 참을성 없고 이해와 양보와 절충이 없는 관계는 이미 시작부터 죽은 관계다.

사람의 인연과 관계란 가꾸기 까다로운 꽃과 같아서 인연이라는 꽃씨가 있다고 저절로 크는 것이 아니라 정성을 다해 키워야 한다는 말이 그 밤, 내 가슴 안으로 아프게 파고들었다.

이슬라마바드를 떠나는 날, 나는 새로 사귄 친구들에게 미얀마에서 산 행운의 코끼리 꼬리털 반지를 정표로 하나씩 주면서 우리 모임 이름을 '꼬리털 클럽'이라고 지었다.

이분들은 내가 책 팔아서 돈이 좀 있는 줄도 모르고 여비에 보태라며 노잣돈을 눈물 나게 정이 담긴 편지와 함께 넣어주셨다. 내 임시 비서였던 봄이는 아끼던 마리아 상 목걸이와 반지를 주었고, 독실한 천주교 신자인 심인재 씨는 매듭으로 엮어 만든 묵주를 손에 쥐어주었다.

"늘 기도하세요. 저희도 기도해드릴게요."

지금도 그 묵주를 볼 때면 이런 생각을 한다.

'그래, 사람들과 어울려 조화롭게 사는 것은 참 중요한 일이야.'

: 페샤와르에서 가장 불안한 난민이 되다

이슬라마바드에서 서쪽으로 3시간쯤 버스를 타고 가면 페샤와르라는 곳이 나온다. 국경도시라는 의미의 페샤와르는 고대 실크로드의 십자로 역할을 하면서 군사 면이나 교역 면에서 큰 역할을 했다. 아프가니스탄과 겨우 17킬로미터 떨어졌다는 이유로 거의 20년째 내전 중인 아프가니스탄 난민들이 100만 명 이상 살고 있는 곳이다.

이곳에서는 유엔고등판무관(UNHCR), 즉 유엔의 난민 구호 프로그램 중 제일 오래 되고 규모가 가장 큰 프로젝트가 진행되고 있다. 나는 이 아프가니스탄 난민촌에서 잠깐이지만 그야말로 가장 불안한 '유랑 난민'이 되었다. 사연인즉 이러하다.

　세계 여행을 하면서 각 나라 난민촌을 돌아보는 것은 내 여행 목적 가운데 하나다. 고통 받고 있는 난민들을 구경거리로 생각하는 건 물론 아니다. 앞에서도 말한 대로 난민 구호 프로그램에서 일하고 싶기 때문이다.

　그 일에 참여하기 전에 실제로 세계 곳곳에 사는 난민들의 실상을 잘 알고 나면 더 열심히 일하게 될 뿐 아니라, 꼭 필요하고도 실질적인 도움을 줄 수 있을 것 같아서다.

　이번 여행 중에도 방글라데시 남단에 있는 미얀마 모슬렘 난민 캠프와 타이에 있는 라오스 난민 캠프에도 가보았는데, 아쉽게도 '윗분'들하고만 얘기를 했을 뿐 정작 난민들하고는 보안 문제로 하루도 같이 지낼 수가 없었다.

　그래서 이번에는 어떻게든 난민 가족들과 같이 지내보아야겠다고 작정하고 이슬라마바드에 있는 유엔고등판무관 사무실을 찾았다. 그 기구 대표는 프랑스 사람인데 내 설명을 듣고는 흔쾌히 페샤와르 사무실 책임자를 소개시켜주었다.

　일이 잘되려나 하고 기대를 했는데 웬걸, 막상 페샤와르에 가니 사무실 책임자가 난색을 표한다. 난민들 중에는 총을 가지고 있는 사람도 많고 강도당할 위험도 있으며, 특히 난민촌 사람들이 회교도이기 때문에 여자 혼자 다니는 걸 곱게 보지 않는다는 거다. 그러면서 유엔 차량에 담당 직원과 경호원들을 딸려 보낼 테니 몇 명 인터뷰를 하고 한나절만 돌아보라고 한다.

　경호원까지 대동하면서 요란하게 난민촌에 행차하는 게 마음 내키지 않았지만 일단 따라나섰다가 거기에서 묵을 집을 찾는 게 좋을 것 같았다.

내가 사전에 조사한 바로는 이 난민촌은 파키스탄 정부에서 외국인 출입 금지 구역으로 정해놓은 곳이 아니기 때문에 우기기만 하면 유엔 직원이 강제로 묵지 못하게 할 수는 없을 거라는 계산이었다.

그래서 찾아간 곳이 '신(新)나사르 바 아프간 캠프'. 이곳에는 1996년 아프가니스탄의 반군 탈레반이 수도 카불을 장악할 때 피난 온 도시 출신 난민들이 살고 있었다. 그 수는 3000여 가족에 2만 명이 넘는다고 한다.

난민촌 군데군데에서 경비원들이 차를 세우더니 '한국인 저널리스트'임을 확인하고 통과시켜준다. 저널리스트라는 말은 한 적도 없는데 페샤와르 사무실에서 내가 난민촌을 가보겠다니까 지레짐작으로 저널리스트라고 통지를 했음에 틀림없다.

여기는 난민촌 하면 보통 연상하기 쉬운 텐트촌이 아니라 아쉬운 대로 진흙과 벽돌로 집을 짓고 사는 정착 난민촌이다. 우물도 여러 개나 있고 지하수를 끌어올리는 펌프도 많이 눈에 띈다.

차가 다니는 길에는 헌 옷가지를 파는 가게도 있고, 이들의 주식인 '난'을 구워 파는 빵집, 채소나 일반 잡화를 파는 구멍가게도 있다. 곳곳에 보이는 유엔고등판무관의 파란 마크가 아니라면 여느 시골 동네와 다를 바 없다.

오전 내내 유엔 직원과 함께 난민촌 사무실, 병원, 여성 프로그램 등을 방문하며 설명을 듣고 인터뷰도 했지만 도대체 성에 차지 않는다. 그런데 이날이 마침 동네 사람들에게 식용유를 나누어 주는 날이어서 배급 사무실에 들렀다가 뜻밖의 행운을 얻게 되었다.

기름을 배급해주는 사람이 영어를 할 줄 아는 인상 좋은 아프간 아저씨였는데, 얘기를 주고받다가 슬쩍 아저씨네 집에서 하루이틀 묵을 수 있냐니까 놀랍게도 대뜸 '노 프라블럼'이라는 거다. 그러고는 곧 점심시간이니 근처에 있는 자기 집에 가서 점심을 먹자고 한다.

그런데 옆에서 얘기를 듣고 있던 유엔 직원이 눈을 동그랗게 뜨더니 고개를 좌우로 젓는다. 그렇게 아무 데나 들어가면 자기가 상관한테 혼난다는 거다. 난민촌 민박을 쉽게 해보려고 유엔 사무실을 찾아갔다가 오히려 감시만 당하게 된 꼴이니 혹 떼러 갔다가 혹 붙였다고나 할까. 어떻게 해서든 옆에 따라붙는 유엔 직원과 총을 들고 있는 무장 경호원을 따돌려야 한다.

"그럼 저 사람 집에서 점심만 먹고, 가족들과 인터뷰를 한 다음 버스 타고 혼자 천천히 갈 테니 먼저 사무실로 돌아가세요. 나중에 당신 보스한테 전화할게요."

애원하다시피 사정했더니 그 직원은 난민촌 곳곳에 있는 경비원들의 눈도 있고 자기 책임도 있으니 절대로 여기서 민박하지 말고 페샤와르로 돌아가 달라고 신신당부한다.

"알았어요. 잘 알았으니까 걱정 말고 먼저 가세요."

겨우 유엔 직원을 돌려보내고 이름이 시디룰라라는 이 아저씨네 진흙집으로 갔다. 집에는 부인과 세 아이들이 갑자기 찾아온 손님에 당황해하면서도 반가운 기색을 감추지 못한다. 특히 13살 난 큰아들 나지브는 유창한 영어로 가족들을 소개해주며 연신 싱글벙글이다.

시디룰라가 정부 고위 관리였던 이 가족은 아프가니스탄 카불에서 상류층에 속하던 사람들이다. 아이들도 모두 잘생기고 귀티가 철철 넘쳐흐르는데, 특히 큰아들의 매너는 점잖고 세련되기 그지

없다. 난민촌에서 점심을 먹는 건지 어느 프랑스 상류 가정의 만찬에 초대받은 건지 헷갈릴 지경이다.

부인은 자기 집에 손님이 올 줄은 꿈에도 몰랐다며 특별히 음식을 준비하지 못해 미안하다고 했다. 점심으로는 아프가니스탄의 네모나고 길쭉한 빵 난과 요구르트, 토마토와 양파를 섞은 샐러드가 전부다. 네모난 천을 펴놓으면 그게 곧 밥상이다.

손으로 빵을 뜯어 요구르트나 토마토를 찍어 먹으며 이런저런 얘기를 나누고 있자니 연전에 아프가니스탄에 갔던 기억이 새롭다. 1권에서 말한 바 있지만 그때 몰래 사진을 찍다가 탈레반 병사들에게 붙잡혀서 하마터면 큰 곤욕을 치를 뻔하지 않았던가.

내가 아프가니스탄에 갔던 일을 말하고 기억나는 대로 '헤일리 막눈(정말 고마워요)'이라든지 '비야(이리 와)' 등 페르시아 말을 몇 마디 했더니 가족들이 아주 좋아한다.

시디룰라는 다시 일하러 나가고 엄마와 아이들과 함께 설거지를 끝낸 후 방에 큰 대(大)자로 누웠다. 집 안에 가만히 있어도 온몸으로 인더스 강이 흐른다. 바깥 기온은 섭씨 45도 이상. 열을 막아준다는 진흙집도 이렇게 더운데 처음 피난 와서 천막 속에서 살 때는 얼마나 더웠을까.

하지만 더위보다 더 급선무는 어떻게 난민촌 경비원들을 따돌리고 여기서 묵어가느냐다. 아이들에게 상황을 설명하니까 한참 동안 이 궁리 저 궁리를 하더니, 아들이 묘안을 내놓는다.

"여기서 30분쯤 가면 카차가레 캠프라는 오래된 난민촌이 있는데 거기에 우리 고모가 살아요. 오늘 어쨌든 여기서 나간다는 걸 경비원에게 보여주어야 하니까 우리 모두 고모네 집에 가서 하루자고 내일 여기로 오는 거예요. 내일 올 때는 엄마 차데리를 입고 신발을 신고 오면 누가 들어오는지 알 수 없잖아요."

차데리란 머리부터 다리까지 몽땅 뒤집어쓰는 아프가니스탄 차도르(일명 부르카)를 말한다. 그 속에 있는 인물이 누구인지는 전혀 알 길이 없고 눈에 망사 같은 것이 달려 있어 간신히 앞뒤를 분간할 수 있을 뿐이다. 아주 좋은 생각이다.

"그럼 너희들 학교는 어떻게 하고?"

"요즘 방학이잖아요. 그렇지 않아도 고모네 아이가 아프다고 해서 한번 가보려던 참이었는데 잘되었네요."

옆에서 엄마가 거들며 좋아한다. 꼬마 여자 아이 둘과 엄마는 궤짝을 뒤져 커다랗고 까만 보자기를 건네준다.

"여기는 도시 사람들이 대부분이고 교육받은 사람들이 많아서 머리만 가려도 되지만 카차가레 난민촌에는 나이 든 사람들과 시골에서 온 사람들이 많아 얼굴과 팔목, 손을 더 철저히 가리고 다녀야 해요."

그러고는 갑자기 처연한 표정을 지으면서 담담한 어조로 말을 잇는다.

"머리 위로 폭탄이 떨어지지 않을 정도만 되어도 우리나라로 돌아갈 거예요. 지금보다 사정이 조금만 나아져도."

아프가니스탄 난민들이 파키스탄으로 들어오기 시작한 것은 1979년 러시아 침공 때부터인데, 특히 요즘 반군 탈레반이 카불을 점령하면서 수십만 명이 국경을 넘었다고 한다. 다행히 국경 근처에 사는 사람들은 종교가 같고 언어도 같아서 난민 유입에 큰 충돌은 없다는 거다.

"끝까지 카불에 남으려고 했어요. 그런데 탈레반의 집중 공격이 시작되었죠. 하루, 이틀, 사흘, 매일 밤마다 조명탄이 터지고 폭탄이 떨어지고 콩 볶는 듯한 총소리가 들렸어요. 나흘째 되던 날 바로 우리 옆집이 크게 부서지면서 친하게 지내던 가족 일곱 명이 순식간에 시체로 변했어요. 죽기 1시간 전만 해도 그 집에서 식용유 한 종지를 빌려 왔는데 말이에요. 다음 날 우리도 보따리를 쌌지요. 지금까지는 피난 나올 때 가지고 나온 금붙이나 패물, 옷 등을 팔아 살아왔는데, 이제 앞으로가 걱정이네요."

엄마가 들려준 설명이다. 현재로서는 세계식량기구의 원조마저 완전히 끊긴 상태라고 한다. 이런 집에 불청객으로 찾아와 식량을 축내고 있는 내 얼굴이 달아오른다.

저녁 무렵, 아버지를 뺀 온 가족이 고모네 집에 가기 위해 집을 나서는데, 아버지가 이 집 엄마가 아니라 어린 아들에게 내 안전과 전 가족의 무사 여행을 당부하는 게 인상적이다. 역시 모슬렘은 모슬렘. 아무리 어려도 남자가 책임을 져야 하는 거다.

모처럼의 나들이에 꼬마 여자 아이들은 들떠서 야단이다. 나는 버스를 타고 난민촌을 벗어나면서 경비원들에게 과장되게 손을 흔들어 내가 나간다는 걸 확인시켜주었다.

어둑할 때쯤 찾아간 카차가레 난민촌 고모네 집은 몹시 좁아서 우리는 모두 바깥에서 자야 할 형편이었다. 그래도 모처럼 친척이 모이니 분위기만큼은 풍성한 잔치 분위기다. 서로 얼마나 못 만났는지 모르지만 여자끼리는 볼을 비비고 남자끼리는 서로 껴안고 한바탕 난리를 치른다.

10년 전에 피난을 와서 잡화상을 하고 있기 때문인지 그 집은 난민촌에서는 넉넉하게 사는 축이라 흑백이지만 텔레비전까지 있다. 마침 어린이 시간대인지 텔레비전에서는 월트 디즈니의 《백설공주》가 한창이다.

다음 날 '움직이는 텐트' 차데리를 입고 신발까지 빌려 신고 처음의 난민촌으로 돌아왔다. 어제 과장되게 손을 흔들어 보였던 경비원을 보았을 때는 약간 뜨끔했으나 경비원은 내게 눈길도 주지 않는다. 하기야 들킨다 해도 내가 불법 행위를 하고 있는 것도 아니지만, 만에 하나 이 집 가족들에게 해가 될까 그게 걱정이다.

일단 재입촌에는 성공했으나 그놈의 차데리를 입고 난민촌을 돌아다니는 게 문제다. 무엇보다 이 '걸어 다니는 텐트' 속은 견딜 수 없이 덥다. 손을 놀리기 어려워 사진을 찍을 수도 없고, 뭔가 얘깃거리가 있을 것 같은 사람을 만나도 말을 건넬 수 없다. 외국인이 차데리를 입고 있으니 수상하게 보일 게 뻔하기 때문이다.

한참 고민하다가 전날 만났던 의사를 찾아가 도움을 청하기로 했다. 이곳에서는 의사가 유일하게, 남자이지만 여자들하고 자유롭게 얘기를 할 수 있고, 외국인을 데리고 다녀도 이상하게 보이지 않기 때문이다.

마음씨 좋은 의사는 기꺼이 도와주기는 하겠지만 경비원들이 내가 이 캠프에 있다는 걸 모르니까 다시 나갔다가 차데리를 벗고 들어와 캠프에 내가 있다는 걸 알려야 한다고 충고한다. 듣고 보니 그럴듯한 얘기라 차데리를 입은 채 다시 트럭을 타고 바깥에 나가서 옷을 갈아입고 캠프로 되돌아오는 번거로움을 겪었다.

캠프촌의 오후 햇살은 가히 살인적이다. 낮 기온이 45도가 넘는데 의사는 지금은 그래도 좀 시원해진 것이라고 한다. 지난 두세 달 동안은 한 달에 스무 명 이상이 일사병으로 죽었다는 거다. 그밖에도 이곳 사람들은 이 더위 때문에 피부병과 악성 설사 등으로 고생하는 이가 많다고 한다. 그래도 우물가에서 물싸움을 하며 더위를 피하고 있는 꼬마 아이들은 천진하기만 하다.

의사의 도움으로, 교수를 하다 피난 왔다는 인텔리 여성과 많은 얘기를 나누었다. 이곳에 모여 있는 도시 출신 난민들의 가장 큰 고통은 많은 교육을 받은 고급 인력임에도 여기서는 아무 일도 할 수 없다는 무력감이라고 한다.

"태어나서 지금까지 늘 바쁘게 살아왔는데, 아무 하는 일 없이 빈둥거리며 썩고 있다고 생각하면 가슴이 무너지는 것 같아요. 먹고사는 것만을 목표로 삼아야 하니 말이에요."

그녀는 자기의 인생이 어디로 흘러갈지 앞을 알 수 없는 것에 절망하고 있는 듯했다. 피난 온 지 몇 주일 안 되는 신참 난민들에게서 수도 카불의 생생한 상황도 들을 수 있었다. 카불에서나 난민촌에서나 전쟁은 지옥을 연출하고 있었다.

난민들의 고통을 아는지 모르는지 난민촌에도 석양은 오렌지빛으로 아름다움을 뿜어낸다. 해가 지니 또 걱정이다. 경찰이 내가 들어오는 걸 보았으니 오늘 저녁에도 여기를 나가야 한다. 이게 웬 난민 생활이란 말인가.

또 한참을 상의한 끝에 오늘 저녁은 이 집 엄마의 오빠네 집으로 가기로 했다. 쫓겨나는 마음이 심란하기만 한데 아이들은 매일같이 이 집 저 집 놀러 다니는 게 재미있다고 좋아한다.

트럭과 마차를 갈아타고 찾아간 집은 어제 고모네 집보다 더 대식구다. 엄마와 아버지, 할머니까지 모두 사람들이 좋게 생겨 가만히 있어도 웃는 얼굴인데, 불쑥 찾아간 손님이 반갑다고 입을 함박만큼 벌리고 맞아준다.

눈 깜짝할 사이에 산더미 같은 볶음밥이 나오고 감자조림에 아프간 빵이 수십 장 나온다. 그러고는 서로 많이 먹으라고 권하느라고 자리가 떠들썩하다. 가족과 친척들이 둘러앉은 저녁 식사 시간에 웃음이 그치지 않는다.

　어디서나 늘 이렇다. 가난하고 힘든 사람들일수록 정이 많아서 언제나 식사 시간에는 웃음이 있게 마련이다. 여기도 마찬가지다. 식량 원조가 끊겼으니 언제부터 배를 곯아야 할지 모를 처지이면서도 웃으며 사는 거다. 그런 여유가 있는 이곳은 생활은 난민촌이지만 '마음의 난민촌'은 절대 아니다.

　궁핍한 난민촌에서 염치 불구하고 얻어먹는 저녁이 어찌 그리 꿀맛인지. 한편으로는 한없이 미안한 마음이 든다.

　다음 날 다시 차데리를 뒤집어쓰고 집으로 갔다. 하루 종일 아이들은 궤짝에 들어 있는 사진첩을 뒤적이며 카불에서의 생활을 나한테 얘기해주느라고 시간 가는 줄 모른다. 이건 우리 집, 이건 우리 강아지, 이건 우리 집 응접실……. 잉그리드 버그만처럼 생긴 7살짜리 막내딸, 임청하처럼 생긴 10살짜리 큰딸이 쉬지 않고 재잘거린다. 천진하고 귀엽고 가엾기도 하다.

　나도 가지고 다니는 우리나라 그림엽서와 가족들 사진을 보여주며 한국 얘기를 해주었다. 그러면서 재미있게 놀고 있는데 갑자기 밖에서 문 두드리는 소리가 났다.

　나는 깜짝 놀라 방 한쪽에 커튼으로 가리고 짐을 쌓아둔 곳에 가서 숨었다. 아이들이 얼른 방에 있던 물건들을 치우고 나니 캠프촌의 파키스탄 측 관리 직원이 들어온다.

　이 집 아버지를 찾으러 온 모양인데 엄마가 잠깐 들어와 차라도 마시고 가라고 인사치레를 했더니 이 눈치 없는 사람이 척 들어와 앉는 게 아닌가. 이건 또 무슨《안네의 일기》복사판 신세란 말이냐.

　'당국'의 눈을 피해 꼼짝없이 찜통보다 더 덥고 깜깜한 방구석 커

틈 뒤에 숨을 죽이고 앉아 있어야 했다. 실제로는 15분 정도 앉아 있었는데, 그게 몇 시간은 되는 듯 느껴지며 온갖 생각이 머리를 스친다.

누가 이 순진하고도 착한 사람들을 나라 없이 떠도는 유랑민으로 만들었는가? 어떤 위대한 이념이 이 사람들을 국제 걸인으로 만들었는가? 과격 회교 무장단체인 탈레반은 무슨 근거로 성실한 사람들을 내쫓고 안방을 차지한단 말인가? 자세히 들여다보면 이 모든 것 뒤에는 강대국 간에 벌어지는 힘겨루기가 도사리고 있다.

강대국 간의 이익에 따라 약소국 아프가니스탄의 선한 백성들이 피를 흘리고 있는 것이다. 처음에는 소련과 미국 사이에, 지금은 미국과 이란을 비롯한 이슬람교 국가들 사이에 끼어 고난을 당하고 있는 것이다.

우리나라는 3년 전쟁을 치르고도 대혼란에 빠졌는데, 아프가니스탄은 지금까지 20여 년간 전쟁을 겪고도 앞으로 얼마를 더 기다려야 그 소용돌이가 가라앉을지 기약할 수 없다. 반군이었던 초강경 회교도들이 카불을 장악한 상태여서 더욱 해결의 실마리가 보이지 않는다.

난민 생활 중에서도 한 치 의심 없이 경건하게 믿고 있는 이들의 신 알라가 이들의 고통을 굽어 살펴주기만을 간절히 빌 뿐이다.

드디어 그 직원이 나가자 아이들이 다투어 커튼을 젖히고 빨리 나오란다. 그 안에서 땀을 어찌나 흘렸는지 옷을 쥐어짜면 물이 뚝뚝 떨어질 지경이다. 엄마와 아이들은 미안하다는 소리를 연발하며 서로 부채질을 해준다.

생각해보니 내 처지가 우습다. 아프가니스탄 난민촌에서도 가장 불안한 난민 중의 난민이 자유 대한민국에서 온 한비야라니 말이다. 그 생각에 손바닥까지 치며 웃으니 가족들은 영문도 모르고 한참을 따라 웃는다. 친절하고 정이 많은 이 집 가족들과 며칠 더 있고 싶지만, 그러다 혹시 해를 끼치게 될지도 모르는 일이라 다음 날 떠나기로 했다. 식량을 축낸 대신 30달러를 메모와 함께 엄마 외출복 주머니에 몰래 넣어두었다. 부디 요긴하게 쓰시길.

밤이 되어 돗자리와 이부자리를 바깥으로 가지고 나왔다. 별이 쏟아지는 밤하늘 아래 아이들과 나란히 누웠더니, 또 '우리가 카불에서 살 때……'로 시작되는 얘기가 계속된다. 두고 온 고향과 거기에서 누렸던 안정된 삶이 얼마나 그리울까.

콧등이 시려 온다. 아이들을 꼭 껴안아주자 아이들도 나를 꼭 안는다. 사랑을 많이 받고 자란 아이들이다. 앞으로 이 아이들은 어떻게 될까? 고국으로 돌아가든 남의 나라에서 난민 생활을 하든 그 앞날이 순탄치 못하리라는 것은 불을 보듯 뻔하다. 안타깝다.

그래도 이 아이들처럼 부모와 같이 있을 수 있고 안전한 거처가 마련된 난민들은 그나마 괜찮은 편이다. 지금 이 시간에도 어른들의 싸움 틈에 끼어 부모를 잃고 총알이 빗발치는 전쟁터를 헤매고 있는 아이들이 얼마나 많을 것인가? 굶주리고 지치고 다쳐 피 흘리고 있지만 아무도 돌보지 않는 어린아이들은 또 얼마이겠는가?

이런 난민 아이들의 생명과 인간으로서의 존엄성을 지켜주기 위해 무엇인가를 하고 싶다. 그런 일들이 얼마나 힘들고 고달프든, 얼마만큼 개인의 인생을 희생해야 하건 이것은 내가 하고 싶은 일이고, 꼭 해야만 할 일이라는 느낌이 강렬하게 전해온다.

난민촌에도 고루 비치는 별빛을 보며 각오를 새롭게 다진다.

: 산은 꼭 정상까지 가야만 하는 걸까?

이름은 들어보았나, 카라코람 하이웨이!

파키스탄의 수도 이슬라마바드에서부터 중국 신장 지방의 카슈가르에 이르는 장장 1300킬로미터의 고속도로. 길도 보통 길인가. 세계의 4대 지붕을 골고루 지나오는, 세계에서 제일 험하고도 경치가 멋지다는 꿈길.

당나라의 현장법사와 신라의 혜초 스님이 불법을 구하러 천신만고 지나갔던 길이며, 알렉산더대왕이 영토와 권세를 찾아 폭풍처럼 휩쓸었던 길이다. 실크로드의 대상들이 부를 찾아 떼를 지어 오고 갔던 길이기도 하다. 한마디로 진리와 권력과 재물의 길이다.

그리고 1978년 개통된 후 1986년 5월, 외국인의 통행이 허가된 뒤로는 세계에서 몰려온 수많은 현대판 마르코 폴로들이 배낭을 짊어지고 꼭 한 번 지나가고 싶어 하는 길이기도 하다. 이 환상의 길에 나도 마침내 들어선 거다.

물론 이 길을 차를 타고 드라이브하듯이 단숨에 지나가지는 않을 거다. 저 거대하고도 장엄한 산들을 충분히 감상하면서 지날 거다. 느끼면서 지날 거다. 찬미하면서 지날 거다. 그러나 저 산들을 멀리서만 보지는 않을 거다. 때로는 그 품에 포근하게 안겨 있기도 할 것이며 그 산들이 들려주는 얘기에 귀 기울일 거다.

히말라야 산맥과 카라코람 산맥의 산들을 가보아야지. K2 베이스캠프도 가보고 싶다. 각각 일주일 정도의 트레킹이라면 그런대로 성이 찰까? 그래서 애초부터 파키스탄 일정을 짤 때 북부 지방에 한 달 정도의 여정을 할애해놓았다.

우선 북부 산악 지방 트레킹의 베이스캠프가 된다는 길기트로 갔다. 이슬라마바드에서 버스로 20시간쯤 되는 거리다. 산으로 간다는 생각만으로도 마음이 설렌다. 산도 보통 산이냐. 8000미터 급이 다섯 개에 7000미터 급이 수십 개 이상, 6000미터 급은 변변한 이름도 없다.

밤 버스를 타고 가면서 날이 밝기를 기다린다. 도로 상태는 그런대로 좋은 것 같은데 차가 너무 험하게 달려 이리 흔들, 저리 흔들 도저히 잠을 청할 수가 없다.

게다가 뒤에 앉은 놈이 어둠을 틈타 자꾸만 내 겨드랑이 근처에 손을 갖다 대는 바람에 거의 뜬눈으로 밤을 새웠다. 나중에는 참다못해 작은 배낭으로 그놈의 면상을 후려쳤더니 찍소리도 못하고 그제야 잠잠하다. 이런 놈들은 잠도 안 잔다.

부옇게 날이 밝아오자 집채처럼 커다랗고 시커먼 돌산들이 서서히 모습을 드러낸다. 나무가 없는 돌산에는 가는 연필로 그린 듯한 길이 한 줄 나 있다. 옛 실크로드 길이다. 발밑으로는 인더스 강이 화가 난 듯 우렁차게 흐르고 있다. 여기가 바로 대자연과 인간의 손길이 멋들어지게 어우러진 카라코람 하이웨이다.

엊그저께 우리나라 사람들이 애를 쓰며 닦고 있는 모터웨이를 보고 와서인지, 산이 높고 골이 깊어 길이 험해지니까 이 길을 놓느라고 얼마나 많은 사람들이 수고를 했을까 더욱 새삼스러워진다. 10년 공사에 3000여 명이 사망했다는 것만 보아도 목숨을 걸어야 할 만큼 난공사였음을 짐작할 수 있다.

길기트 근처에 접어드니 한순간 눈 덮인 뾰족한 봉우리가 나타난다. 아, 저 산! 낭가파르바트! 저게 바로 해발 8128미터의 세계에서 아홉 번째로 높다는 산이 아닌가.

푸른 눈을 이고 있는 산이 듣던 대로 장엄하고도 신비하다. 어쩐지 정을 주기에는 '너무 먼 당신' 같은 느낌이지만 깊은 경외심을 불러일으키는 것은 틀림없는 사실이다. 저 산에 가고 싶다.

길기트에 도착해 여관을 잡고, 잠깐 쉬고 있는데 느닷없이 "여보세요." 하는 한국말 소리에 깜짝 놀라 방문을 열었다. 문밖에는 스님 한 분과 예쁘장한 여학생이 서 있다.

인도에서부터 같이 다니던 일행 두 명이 갑자기 없어져 온 동네를 찾아다니다 우연히 이 여관 주인에게서 자기 집에 한국 사람이 묵고 있다는 말을 듣고 일부러 찾아왔다고 한다.

대현 스님과 정미령이다. 그리고 스님이 찾던 일행은 키가 크고 성직자 같은 인상의 독일인 마틴과 영화 《타이타닉》에 나온 레오나르도 디카프리오처럼 생긴 귀엽기도 하고 카리스마적이기도 한 스웨덴인 토마스다.

저녁을 먹는 동안 우리는 벌써 의기투합 되어 서로의 계획과 스케줄을 비교 분석한 후 힌두쿠시 산맥의 날타르 패스 일주일, 히말라야 산맥의 낭가파르바트 베이스캠프까지 일주일, 이렇게 2주일간 트레킹 하기로 했다. 두 곳 다 꼭 하고 싶었던 코스다.

사실 혼자서는 벅찬 길이라 동행을 구할 참이었는데, 스님 일행이 아주 적절한 시간에 나타나 준 거다. 아무래도 뭘 알고 오신 것 같다.

다음 날 아침 부랴부랴 텐트를 빌리고 배낭을 꾸려 힌두쿠시 산맥의 날타르 패스 트레킹에 오른다.

힌두쿠시 산맥의 산을 하이킹하는 것은 그 자체만으로도 커다란 즐거움이다. 머리 위론 눈 덮인 산들이 병풍처럼 둘러쳐져 있고, 시냇물이 흐르는 소나무 숲길을 걸으며 솔 향기를 실컷 맡을 수 있다.

밑바닥까지 환히 들여다보이도록 맑은 날타르 호숫가에서 오후 내내 가부좌를 틀고 앉아 명상에 젖기도 하고 높은 고원 밑을 거칠게 흐르는 흰 강물이 푸른 초원과 멋진 조화를 이루고 있는 것도 만끽할 수 있었다. 이 모든 게 덤이었다.

4일째 되는 날, 해발 4600미터의 날타르 패스 베이스캠프에 도착했다. 시야가 탁 트인다. 바로 눈앞에는 갖가지 모양과 색색의 돌들이 밭을 이루고 있고, 그 뒤에는 백두산 천지의 축소판 같은 연못이 있다.

그 연못가를 돌아가면 눈 닿는 데까지 하얀 빙하 벌판이 보인다. 뒤에 배경을 이루는 설산들과 어우러져 숨이 막힐 만큼 멋진 풍경이다. 나흘간의 모든 수고를 이 한 장면이 충분히 보상해주고도 남음이 있다.

이제 저 빙하 벌판을 돌아서 한나절만 더 올라가면 목표 지점에 닿는 거다. 그러나 아쉽게도 우리는 거기서 돌아서야 했다. 일행 중 두 명이 고산병에 걸린 거다.

처음에는 나만 그런 줄 알았다. 아침에 일어날 때부터 가슴이 뛰고 숨이 고르지 못하다. 골이 빠개지도록 아프고, 발걸음은 신발에 맷돌을 달아맨 듯 무겁게 느껴졌다. 틀림없는 고산병 증세다. 그러나 나 때문에 일행 모두가 목적지까지 못 가면 안 된다는 생각에 아무렇지도 않은 척 천천히 걸었다. 한 발 한 발이 힘에 부친다.

베이스캠프에 도착해서 '병구(病軀)를 이끌고' 점심 준비를 하고 있는데, 갑자기 미령의 입술이 파래지면서 호흡곤란을 일으켰다. 자세히 보니 얼굴도 퉁퉁 부어 있다. 그 애도 나처럼 그때까지 고산병 증세를 참고 있었던 거다. 그러니 어쩌랴, 나 혼자 같으면 악을 쓰고 올라가겠는데 처음인 미령이에게는 너무 혹독한 일이다.

그날 그쯤에서 내려오길 정말 잘했다. 그날 밤 아주 큰비가 오고 바람이 몹시 불었다. 만약 빙하 근처에서 야영을 했더라면 그 얼음 바람에 겨울 장비가 전혀 없는 우리는 모두 동태가 되었을 거다.

산은 올라가는 것보다 내려가는 것이 더 어렵다는 말은, 올라갈 때 힘을 다 써서 내려갈 때는 힘이 부친다는 그런 단순한 뜻이 아닌 것 같다. 어떻게든 끝까지 올라가려는 욕심을 버리는 일이 어렵다는 뜻이 아닐까.

그때 만약 우리가 욕심을 냈더라면 어떻게 되었을까? 산은 꼭 정상까지 가야만 하는 걸까? 여행자로서 그리고 산을 좋아하는 사람들로서 우리 체력이 닿는 만큼 산을 느끼고 오면 되는 게 아닌가. 그 시간을 즐기고 오면 되는 게 아닌가.

산을 내려오면서 스님에게 내 생각을 말씀드렸더니 스님이 활짝 웃으신다.

"비야 보살이 이 산에서 아주 중요한 걸 배우셨네요."

: 낭가파르바트 해발 5000미터 트레킹

비록 고산병에 걸리긴 했지만 만족한 하이킹을 한 우리 일행은 길기트에 오자마자 또 다른 하이킹 준비에 바빴다.

떠나기 전에 영양 보충을 충분히 해야 한다고 스님을 빼놓고 우리끼리만 닭을 사다가 백숙을 끓여 먹는데, 스님은 김치를 담그시고 소금으로만 간한 맛있는 김밥을 만들어주셨다. 우리는 여러 가지 먹을 것을 넉넉하게 구해놓고, 지난번 고산병에 걸린 건 마늘 부족에 원인이 있다면서 장사를 해도 좋을 만큼 많은 마늘을 샀다.

반갑게도 텐트를 빌린 가게에서는 우리나라 산악 원정대가 남기고 간 한국산 카레 가루, 국수, 라면, 깻잎 같은 통조림 밑반찬을 팔고 있었다. 그냥 주고 간 건지, 헐값으로 팔고 간 건지, 아니면 가게 아저씨가 환율 계산을 잘못한 건지 모르지만 값이 터무니없이 싸다. 물론 유통기간도 터무니없이 넘은 것이지만 우리는 보이는 대로 다 샀다. 파키스탄 산속에서 이게 웬 떡이냐. 정말 땡잡았다.

영양 보충과 피로 회복을 하고 나서 이틀 후 우리는 낭가파르바트 트레킹에 올랐다. 토마스는 아무래도 카라치로 돌아가는 일정이 너무 빡빡할 것 같다고 해서 이번 하이킹 일행은 넷이 되었다.

리고라는 곳에서 윗마을로 올라가는 지프를 탔다. 꼬불꼬불한 길을 3시간을 달려 닿은 곳이 다토. 여기부터 급경사길 2시간을 올라 그날의 목표인 해발 3200미터 '페어리 메도(요정의 초원)'에 닿았다.

높은 산속에 이런 넓고도 푸른 초원이 있다니. 눈앞에는 만년설을 인 낭가파르바트가 포근하게 푸른 초원을 안고 있다. 느긋해진 우리는 페어리 메도 캠프장에 텐트를 치고 시원한 나무 그늘에서 한숨 낮잠을 청했다. 부지런하신 대현 스님은 우리들이 자는 동안 행자 때 닦은 실력을 발휘해 장작불을 피워 저녁 식사로 수제비를 만들고, 감자도 쪄놓으셨다.

마을에 가서 사온 양젖 요구르트는 어찌나 맛이 좋은지 하이킹 내내 지나는 마을마다 사서 마셨다. 무공해 유산균 때문인지 대변 색이 정말로 황금색으로 변한다.

해만 지면 겨울 점퍼를 입어야 할 만큼 쌀쌀해진다. 달은 음력 열엿새 기망(幾望) 때가 더 동그랗다더니 정말 그렇다. 밝기는 또 얼마나 밝은지, 달이 뜨자 사방이 마치 야간 야구장에 전광판을 켜놓은 것 같다. 달빛을 받은 낭가파르바트가 푸른 듯 흰 듯 우아하기 그지없다.

햇빛을 받은 산이 당당하고 힘차 보인다면 달빛 아래서는 부드럽고 신비하기만 하다. 낮에 산 아래서 올려다본 산은 범접할 수 없는 위엄을 느끼게 했는데, 산 중턱에서 본 달빛 아래 산은 나를 감싸 안을 듯 다정하다. 텐트 안에 누워서도 내 집 안방인 양 마음이 편안하다. 내가 정말 산에 안긴 건가 보다.

다음 날 다른 사람보다 일찍 잠에서 깼다. 일행이 일어나기를 기다리면서 내내 낭가파르바트를 마주보고 앉아 있었다. 단순한 흰색 한 가지의 산, 금방 싫증이 날 것 같은데 보아도 보아도 질리지 않는다. 어찌 된 일일까. 담백함 때문일 거다.

사람도 그러할지니 저 낭가파르바트 같은 사람이 되고 싶다. 단순 담백하여 늘 한결같은 사람. 필요할 때 당장 먹을 수 있는, 온갖 조미료로 입맛을 맞추었지만 연달아 두 끼 이상은 먹을 수 없는 컵라면이 아니라, 소금 간만 해도 며칠이고 질리지 않고 먹을 수 있는 밍밍한 뼈다귀 곰국 같은 사람 말이다.

아침 일찍 마틴이 없어졌다. 아침을 해 먹고 해가 뜨거워지기 전에 길을 떠날 계획이었는데, 근처 향나무 숲 속에서 좌선을 하다가 삼매경에 빠진 모양이다.

23살의 독일인 친구 마틴은 말수가 적고, 감정의 기복이 거의 없는 온순한 청년이다. 남에 대한 배려도 깊고 고운 심성을 지닌, 한 군데도 나무랄 데 없는 청년이다. 여행을 떠나오기 전 동양 무술과 좌선을 배웠다는데 불교에 대해 대단히 관심이 많다. 매일 아침 좌선을 하는데 한번 앉았다 하면 30분이고 1시간이고 미동도 하지 않는다. 스님은 마틴의 이런 정진을 대견하다고 하시면서 전생에 불자였을 거라고 한다.

12시쯤 나타난 행복하고 맑은 표정의 마틴에게 누구 한마디 싫은 소리를 하지 못했다. 싫은 소리는커녕 다들 부러워하는 것 같다.

이제부터 본격적인 등산길이다. 하루 종일 빙하를 내려다보면서 능선을 따라 걷는다. 발밑이 바로 낭떠러지라 아슬아슬하다. 경사가 가파른 데다 굵은 흙 때문에 미끄러워서 진도가 잘 나가지 않는다.

그날 저녁에는 겨우 4인용 텐트 하나를 칠 만한 큰 바위 밑 공간에서 야영을 했다. 빙하를 스쳐온 찬바람을 피하기 위해서다. 물이 1리터 정도밖에 남지 않아 라면을 겨우 끓여 먹고, 추위에 단단히 무장을 하고 잠을 잤다.

그러나 너무 추워서 도저히 잘 수가 없어 동이 트자마자 길을 나섰다. 물이 한 방울도 남지 않아 따뜻한 물 한 모금을 마실 수가 없다. 다행히 아침 일찍 양을 먹이러 가는 양치기 소년들이 젖을 짜주어 당장 갈증은 모면했지만 언제 물을 만날 수 있을지 걱정이다. 게다가 햇볕은 본격적으로 뜨거워질 기세다.

2시간쯤 걸으니 만년설 벌판이 나타난다. 길을 모르면 위험할 수도 있으니 가이드나 동네 사람을 따라가라고 한 곳이다. 마침 아까 만났던 양치기 일행이 개를 앞세우고 가서 우리도 그들 뒤를 따라가다가 뜻밖에 수정같이 투명한 물이 고인 만년빙 샘물을 만났다.

"야, 물이다."

우리는 큰 소리로 합창을 했다. 물을 발견한 기쁨에 양치기가 가 버리면 위험해진다는 것도 잊은 채 뱃속이 얼얼해질 때까지 물을 마셨다. 그러다가 본격적으로 그 자리에 퍼질러 앉아 어젯밤부터 못 닦은 이도 닦고, 설거지도 하고, 그토록 마시고 싶었던 차이를 끓여 마셨다.

파키스탄 차이는 산중에서는 정말 천상의 음료다. 우선 우유를 (우유가 없으면 분유도 괜찮다) 끓인 다음 홍차와 설탕을 적당히 넣고 한 번 더 끓을 때까지 기다린다. 끓는 동안 우유를 퍼 올리듯 젓는데, 우유를 연하게 만드는 이 젓는 방식이 차이 맛을 좌우한다. 다 끓으면 조그만 체로 홍차를 걸러서 마시는데, 따뜻함이 몸을 녹여줄 뿐 아니라 달콤한 맛이 정말 일품이다.

특히 춥게 잔 날 아침에는 이것을 마셔야 운신이 가능한데 아침에 물이 없어 걸러야 했으니 여기서 샘물로 마시는 차이 맛을 무엇에 비할까. 차이를 마시고 나니까 슬슬 배가 고파온다. 어제 캠프를 떠날 때 먹다 남아 싸 가지고 온 밥을 소금만 쳐서 먹었다. 그 맛은 또 얼마나 꿀맛인지.

예전에 네팔 트레킹을 하던 때가 생각난다. 길을 잘못 들어 하루 종일 쫄쫄 굶다가 남의 집 부엌에서 잠을 얻어 자고, 그다음 날 아침에 착한 주인집 아저씨가 주는 밥을 아무 부끄러움 없이 손으로 퍼먹던 일. 비록 소금으로만 간을 했지만 다시없는 꿀맛이었다.

차이도 마시고 밥도 먹고 아주 행복한 기분이 되어 기념사진을 찍다가 좋은 생각이 났다. 낭가파르바트 산신령님께 내 허약한 카메라가 한국에 돌아갈 때까지 아프지 말고 잘 견디게 해달라고 컵에다 정화수를 떠놓고 합장 기도를 했다. 장난처럼 했지만 간절한 마음이다.

이것은 방글라데시에서 가지고 있던 카메라를 도둑맞고 새로 산 건데, 카메라 전문가라는 윌리엄하고 같이 가서 잘 산다고 산 것이 가짜 캐논을 샀다. '캐논(CANON)'이라고 쓴 끝부분을 자세히 보면 교묘히 A자를 지운 흔적이 있다. 아마 싸구려 크로나나 코니카쯤 되는 상표였는데 그렇게 감쪽같이 눈을 속여 만든 거다.

렌즈만은 광학 기술이 제일 발달했다는 러시아 제품이라 사진은 그런대로 잘 나오지만 다른 부대 기능은 형편없다. 특히 조금만 날씨가 덥거나 배낭 안에 약간만 눌려도 필름이 저절로 다 감겨버린다. 처음 몇 번은 당황하고 짜증이 났지만 좀 지나니 혹시 저것이 자기는 최선을 다하고 있는데 워낙 약체라서 그럴지도 모른다는 생각이 들었다.

팔자가 좋은 건지 나쁜 건지, 나와 함께 다니게 된 것도 인연인데, 집에 갈 때까지 특별히 잘 돌보아주기로 했다. 그래서 '캐노나'라는 예쁜 이름도 지어주었다.

캐노나 말고도 나는 늘 가지고 다니는 물건에 이름을 붙여 주는 버릇이 있다. 5년째 가지고 다니는 큰 배낭 이름은 '무던이'다. 장거리 버스를 탈 때는 지붕에 올려놓기도 하고, 기차를 탈 때는 의자 밑에 내려놓기도 하고, 기차나 버스를 기다릴 때는 깔고 앉기도 하지만 여태 지퍼건 멜빵이건 한 군데도 속 썩인 적 없이 무던해서 지어준 이름이다.

작은 배낭 이름은 '꼬끼요'다. 어디든지 꼭 낀다는 뜻인데 내가 어디를 가든지 꼭 데리고 다녀 지어준 이름이다. 지난 아프리카 여행 때 사서 다 찌그러지고 칠도 벗겨졌지만 지금까지도 쓰고 있는 법랑 만능 컵. 어떻게 사용해도 그 역할을 충실히 해내는 효성스러움이 두드러져 그 컵의 이름은 '심청이'다.

우리끼리 만년설 벌판을 건널 때, 아니나 다를까 한동안 헤맸다. 여행자들의 돌탑 표지가 어딘가 있을 텐데 찾지를 못하겠다. 긴장이 된다. 발을 뗄 때마다 조심조심했지만 몇 번은 머리가 쭈뼛 설 만큼 몹시 위험한 순간도 있다.

물 묻은 자갈 더미가 발밑에서 부서지는데, 그대로 밀려 내려가면 얼음이 녹아 벌어진, 깊이를 알 수 없는 크레바스로 빠지게 된다. 그 끔찍한 크레바스를 피해 돌아가 보면 파란 입을 벌리고 있는 또 다른 크레바스, 얼음 위를 걷고 있는데도 등허리가 땀으로 흥건하다.

두꺼운 얼음 위는 미끄럽기 짝이 없고 문짝만 한 바위도 보기와는 달리 조금만 발을 헛디뎌도 와르르 무너져 내린다. 우르르 쾅쾅쾅, 얼음 밑으로 만년설 녹은 물이 폭포를 이루는 소리가 더욱 우리를 무섭게 한다. 이럴 때 길을 아는 염소라도 한 마리 만나면 얼마나 좋을까.

천신만고 끝에 만년설 벌판을 무사히 지나 드디어 우리가 목표했던 독일인 등산가의 추모비가 있는 곳에 도착했다. 이곳이 우리의 최종 목표지인 낭가파르바트 베이스캠프지만 해 지기 전까지는 시간도 있고 기운도 좀 남았기 때문에 내친김에 해발 5000미터라는 제2 베이스캠프(길리프르 베이스캠프)까지 올라가기로 했다.

날타르 패스 하이킹 때보다 더 높은 곳인데도 누구도 고산병 증세가 나타나지 않아 정말 다행이다.

길도 없는 길을 6시간 넘게 올랐지만 4시간이면 나타날 거라던 베이스캠프는 나타나지 않는다. 길을 잘못 들었는지도 모르겠다.

한참 가다 보니 사람들이 다녀간 것 같은 흔적이 보인다. 아무 표시도 없지만 우리끼리 거기가 제2 베이스캠프라고 정하고 돌을 하나씩 주워 돌탑을 쌓았다. 우리 덕분에 제2 베이스캠프의 높이가 해발 5000미터에서 20센티미터가 더 높아졌다고 농담을 하면서.

해가 지고 깜깜해져서야 겨우 제1 베이스캠프로 돌아왔다. 염치없는 일이지만 근처 목동들이 해다 놓은 나무를 말 안 하고 '빌려서' 인스턴트 스파게티를 끓여 먹었다.

달이 뜨지 않은 밤하늘에 별들이 가득하다. 그러나 바람이 몹시 불어 텐트가 날아갈까 걱정되어 추운 것도 잊을 정도다. 지퍼가 고장 나서 올리지 못한 텐트의 바깥문이 바람에 날려 놀란 새의 날개처럼 펄럭거린다. 날고 싶은 모양이다.

이 산과 이별하는 날. 800타카를 아끼자는 이유도 있지만 그냥 차를 타고 쭉 내려가는 것이 어쩐지 섭섭해 일행에게 걸어 내려가는 것이 어떻겠느냐고 조심스럽게 제안을 했다. 신발에 자꾸 못이 올라와 걷기가 불편하다는 마틴에게는 좀 미안하지만 말이다.

그런데 모두들 고개를 끄덕인다. 똑같은 생각을 하고 있었으면서도 미안한 마음 때문에 먼저 말을 꺼내지 못했던 거다.

페어리 메도에서 다토까지 2시간 반의 내리막길, 다시 지프가 다니는 라이코트까지 5시간의 하산 길은 다리가 후들거릴 만큼의 급경사에다 내려가는 길 바로 옆이 낭떠러지다. 위를 보면 당장이라도 떨어질 것 같은 바위들이 걸려 있어 아슬아슬했다.

위험한 길이지만 경치는 그만이다. 내려오다 보니, 내가 앞으로 가야 할 곳을 말해주는 듯 나무 한 그루 없는 갈색 돌산에 연필로 그린 듯한 옛날 실크로드와 아스팔트의 까만 선이 선명한 카라코람 하이웨이가 만나고 있다.

길기트까지 트럭을 얻어 타고 오면서 다시 보는 낭가파르바트. 여전히 장엄하고 멋있지만 이미 3주일 전 처음 볼 때 느꼈던 것처럼 경외의 대상으로서만은 아니다.

산이 가깝게, 따뜻하게 느껴지는 것은 며칠간 그 품에 안겨 있었기 때문이리라. 이제 저 산은 겉으로만 보는 '가까이하기엔 너무 먼' 산이 아니라 나와 며칠간 놀아준 친구 산이 되었기 때문이리라. 일행 한 사람, 한 사람도 오래된 친구인 양 사랑스럽다.

모두 까맣게 타고 피곤했지만, 두 눈은 빛나고 깨끗했으며 몸 전체에서는 산에서 얻은 강한 에너지가 꿈틀거리는 것을 느낄 수 있었다.

: 나는 훈자 마을의 넘버 식스다

길기트에서 버스로 약 2시간 정도 북쪽으로 올라가면 세계의 장수마을로 우리 귀에도 익은 훈자 지방이 나타난다.

훈자 지방은 아랫마을과 중간 마을, 윗마을로 나뉘어 있는데 찾아간 곳은 중간 마을의 중심인 카리마바드다.

 오던 날은 비가 많이 와서 우리가 묵은 여관방 지붕이 새는 바람에 춥기도 하고, 밤새도록 비를 피해 이리저리 옮겨 다니느라고 잠을 설쳤다. 게다가 벼룩이 남 앞에서 긁기 어려운 허벅지 안쪽을 잔뜩 물어서 괴롭기 짝이 없었다.

 그런데 마틴에게 더 큰 문제가 생겼다. 비자가 내일이면 만료되는데 어젯밤 내린 비로 길이 무너져 중국 국경으로 가는 길이 끊겼다는 거다. 그 길만 끊긴 게 아니라 길기트에서 오는 길도 마찬가지. 우리는 완전히 훈자 마을에 고립되고 말았다.

 이런 지형적인 이유로 훈자 마을은 수백 년 동안 독자적인 문화를 이루고 그것을 지켜올 수 있었다는 거다.

 길기트에서 묵었던 숙소 종업원 마하무드가 해준 자기 할아버지 얘기는 믿거나 말거나이지만 훈자 지방의 재미있는 일면을 보여준다. 지금 106세라는 할아버지가 20년 전에 처음 텔레비전을 볼 때, 화면에서 곤궁에 처한 사람을 보고는 손자에게 야단을 치더란다.

 "야, 이 녀석아. 저 사람 처지가 저렇게 딱한데, 너는 보고만 있냐? 빨랑 가서 도와줘야지."

 50년 전쯤에 훈자 마을에 처음 들어온 지프차를 보고는 이리저리 만져보더니, 자기 아들에게 하는 말.

 "이건 눈이고(헤드라이트), 이건 입이고(라디에이터), 이건 다리(바퀴)겠는데. 털이 없으니 겨울에 얼마나 추울까? 몸집이 이렇게 크니 먹기도 많이 먹겠군. 얘야, 여물 좀 잔뜩 갖다 줘라."

 또 얼마 전에는 손자가 콜라를 따라 드리니까 한참 물끄러미 바라보더니 겁에 질린 목소리로 말씀하시더란다.

"애야, 이거 아주 위험한 물이다. 시커먼 물이 불도 때지 않았는데, 저 혼자 끓고 있으니 수상하구나."

그럴 수도 있을 것이라고 생각되는 게 이곳은 1978년 카라코람 하이웨이가 놓이기 전까지는 좁은 길 하나로 바깥세상과 간신히 이어져 있었기 때문이다.

같은 나라인 파키스탄 남부 지방보다는 인접한 중국 신장 지방과 종교적으로나 문화적으로 공통점이 더 많다. 이 지방에서는 초록색 눈에 이목구비가 뚜렷한 하얀 얼굴들을 자주 볼 수 있는데, 이들은 기원전 4세기에 알렉산더대왕이 이곳을 정복하러 왔다가 남겨둔 군인들의 후손이라는 설이 있다.

매스컴을 통해 세계적인 무병장수 마을로 알려진 훈자 지방은 1974년까지만 해도 '미르'라는 왕이 다스리던 왕국이었다. 그러다가 파키스탄의 부토 전 수상이 이 지방의 왕권을 인정하지 않고 파키스탄 북부의 한 지방으로 편입시켰다.

훈자 사람들은 이슬람 중에서도 이스마엘리파다. 이 파는 소위 '부드러운 회교도'라고 하는데, 기도도 하루 다섯 번 대신 아침저녁으로 두 번만 하고, 여자의 바깥출입이나 복장에 대해서도 다른 회교도에 비해 훨씬 자유롭다. 이들은 순진하고 정직하고 친절하기로 유명한데 아주 낙천적이고 쾌활해서 이곳을 다녀간 사람들에게 좋은 이미지를 심어주고 있다.

히말라야를 함께 트레킹 하고 동행이 되어 훈자까지 왔던 대현스님, 미령이와 마틴은 만료된 비자 때문에 중국으로 떠나고, 나는 이 아름다운 훈자 지방을 좀 더 즐기면서 잡지사 기고용 파키스탄 여행 원고를 끝낼 생각으로 며칠 더 머무르기로 했다.

일행과 헤어진 후 글을 쓸 적당한 숙소를 찾아 나섰다. 우선 근처 식당에 들어가 이곳의 명물인 살구 주스를 한 잔 마시는데 행운이 찾아왔다.

그 식당 주인은 영어를 곧잘 하는 사람이다. 영어가 통한다고 나한테 이말 저말 시키기에 지나가는 말로 이 동네 진짜 토박이 집에서 민박을 하고 싶다고 했더니, 마침 그 식당에 놀러 와 있던 동네 아저씨에게 말을 건넨다. 콧수염을 멋지게 기른 그 아저씨는 얘기를 듣더니 고개를 끄덕인다.

"이 친구 집에서 묵을 수 있을 것 같으니 한번 따라가 보세요."

식당 주인의 말에 벌떡 일어나 따라나섰다. 놀랍게도 그 아저씨 집은 훈자 지방 왕의 여름 별장인 알티트 성 안에 있다. 이 집 가족들이 왕 소유의 성과 주위의 상당히 넓은 과수원과 정원을 관리하고 있다는 거다.

집에 들어간 콧수염 아저씨는 할아버지 한 분을 내게 소개해주는데, 이분이 바로 이 아저씨의 아버지이자 이 집 대가족의 가장인 나얍 할아버지다. 나이 70이 훨씬 넘었다는 할아버지는 아직도 기력이 청년처럼 팔팔하고 동그란 얼굴이 동자승처럼 맑다. 인상도 좋고 마음씨도 어질다는 게 한눈에 보인다.

영어를 좀 하시는 할아버지는 내가 민박하려는 이유를 열심히 듣고는 내 눈을 한 번 빤히 쳐다보시더니, 이 집은 빈방이 없어 독방을 줄 수는 없지만 가족들하고 같이 자도 괜찮으면 있어도 좋다고 쉽게 허락하신다.

"슈크리야, 슈크리야! 그랜드파더(감사합니다, 감사합니다. 할아버지)."

우르드어와 영어를 섞어 인사를 한 후 일단 배낭을 살림집에 갖다놓고 시원한 과수원에 나가 앉았다. 푸른 풀밭에서 하얀 양들이 한가롭게 풀을 뜯고 있다. 소도 몇 마리 있다.

바쁘게 일을 하고 있는 어른들 주위에는 열 명도 넘는 꼬마 아이들이 분주하게 돌아다닌다. 아이들의 떠들고 까부는 소리가 시골집마냥 정겹다.

동네 아이들인 줄 알았더니, 그 아이들이 모두 할아버지의 손자 손녀들이란다. 지금이 가장 일손이 달리는 철이라 멀리로 시집간 딸들까지 아이들을 데리고 와서 일을 하고 있는 거다.

할아버지는 묻지도 않았는데 자식 자랑을 한다.

"나는 아들이 셋에 딸이 다섯이야."

그러면서 자녀들의 이름을 줄줄이 대는데 기억하기가 쉽지 않다. 그렇지만 딸 이름은 언뜻 듣기에 모두 '무슨 ~야', '~야'로 끝나는 것 같다. 그래서 내 이름도 비야니까 나는 할아버지의 여섯 번째 딸이라고 했더니, 할아버지는 손바닥을 치며 좋아하신다.

"그래, 그래. 넌 이제부터 내 넘버 식스 딸이다. 넘버 식스 딸이야."

점심때가 되어 집에 들어온 가족들을 모두 하나씩 불러 신나게 내게 소개하신다.

"이 아이가 넘버 투 아들, 이 아이가 넘버 포 딸, 이 아이는 넘버 투 딸의 넘버 원 딸……."

소개가 모두 끝나자, 나를 소개하며 '넘버 식스 딸'이라고 못을 박으신다. 그러면서 할아버지는 이제부터 자기를 '아가'라고 부르란다. 아가란 훈자 말로 아버지라는 뜻이다.

그렇지만 70이 넘으신 할아버지를 아가라고 부르려니 나는 입이 떨어지지 않는다. 아가라고 부르다가 멋쩍어서 혼자 웃었더니 할아버지는 속사정도 모르고 같이 웃는다.

금방 구워 따끈따끈한 얇은 밀가루 빵 짜파티에 감자조림, '달'이라고 부르는 노란 녹두 삶아 조린 것 등으로 맛있고 배부르게 점심을 먹었다.

점심을 먹을 때 유리컵에 따라주는 물이 완전히 우윳빛이다. 이 물이 바로 훈자 마을 장수 비결의 하나라고 한다. 빙하가 녹아서 흘러내린 이 물에는 몸에 이로운 미네랄이 듬뿍 들어 있어서 노화를 방지한다고 할아버지가 열심히 설명해주신다.

훈자의 장수 비결은 물 말고도 신선한 공기와 한시도 놀지 않고 열심히 일하는 것 그리고 낙천적인 성격이라고 한다. 그 말을 수긍하지 않을 수 없다. 이 할아버지만 해도 당당한 현역이시다. 나무도 패고 양도 잡고 과수원의 큰일도 도맡아 하신다.

음식은 특별한 것은커녕 초라하다고 느껴질 정도다. 주식은 사시사철 삼시 세끼가 짜파티와 달과 감자다. 특별히 채소를 많이 먹는다거나 요구르트를 많이 마시는 것 같지도 않다. 물론 고기도 많이 먹지 않는다. 전반적으로 아주 소식을 하는 것 같다. 그런데도 건강하고 장수하는 걸 보면 아까 얘기한 건강의 삼박자가 잘 맞는 모양이다.

(그런데 실망스럽게도 최근에 속속 발표되는 조사 연구에 의하면 훈자 마을은 알려진 것처럼 그렇게 특기할 만한 장수 마을이 아니란다. 초창기에 훈자 마을을 다녀간 서방 매스컴의 호들갑과 과장 그리고 제대로 알아보지도 않고 무조건 베끼는 보도가 낳은 현대판 '전설의 고향'이란다.)

훈자 마을은 살구가 유명하다. 지금이 수확 철이라 밝은 오렌지색으로 통통하게 잘 익은 살구가 지천으로 깔려 있다. 이 집에서도 저장용 살구를 만드느라 온 가족이 살구 손질에 매달리고 있다.

우선 기다란 장대로 가지를 때려 나무에 주렁주렁 달린 살구를 털어낸다. 떨어진 살구를 주워 모아 반으로 갈라서 씨를 빼고 커다란 대나무 채반에 널어 말린다. 살구가 꼬들꼬들해지면 내다 파는 거다.

씨는 씨대로 기름진 알맹이를 말려 그냥도 먹고 기름도 짠다. 이것이 또 큰 수입원이다. 살구 철의 훈자 마을에서는 집집마다 지붕에 오렌지색 살구가 잔뜩 올라앉아 사방에 시큼한 냄새를 풍기며 말라가고 있다.

여자들은 해가 뜰 때부터 어두컴컴할 때까지 이 일을 하는데 손가락과 손바닥에 살구 물이 들어서 시커멓다. 이 일이 아니더라도 여자들은 마음 놓고 쉴 틈이 없다. 살구가 끝나면 감자 수확, 그게 끝나면 또 사과, 이렇게 11월까지 일이 줄줄이 이어진다.

점심을 먹고 나서 배낭 가득 든 빨래를 하고 어질러진 집 안을 치우기 시작했다. 요즘 여자들이 너무 바빠서 집안일에는 미처 신경을 쓰지 못하는 모양이다.

내친김에 넘버 투 딸의 큰딸인 10살짜리 샤이나와 함께 몇 시간 동안 마루며 부엌이며 방방을 한바탕 털고, 쓸고, 닦고, 화장실까지 말끔히 청소했다. 더러운 수건들이랑 식탁보까지 빨아 널고 나니 속이 다 시원하다.

청소를 하는 동안 할아버지가 들어오시더니 손을 내젓는다.

"아니, 손님이 이런 걸 하다니 안 될 말이여."

"넘버 식스 딸이라면서요. 딸이니까 일을 해야지요."

할아버지는 이 말이 마음에 드셨는지 내가 있는 동안 하루도 빼지 않고 이 말을 반복하신다.

엄마들이 이렇게 바쁘니 아이들이 꼬질꼬질 몰골이 말이 아니다. 하루가 지나 아이들과 친해지자 한 명씩 씻겨주었다. 샴푸로 머리를 감기고, 가지고 다니는 한국 목욕 수건으로 박박 때를 밀어가며 제대로 목욕을 시켰다. 그 덕에 나는 땀으로 목욕을 했지만 씻긴 아이들의 얼굴에 로션까지 발라놓고 보니 볼이 발그스름한 게 모두들 어찌나 귀여운지 모르겠다.

점심을 먹으러 들어온 엄마들은 모처럼 제대로 세수를 한 아이들을 끌어안고 속눈썹 주위를 검게 칠하는 전통적인 눈 화장을 해주며 좋아한다. 기분이 좋아지신 할아버지는 그날 저녁 양 한 마리를 잡아 잔치를 베풀어주셨다.

"넘버 식스 도터, 슈아, 슈아(여섯째 딸, 좋아, 좋아)."

할아버지가 다정다감한 것에 비해 할머니는 말이 없으시다. 늘 과수원에 계시니 변변히 얘기를 나눌 기회가 없을뿐더러 식사 때도 이곳 풍습대로 여자들은 부엌에서 아이들하고 같이 먹고, 나는 손님이라고 남자들과 먹기 때문에 부딪힐 기회가 없다.

내가 일부러 여자들 일하는 데 가서 몇 시간이고 함께 살구를 다듬어도 눈이 마주치면 입가에 희미하게 미소만 보일 뿐 묵묵히 일만 하신다. 혹시나 한창 바쁠 때 귀찮게 손님이 찾아온 걸 달갑잖게 여기시는 게 아닌가 신경이 쓰였다.

할아버지는 성을 관리해야 하고, 여자들은 일을 해야 하고, 큰아들은 운전사라 시간이 없고, 셋째 아들은 고등학생이라 공부를 해야 해서 할아버지는 내게 20살인 둘째 아들 아만을 보디가드 겸 가이드로 붙여주셨다.

나는 아만을 앞세우고 어떤 날은 울타르 빙하까지 등산을 하고, 또 어떤 날은 다른 7000미터 급 산 중턱 빙하까지 가보았다. 거기에 오르면 해발 7388미터인 만년설을 이고 있는 울타르 봉이 파노라마처럼 펼쳐진다.

혼자서 들판과 과수원, 채소밭을 돌아다니기도 했다. 훈자 마을의 풍경은 정말 아름답다. 마을 전체에 쭉쭉 뻗은 포플러가 빽빽하게 서 있고, 산에서 내려오는 빙하 녹은 물을 이용해 농사를 짓기 때문에 과일이며 채소가 풍성하게 자라고 있다. 당장이라도 무너질 것 같은 깎아지른 벼랑 자락에까지 감자밭이며 호박밭이 있다.

동네 과수원에 주렁주렁 달려 있는 살구며 복숭아, 사과, 배 등은 보기만 해도 풍요롭고 마음이 넉넉해지는데, 이 나무들에 꽃이 피는 4, 5월에는 얼마나 아름다울까. 그야말로 복숭아꽃 살구꽃이 만발한 '울긋불긋 꽃동네'가 될 게 틀림없다. 참으로 아름답고 평화로운 고향 마을이여.

노는 데 정신이 팔려 글도 제대로 쓰지 못하면서 하루만 더, 하루만 더 하다가 일주일이나 묵게 되었다. 떠나는 날 아침 기념 촬영을 하면서 한바탕 소란을 피웠다. 할아버지가 가족사진은 훈자 의상을 입고 찍어야 한다며 16살짜리 넘버 파이브 딸에게 내가 입을 옷을 가져오라고 하셨다. 결국 그 딸의 초록색 훈자 옷과 할머니가 주신 전통 모자를 쓰고 사진을 찍었다.

사진을 다 찍고 옷을 돌려주려니까 할아버지가 여섯째 딸이 훈자 옷 한 벌 없어서야 되겠느냐며 그 옷이 잘 어울리니 한국에 가지고 가서 입으라고 하시는 거다. 다음에 결혼을 하면 남편과 함께 아버지에게 인사를 와야 하는데, 그때 그 옷을 입고 오라고 신신당부를 하신다. 시집가서 애기 낳으면 꼭 데리고 와서 보여주어야 하니까 빨리 시집을 가라시면서.

어느 나라 아버지나 나이 든 딸이 시집을 안 가고 버티고 있으면 이렇게 불안하고 초조한가 보다.

　그동안 말이 없으시던 할머니는 내가 간다고 인사를 하니까 이렇게 금방 가면 어떻게 하느냐며 여기서 가을을 지내고 겨울에 가라고 하신다. 내가 웃으며 고개를 젓자 언제 다시 올 거냐고 자꾸 묻더니 아예 벽에서 달력을 떼어 오신다. 다시 올 날을 달력에 표시해놓고 가라는 거다.

　처음에는 할머니가 하도 말이 없으셔서 내가 마음에 안 들어 그러신가 보다 했는데 알고 보니 워낙 말수가 적고 감정 표현이 없는 분이라 그러셨던 거다.

　떠나는 날 아침, 할머니에게 어린 딸들이 입을 만한 옷과 화장품을 성의껏 챙겨 그동안 숙박료에 해당하는 돈과 함께 드렸다. 할머니는 몹시 당황하셨는지 얼굴까지 벌게지시며 "이런 거 받아도 되나."만 연발하신다.

　할머니가 싸 주신 말린 살구 한 봉지와 호두 한 봉지, 샤이나가 따다 준 사과와 호두 크기만 한 복숭아 한 봉지, 넘버 파이브 딸이 싸준 대형 도너츠 모양의 훈자 빵 등을 양손 가득 들어, 손도 제대로 흔들어주지 못하고 집을 나왔다. 과수원 옆을 돌아서는데 또 눈앞이 부옇게 흐려진다.

　고마운 사람들! 세상 유람을 하면서 이렇게 여러 사람들에게 신세만 지고 다닌다. 예전에는 이게 다 내 복이려니 했다. 그런데 이제 와 생각해보니 그게 아니다. 그 모든 것은 빚이다. 마음의 빚, 은혜의 빚, 인생의 빚을 진 거다.

　이걸 어떻게 다 갚아야 하나. 그 모두를 다 갚지는 못하더라도 갚을 수 있을 때까지 최선을 다한다는 마음으로 살아갈 거다. 그런 은혜를 베풀어준 사람들에게 그대로 갚을 수는 없는 일이니,

파키스탄 훈자 마을의 그림 같은 산속에서
살구 말리는 민박집 식구들.

해가 뜰 때부터 어두컴컴해질 때까지 이 일을 하면 손가락과 손바닥에 살구 물이 들어 시커멓게 된다. 내가 옆에서 일을 도와도 희미한 미소를 지으며 일만 하시던 무뚝뚝한 할머니가 내가 떠날 때는 말린 살구 한 봉지와 먹을거리를 정성스레 싸주셨다. 나는 그만 울고 말았다.

그들이 내게 해주었던 것처럼 나도 그렇게 다른 사람들에게 베풀어야 한다. 늘 겸허한 마음으로 만나는 인연마다 정성을 다해야 한다.

이번 여행은 또 다른 것으로 나를 철들게 한다.

: 목메어 부르는 '푸른 하늘 은하수'

훈자 마을에서 카라코람 하이웨이를 타고 북쪽으로 5시간쯤 가면 파키스탄과 중국 국경이 나온다. 국경까지 가는 길에는 군데군데 집채만 한 돌들이 떨어져 있어서 몇 번이나 복구 차가 와서 돌 치우기를 기다려야 했다. 겨울에는 눈이 많이 와서 아예 다닐 수도 없지만 여름의 카라코람 하이웨이도 매우 위험하다.

특히 비가 오고 난 후 날씨가 며칠 좋았다가 바람이 불면 더욱 그렇다. 며칠씩 계속되는 큰비로 돌산의 흙과 돌 사이가 헐거워졌다가 갑자기 기온이 높아지고 날씨가 맑아지면 흙과 돌이 느슨해진 채 굳어버리기 때문이다.

여기에 바람이 불면 아주 조그만 충격에도 돌이 떨어질 것은 당연한 이치. 이런 날에는 산에서 말소리도 크게 내지 말고 방귀도 뀌지 말라는 동네 사람들 말이 있을 정도다.

나는 국경까지 가는 도중에 파슈라는 곳에서 내리고 말았다. 카라코람 산맥의 근육질 돌산과 하얀 빙하, 인더스의 푸른 강이 절묘하게 어우러진 곳이라는 말에 차마 그냥 지나칠 수가 없었던 거다. 비자 마지막 날까지 남은 며칠이라도 트레킹 하다 갈 계획이다.

어느덧 9월 초순. 여기 파키스탄에도 가을이 무르익어간다. 동네 담장을 끼고 분홍, 하양, 꽃분홍 코스모스가 밝은 햇살 아래 탐스럽게 피어 있다.

초록색이던 포플러 잎이 밝은 노란색을 띠기 시작하고, 통통한 사과가 추운 날 바깥에서 금방 돌아온 꼬마 녀석의 볼처럼 붉게 익어간다. 손오공이 타고 다닐 것 같은 뭉게구름. 밤이면 쪽배와 같은 하얀 달이 뜨고 달이 지면 깜깜한 밤하늘엔 북두칠성이 뚜렷하다. 은하수도 흐른다.

푸른 하늘 은하수 하얀 쪽배에,
계수나무 한 나무 토끼 한 마리……

나는 지난 10여 년간 이런저런 이유로 나라 밖에 살면서 이상한 버릇이 하나 생겼다. 어릴 때 배운 동요를 느리게 부르기만 하면 한 소절도 못 가서 목이 메는 거다. 혼자서 부르다 보면 나중에는 꼭 울고 만다. 여기 별이 쏟아지는 파키스탄의 북쪽 끝 마을에서도 이 동요의 끝을 잇지 못한다. 가을을 타고 있나 보다.

이제 내일이면 파카스탄을 떠난다. 저 산들을, 저 강을 뒤로하고 떠난다. 아쉬워 뒤를 돌아보지만 또 다른 세계가 궁금한 발길은 저 먼저 앞으로 나가는구나.

내일부터는 쓰고 다니던 머리 스카프를 벗을 수 있고, 헐거운 긴 바지 대신 딱 붙는 쫄반바지를 입어도 된다. 우유를 듬뿍 넣고 끓인 파키스탄 홍차도 맛이 있지만 국경만 넘으면 시원한 맥주를 마실 수 있다. 꽃상여같이 화려한 트럭에 익은 눈이 칙칙한 중국 자동차를 보면 좀 싱겁겠다.

내일부턴 '앗살람 알레이쿰(안녕하세요)'이나 '호다하훼스(잘 가세요)' 대신 '니 하오'와 '짜이찌엔'을 써야 한다. 호탕하고 흥이 많은 북쪽 파키스탄 사람들 대신 표정 없고 딱딱한 중국 사람들을 만날 거다.

이제 나는 다른 나라로 넘어가는 것만이 아니라 다른 문화권으로 넘어가는 거다. 쿤지랍 고개를 지나서, 파미르 고원을 넘어서.

국경 초소에서 부동자세로 서 있다가 우리 차에 반듯한 거수경례를 붙이는 중국 군인들이 우리와 비슷한 얼굴인데도 파키스탄 사람보다 낯설게 보인다. 여기서부터 카라코람 하이웨이는 중바궁루(中巴公路)라는 이름으로 바뀌어 135킬로미터 북쪽의 카슈가르까지 이어진다.

카슈가르는 카라코람 하이웨이의 끝이자 내게는 인도차이나와 남부아시아 여행의 종착지다. 동시에 또 다른 여행의 시발점이기도 하다. 크게 보면 세계 여행의 마지막 부분인 중국, 티베트, 몽골 여행의 시작이고, 작게는 중국 실크로드의 출발점이다.

길은 이렇게 끝없이 이어지는가. 이제 죽음의 사막이라는 타클라마칸 사막 언저리 길을 따라간다. 한번 들어가면 나올 수 없다는 사막, 앞서 간 사람들의 해골을 이정표 삼아 간다는 길. 그 낯선 길에는 무슨 일이 나를 기다리고 있을까?

설렌다.

바람의 딸,
걸어서 지구 세 바퀴 반 3

첫판 1쇄 펴낸날 2007년 10월 18일
　36쇄 펴낸날 2012년　8월 16일

지 은 이 한비야
발 행 인 김혜경
편 집 인 김수진
기획편집부 이재현 김미정 김교석 이다희 백도라지 윤진아
디자인팀 서채홍 김명선
마케팅팀 김용환 문창운 조한나
홍 보 팀 윤혜원 김혜경 강신은 김성혜
경영지원팀 임옥희 양여진 신미진

펴 낸 곳 (주)도서출판 푸른숲
출판등록 2002년 7월 5일 제406-2003-032호
주　　소 경기도 파주시 회동길 57-9번지, 우편번호 413-120
전　　화 031)955-1400(마케팅부) 031)955-1410(편집부)
팩　　스 031)955-1406(마케팅부) 031)955-1424(편집부)
www.prunsoop.co.kr

ⓒ 한비야, 2007

ISBN 978-89-7184-749-7 04810
　　　978-89-7184-746-6 (세트)

＊잘못된 책은 구입하신 서점에서 바꾸어 드립니다.
＊본서의 반품 기한은 2017년 8월 31일까지입니다.

이 도서의 국립중앙도서관 출판시도서목록(CIP)은 e-CIP 홈페이지(http://www.nl.go.kr/ecip)와
국가자료공동목록시스템(http://www.nl.go.kr/kolisnet)에서 이용하실 수 있습니다. (CIP2007003047)